金融数学教学丛书

衍生品定价基础

刘国祥　米　辉　编著

科学出版社

北　京

内 容 简 介

随着我国衍生品市场的快速发展，对于交叉复合、创新应用型高端金融人才的需求不断增加，衍生品定价的相关理论是这类人才培养必备的专业知识，本书是围绕衍生品定价理论基础教学编写的教材，是“金融数学教学丛书”中的一本. 本书是作者连续多年在统计学和金融数学专业讲授衍生品定价理论相关课程教学经验的总结. 在本书中，作者结合我国衍生品市场的实际情况，对衍生品定价理论的基本思想、原理和方法进行较为全面的介绍，注重科学思维与分析方法的传授，同时配有 Python 实验和补充阅读，帮助读者加深理论知识的学习、强化实践操作的训练.

本书共 9 章，包括绪论、货币的时间价值与利率、远期和期货及其定价、互换及其定价、期权及其价格属性、期权定价-离散模型、期权定价-连续模型、期权价格的敏感性以及期权定价的数值方法.

本书既可以作为高等院校相关专业本科生和硕士研究生的专业教材或教学参考书，也可以作为相关技术和研究人员的实用参考书.

图书在版编目(CIP)数据

衍生品定价基础 / 刘国祥，米辉编著. -- 北京 : 科学出版社，2024. 8.
(金融数学教学丛书). -- ISBN 978-7-03-079250-1

Ⅰ. F830.95

中国国家版本馆 CIP 数据核字第 2024CS2056 号

责任编辑：张中兴　梁　清　范培培 / 责任校对：杨聪敏
责任印制：赵　博 / 封面设计：蓝正设计

科学出版社 出版
北京东黄城根北街 16 号
邮政编码：100717
http://www.sciencep.com
天津市新科印刷有限公司印刷
科学出版社发行　各地新华书店经销
*
2024 年 8 月第 一 版　开本：720×1000　1/16
2024 年 11 月第二次印刷　印张：13 1/4
字数：267 000

定价：59.00 元

(如有印装质量问题，我社负责调换)

丛 书 序

从 20 世纪 90 年代中期开始, 随着数学在金融领域中的应用不断深入, 有关金融数学的学术研究和企业实践在我国迅速发展起来, 各行各业对于金融数学人才的需求愈发强烈, 金融数学人才培养工作也开始受到社会各界的重视.

北京大学是国内开创金融数学人才培养先河的高校之一. 1997 年, 在姜伯驹院士的倡导下, 北京大学数学科学学院建立了国内第一个金融数学系, 并在短短几年内快速建成了从本科生到博士生的完整教学体系. 尽管当时数学专业受欢迎程度远不如现在, 但金融数学专业的设立, 在提高数学专业的新生质量、改善数学专业毕业生的就业环境、拓宽数学的应用范围等方面, 无疑起到了重要的推动作用. 随后, 国内越来越多的高等院校陆续建立金融数学系, 开始了金融数学方向的本科生和研究生培养. 目前, 全国已经有 100 多所高校设置了金融数学专业, 每年招收本科生和研究生数千人, 为我国金融业培养了一大批既具备良好数学和统计学基础又懂现代金融的复合型金融人才, 在我国金融业现代化、国际化的进程中发挥了越来越大的作用.

北京大学在培养金融数学人才方面也有着鲜明的特色. 数学科学学院的新生在入学后的前两年里不分专业, 所有学生的必修基础课程相同. 这样一来, 学生即使在第三年选择了金融数学专业, 在这之前也能建立扎实的数学基础, 因此在金融数学高年级或研究生阶段的专业学习中, 往往能取得事半功倍的效果. 北京大学的做法已经在众多高校中得到推广, 数学、统计学以及计算机科学的基础理论教学在金融数学专业的人才培养中不断得到加强.

然而, 作为近年来才发展起来的学科方向, 我国金融数学在教材建设方面还存在很大的进步空间. 金融数学在国外大多是研究生阶段才学习的专业, 因此国外出版的教材大多是研究生教材. 我国的金融数学教学大多采用国外教材的中译本, 这对我国现阶段培养金融数学人才发挥了重要作用, 但也存在一些弊端, 例如金融市场的交易规则以及主要的案例和数据等都来自国外, 并不完全适合我国金融业的实际; 部分课程的预备知识不完全与我国本科生的学习背景相匹配; 等等.

为尽快改善这一局面, 北京大学、山东大学、同济大学、华东师范大学、对外经济贸易大学等国内较早开展金融数学教学的高等院校, 已开始组织一线教师编写符合我国金融数学人才培养规律的高水平教科书. 今天与读者们见面的这套金融数学教学丛书, 既引入了国内金融业的许多生动案例和真实数据, 也蕴含着一线教师总结积累的丰富教学经验, 体现出他们对于金融数学知识体系的理解与设计, 可以说凝聚了他们多年的心血. 我相信, 这套丛书的出版, 必定会对规范国内金融数学专业教学工作、提升金融数学人才质量, 产生非常积极的作用.

最后, 可以预见的是, 随着国家综合实力的不断增强, 我国金融业必将迎来更为广阔的发展前景, 也会为金融数学专业提供新的发展机遇. 鉴于我国在经济环境、政策导向以及市场规模等方面的独特性, 必然会有越来越多具有中国特色的金融课题值得深入研究, 而这些研究工作也是金融数学后备人才进行专业学习的重要案例. 为此, 希望金融数学专业的教学与科研工作者们顺应时代呼唤, 积极探索创新, 更好地推进研教结合, 将有价值的最新研究成果和案例及时纳入教材, 逐步加以完善, 形成一套更符合国内金融数学专业需求的教学丛书, 为我国金融数学专业以及金融业的发展注入不竭动力.

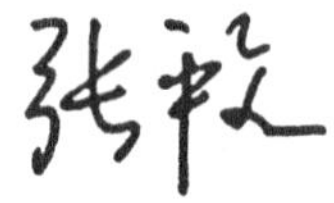

2020 年 3 月

前　言

习近平总书记在党的二十大报告中指出:“必须坚持科技是第一生产力、人才是第一资源、创新是第一动力, 深入实施科教兴国战略、人才强国战略、创新驱动发展战略, 开辟发展新领域新赛道, 不断塑造发展新动能新优势”. 随着经济社会的发展, 金融市场不断完善, 衍生品作为金融创新的产物, 已成为金融市场不可或缺的工具, 虽然我国衍生品市场起步较晚, 但随着资本市场规模不断扩大, 基础制度建设稳步推进, 各项法规日益健全, 我国的衍生品市场在飞速发展, 其市场规模也在不断扩大, 对衍生品相关概念的了解、对衍生品市场的认识以及对衍生品定价理论的理解和运用已经成为相关专业学生、从业者必备的核心能力之一.

国内很多高校在金融数学、统计学以及金融工程等相关专业开设衍生品定价理论方面的课程, 长期以来, 大多采用国外教材的中译本, 相关案例、数据等都来自国外, 并不完全适合我国金融衍生品市场的实际. 本教材立足我国衍生品市场, 旨在为读者提供一个系统的衍生品定价基础理论的介绍. 通过本教材的学习, 读者将能够了解衍生品的相关概念、衍生品市场的发展动态以及掌握衍生品定价的核心思想、基本原理和实践技能, 从而能够更好地理解和应用于实际金融市场中.

本教材的主要特点: 1. 注重我国衍生品市场的介绍, 广泛使用国内案例和数据, 反映我国衍生品市场的实践; 2. 注重理论核心的阐述, 在统一的定价框架内, 全面介绍衍生品定价的基本思想、原理和方法; 3. 注重科学思维与分析方法的传授, 既注重理论的完整性、方法的可迁移性, 又重视实践的可操作性; 4. 注重应用能力的培养, 每章配有 Python 实验, 结合具体案例, 提供完整 Python 代码供读者学习、使用. 带 * 内容为选讲内容.

由于作者水平有限, 书中难免出现一些不足之处, 恳请同行专家和各位读者批评指正!

作　者

2024 年 3 月 10 日

目　　录

第 1 章 绪　论

在金融领域，衍生品市场自 19 世纪中期芝加哥期货交易所建立以来得到蓬勃发展. 特别是自 20 世纪 70 年代以来，衍生品在金融领域发挥越来越重要的作用，对经济产生的影响越来越显著，发展成了各类机构、公司，以及个人管理风险、投资、投机等日常金融、经济活动的常用工具. 本章主要介绍衍生品的定义、作用以及远期、期货、期权和互换这几种常见衍生品的合约内容、特点及相互联系与区别；衍生品市场的类型及交易主体的类型和区别，以及衍生品定价的背景和意义.

1.1 衍生品的概念

1.1.1 衍生品的定义

从一般意义上来说，衍生品 (derivatives) 也称为金融衍生品 (financial derivatives) 或衍生工具 (derivative instruments)，是金融衍生和派生产品的简称，是指基于传统金融产品而派生出来的新型金融产品. 具体而言，金融衍生品是以股票、债券、货币等传统金融产品为基础，派生出来的金融产品或金融工具，如玉米期货、黄金期货、股票期权等，所依赖的基础资产也称为标的资产 (underlying asset). 不过，值得注意的是，随着衍生品的不断创新，一些不依赖于传统金融产品的衍生品被创造出来，比如天气衍生品、碳金融衍生品、信用违约互换等等. 值得注意的是，衍生品是风险管理的工具，具有跨期性、杠杆性、多样性、契约性以及零和博弈等多种特征，由于它的杠杆性，它自身具有很大的风险.

1.1.2 衍生品的作用

衍生品的出现是全球经济动荡和金融市场急剧变化导致的，同时衍生品也是规避金融市场风险的工具，具备很大的实际作用. 具体来说，衍生品的作用可以从以下几方面分析.

1. 衍生品具有规避和转移金融风险的作用

衍生品自诞生之日起，其主要存在价值就是规避和转移金融市场上的风险，这也是其发挥作用的主要方式. 所谓的规避和转移风险，是指在金融市场的实际操作中，对冲者运用金融衍生品的高杠杆性，将金融风险转移给投机者，进而保护自身利益. 转移风险则是指运用金融衍生工具的力量, 通过对单个金融基础工具的组合, 再利用金融衍生工具的多头或者空头的特征, 把金融风险转移出去. 其实, 发展金融业, 一定要完善规避风险的体制, 制定和实施避险的策略、举措, 倘若金融行业或机构不具备避险的能力, 那么其发展前景是不光明的. 实质上, 衍生品就是一种金融避险工具. 利用衍生品的作用来实现金融风险的规避与转移, 应该是金融创新发展的核心要义, 也是引起我国广大金融机构和金融企业深刻思索的课题.

2. 衍生品具备价格发现的作用

除了具备规避和转移金融风险的作用外, 衍生品还具有发现价格和价值的作用. 所谓发现价格, 是指衍生品可以实现交易者对未来市场价格的预期和定价. 具体来说, 由于衍生品的价格变动可以直接反映现货市场的价格浮动情况, 有利于根据价格变动对现货市场进行及时的价格调节. 同时, 现货市场的价格体系, 同样可以通过衍生品的市场供需状况的变化而反映出来, 所以, 运用衍生品的工具作用, 可以实现对市场价值的预期和判断. 衍生品能够帮助现货市场建立合理、完善的价格体系, 也能够反映出真实的商品价格和市场供需状况. 因此, 衍生品在发现价格的过程中, 其作用是不可忽视的.

3. 衍生品可以有效带动金融创新

在传统的金融产品和工具中, 无论是货币、股票、债券还是外汇, 都几乎按照固定的模式进行基础作用的发挥, 缺乏应变的活力, 难以满足当今日益变换的金融市场的需求. 而衍生品是在传统金融工具和产品的基础上派生出来的新事物, 符合金融市场变幻莫测的预期和需求, 能够适应更多元化的金融市场需要. 所以, 发展衍生品可以有效带动金融的创新. 这种创新, 不仅包含金融市场活力的注入, 同时还包括金融产品的创新, 金融工具的多元化、多样性等. 因此, 大力发展衍生品, 同时加强规范管理和控制, 能够提升金融市场的活跃度和发展质量, 为金融创新和金融市场作用的发挥提供帮助. 另外, 除了上述提到的几点之外, 衍生品还具有引导社会资金、拓展资本市场业务参与范围和提高经济效率等作用. 可以这样说, 正是因为衍生品具备如此之广泛、如此之重要的作用, 其发展的前景和未来才是值得期待的.

1.1.3　衍生品的类型

基础的衍生品包括: 远期、期货、互换和期权等合约.

1. 远期合约

远期合约 (forward contract) 是买卖双方签订的在未来一个确定时间按约定的价格购买或者出售某项标的资产的合约. 与远期合约相对应的是即期合约 (spot contract), 两者的区别是即期合约所约定的交易会立即执行, 而远期合约所约定的交易则会在未来确定的时刻发生.

远期合约是场外市场交易的衍生金融工具, 是非标准化合约. 买卖双方自由协商合约期限、标的资产、交货地点等合约条款, 到期时进行一次性结算, 双方都要承担对方可能违约的风险.

2. 期货合约

期货合约 (futures contract) 和远期合约的含义是一致的. 与远期合约不同的是, 期货合约是在交易所市场交易的标准化合约. 期货交易双方无须知道具体的交易对手是谁, 交易所会保证合约的执行. 交易所会对期货合约的交易、结算、交割、风险控制等各方面制定一系列的规章制度来保障期货交易的顺利进行. 但期货合约双方都需要缴存保证金, 并且实施每日结算制度, 这可以保障期货交易几乎没有违约风险.

期货合约根据其标的资产的不同分为商品期货和金融期货两类. 商品期货的标的是实物商品, 如石油、棉花、小麦、铜、铝等. 金融期货的标的资产是金融资产或相关变量, 可进一步细分为股指期货、货币期货和利率期货. 股指期货的标的变量是股票指数, 如中国香港交易所的恒生指数期货、中国金融期货交易所的沪深 300 股指期货. 货币期货的标的变量是各种外汇, 如欧元期货、日元期货. 利率期货是一大类别, 包括短期国债期货、长期国债期货、欧洲美元期货等等.

3. 互换合约

互换合约 (swaps contract) 是指双方约定的在未来一定期限内交换现金流的一项协议. 双方必须事先约定好现金流交换发生的时间以及现金流的计算方法. 交换的具体对象既可以是不同种类的货币、债券, 也可以是不同种类的利率、汇率、价格指数等.

互换最主要的功能是在不出售或转让原有资产或负债的前提下, 改变原有资产或负债的性质. 最常见的互换合约是普通利率互换和货币互换. 比如, 一方 (如银行 A) 同意按事先约定的固定本金向另一方 (如银行 B) 支付未来三年中每一期固定利率产生的利息, 而银行 B 同意在相同的期限内向银行 A 支付同一名义本金按浮动利率产生的利息, 这是一种典型的利率互换. 假如中国的投资者不被允许投资于美国的股票市场, 美国的投资者也不被允许投资于中国的股票市场, 但有些中国和美国的投资者非常希望投资于对方的市场. 这两个投资者可以签订一份互换协议, 定期交换在各自股票市场的投资所得. 这样, 两国投资者就可以在不违反法规的前提下实现对方市场投资收益的目标, 这即是一种货币互换.

4. 期权合约

期权合约 (option contract) 与远期和期货有着本质的不同. 期权合约交易双方买卖的直接对象是某种选择权——在约定的未来某个时间按照约定的价格购入 (或出售) 某种资产的权利.

期权合约分为看涨期权 (call option) 和看跌期权 (put option) 两种. 看涨期权又称为买入期权, 看涨期权的买方有权利在约定的未来某个时间按照约定的价格购入一定数量的某种资产; 看跌期权又称为卖出期权, 看跌期权的买方有权利在约定的未来某个时间按照约定的价格售出一定数量的某种资产.

买方从卖方那里获得了权利, 也必须向卖方支付相应的费用, 这个费用被称为期权费. 买方有权利, 卖方有义务, 如果买方要执行合约, 即行权, 则卖方必须配合; 如果买方放弃执行合约, 卖方也必须放弃.

按照期权执行方式的不同, 通常有美式期权和欧式期权之分. 欧式期权是买方只在到期日才能行权的期权合约, 而美式期权则赋予买方在期权到期日之前任何时点行权的权利.

1.2　衍生品市场概述

1.2.1　衍生品市场的起源

衍生品中, 最早出现的是远期, 而后逐渐发展出期货, 期权和互换则是在 20 世纪 70 年代才出现. 早在古希腊和古罗马的市集就有约定日后交货的买卖行为, 这可能被认为是远期交易的雏形. 我国的远期交易同样源远流长, 春秋时期中国商人的鼻祖陶朱公范蠡就曾开展远期交易. 随着交易方式的不断演进, 尤其是远期交易集中化和组织化的发展, 期货交易逐渐形成, 期货市场也慢慢建立. 早期的期货交易主要是农产品期货交易, 是为满足谷物农场主和商人的需求而产生的.

较规范化的期货交易开始于 1848 年, 这一年美国芝加哥期货交易所成立. 交易所在成立之初采用远期合约交易方式, 特点就是实买实卖, 交易的参与者, 如农场主和商人, 利用交易所寻找交易对手. 随着交易的进行, 人们对合约中的谷物质量以及数量标准化的需求日益增加, 最终在 1851 年产生了第一张期货合约——未到期执行合约 (to-arrive contract). 在 1865 年, 芝加哥期货交易所推出了标准化合约, 这是现代意义上的期货交易发展过程中的第一个里程碑. 同年, 芝加哥期货交易所又开始实行保证金制度, 为交易者买卖的合约提供履约担保. 保证金制度的实施消除了交易双方不按期履约而产生的诸多矛盾, 这被称为期货交易发展过程的第二个里程碑. 1883 年, 为了处理日趋复杂的结算业务, 交易所成立了结算协会, 专门对会员进行结算. 结算体系的出现使得现代期货交易机制完善起来, 这被称作期货交易史上的第三个里程碑.

衍生品市场的井喷式发展开始于 20 世纪 70 年代, 如利率期货、外汇期货、期权、互换等重量级的衍生品都产生于这一时期. 这并非偶然, 而是这一时期的特殊的经济、金融背景催生的结果. 衍生品市场是顺应规避风险的需求而产生的, 因为风险越大的时期就越容易催生出金融衍生工具. 在这一时期, 利率、汇率、通货膨胀等关键性变量陷入了动荡不定的状态, 从而使金融市场的风险迅速增加. 1975 年 10 月, 芝加哥期货交易所看准时机推出了第一张利率期货合约——政府国民抵押协会抵押凭证合约 (GNMA Mortgage Contract). 国债期货也紧跟着出现, 芝加哥商业交易所在 1976 年推出了 90 天期的短期国库券期货合约, 在 1978 年 9 月又推出了 1 年期短期国库券期货合约, 芝加哥期货交易所在 1977 年开发了 20 年期长期国债期货. 20 世纪 80 年代之后, 西方主要国家逐渐放松了金融领域的管制, 衍生品市场获得了更加宽松的发展空间. 1982 年堪萨斯期货交易所开始交易第一个股指期货合约——价值线 (value line) 股指期货. 紧随其后, 芝加哥商业交易所推出了著名的标准普尔 500 指数期货. 利率期货和股指期货成功上市交易, 很快就改变了过去 100 多年的期货交易以农产品为主的格局. 金融期货在期货市场中占据越来越重要的位置. 20 世纪 90 年代末, 信用衍生品, 如债务抵押债券 (CDO)、信用违约互换 (CDS) 等开始快速发展. 2000 年, 信用衍生品仅 8000 亿美元, 而 2007 年 6 月, 这一数字增加至 42 万亿美元. 2008 年的次贷危机打断了这一迅猛的发展势头. 但在此之后, 全球衍生品市场迅速恢复.

1.2.2 场内市场与场外市场

在远期和期货合约不同点中我们指出远期合约在场外市场交易, 而期货合约在场内市场交易. 场内交易和场外交易的交易组织方式如下.

场内市场也称作交易所市场 (exchange market) 或集中交易市场, 是指通过交易所进行衍生品交易的市场. 交易所有固定的交易时间和固定的场所、规范的交易规则, 按拍卖市场的程序进行交易, 例如, 芝加哥期货交易所 (CBOT)、芝加哥商品交易所 (CME). 2006 年 10 月 17 日, CME 和 CBOT 合并组成新的 CME 集团, 成为全球最大的期货交易所.

我国[①]目前有郑州商品交易所 (成立于 1990 年 10 月 12 日)、大连商品交易所 (成立于 1993 年 2 月 28 日)、上海期货交易所 (成立于 1999 年 5 月 4 日)、中国金融期货交易所 (成立于 2006 年 9 月 8 日); 另外, 2013 年 11 月 22 日在上海期货交易所挂牌成立了上海国际能源交易中心, 主要上市品种包括原油期货、期权, 铜期货等; 2021 年 4 月 19 日, 广州期货交易所正式揭牌, 上市品种主要包括碳排放权、电力等事关国民经济基础领域和能源价格改革的重大战略品种, 商品指数类创新型品种, 具有粤港澳大湾区与“一带一路”特点的区域特色品种以及国

① 除特别说明外, 本书涉及的全国性统计数据, 未包括我国港澳台地区数据.

际市场产品互挂类品种.

场外交易市场又称 OTC 市场 (over-the-counter market), 是一个由电话和计算机将各交易员联系起来的网络系统. 参与者主要是机构交易者, 包括金融机构、企业和投资基金等, 其中金融机构往往会成为某些流行交易品的做市商 (market maker), 做市商会对某些交易品进行双向报价, 即既报买入价 (bid price) 又报卖出价 (offer price), 如果卖出价高于买入价, 其价差 (spread) 为做市商的收益.

除了交易组织方式不同之外, 场内和场外交易市场区别还包括如下几点.

(1) 交易对象是否为标准化的衍生品合约.

场内交易的交易对象为标准化合约, 场外交易对象为非标准化合约. 所谓标准化合约是指包括合约标的、合约规模、报价单位、最小变动价位、涨跌停板幅度、交易时间、合约交割月份、最后交易日、最后交割日、交割地点、交易保证金、交易手续费、交割方式等等都是由交易所事先约定好的标准化的内容. 投资者选择在该交易所交易就必须接受上述标准化条款. 非标准化合约的内容是由双方协商完成的, 内容更为灵活, 合约内容满足双方的需要.

(2) 承担的违约风险不同.

场外市场的交易者需要承担对手的违约风险, 对于场内市场, 交易所会保证合约的最终履行, 故违约风险近乎 0. 交易所有一系列的风险管理制度, 如保证金制度、强制平仓制度、涨跌停板制度等, 将违约风险控制到近乎零.

为了降低信用风险, 场外市场也借用交易所采用的一些机制, 比如中央交易对手、双边结算等等. 大连商品交易所场外期权业务模式可以概括为 "一笔交易、两笔资金". 一笔交易, 即双方在大连商品交易所场外平台签订场外期权合约并达成交易确认. 两笔资金, 即双方在平台实现权利金支付以及盈亏资金支付. 交易所提供双边代理结算服务, 不作为中央对手方, 不对双方的场外期权头寸进行估值、盯市和担保履约.

1.2.3　衍生品市场的主要参与者

按照交易者的交易目的来划分, 衍生品市场的交易者可以分为三类: 套期保值者 (hedger)、投机者 (speculator) 和套利者 (arbitrageur).

套期保值或对冲风险是衍生品市场的基本功能. 套期保值是指以回避现货价格风险为目的的期货交易策略, 生产经营者或商品储运商在现货市场上买进或卖出一定量的现货商品的同时, 在期货市场上卖出或买进与现货品种相同、数量相当但方向相反的期货产品 (期货合约), 目的是以一个市场的盈利去弥补另一个市场的亏损, 从而规避价格波动的风险. 例如, 以大豆期货为例, 在我国东北地区, 大豆通常在每年 4 月份播种, 到当年 10 月份收获, 共有半年多的生长期. 受气候、市场供求关系变化等的影响, 大豆的价格会发生相应的波动. 假设大豆在 4 月份的现货价格是 3500 元/吨 (此时 11 月份交割的大豆期货合约的期货价格为 3400 元/吨), 预计半年后大豆丰收时, 其价格可能会下跌. 为了防止大豆价格下跌导致的损失, 豆农在播种后以 3400 元/吨的价格在期货市场上抛售了与其大豆预计产量相当的大豆期货合约. 假设半年后大豆现货价格跌到 3000 元/吨 (此时 11 月份合约的期货价格为 2900 元/吨), 在现货市场卖出, 豆农将会承受 500 元/吨的损失, 而在期货市场上以 2900 元/吨的价格买进期货合约, 以平仓其持有的期货头寸, 豆农将会有 500 元/吨的盈利. 这样, 现货市场的亏损和期货市场的盈利可以相抵, 规避了价格波动的风险. 套期保值者在衍生品市场参与交易的目的在于规避他们面临的风险. 在上述例子中, 豆农即为套期保值者.

投机交易是指在衍生品市场上以获取价差收益为目的的交易策略. 与套期保值者不同的是, 套期保值者 (如豆农) 持有现货资产, 目的是规避风险; 投机者不一定持有现货资产, 而是根据自己对未来价格走势的判断, 在衍生品市场上做出买进或卖出的决定, 目的是获取衍生品价格波动带来的价差收益. 例如, 如果沪深 300 股指期货 IF1810 的价格是 3400 点, 某投机者认为该价格即将上涨, 于是买入期货合约 10 份, 建立了 10 份多头头寸, 一个月后, 该价格上升到 3430 点, 不考虑交易费用, 该投机者收益 30 点, 若每点价值为 300 元, 则会获得 90000 $(= (3430 - 3400) \times 300 \times 10)$ 元的盈利; 但如果价格下跌, 比如价格下跌到 3380 点, 则该投机者损失 20 点, 必须承担 60000 $(= (3400 - 3380) \times 300 \times 10)$ 元的损失. 由于套期保值者一般持有现货资产, 会进行实物或现金交割, 但投机者一般是平仓了结头寸, 不进行实物或现金交割.

套期保值者和投机者在交易所的交易并没有明显的区别, 但是他们承担的风险有很大的不同. 某些交易所会在保证金等风险管理制度方面对套期保值者和投机者进行区别对待. 交易所通常针对套期保值者身份的确定有相应的管理办法, 比如大连商品交易所的《大连商品交易所套期保值管理办法》.

套利者是通过同时针对两个或两个以上、彼此价格存在相关性的交易品种进行相反头寸的交易, 利用其相对价差获取无风险收益的市场参与者. 套利者可以在标的资产和衍生品之间进行套利, 如债券现货和债券期货; 也可以在不同期限的同类衍生品之间进行套利, 如三个月的远期利率协议和六个月的远期利率协议; 还可以在不同市场的同一产品之间套利, 如芝加哥商品交易所和大连商品交易所的大豆期货合约.

无论是套期保值者、套利者还是投机者, 他们都是金融衍生品市场不可或缺的一部分. 套期保值者发挥了衍生品市场的规避风险功能; 套利者的存在可以防止衍生品的价格发生过大的偏离, 有利于市场回归均衡; 而投机者可以给市场提供足够的流动性. 这些参与者共同引致了衍生品市场的活力, 带来了市场的稳定和繁荣.

1.2.4　衍生品市场的功能

1. 配置风险

通过对衍生品市场的参与者的了解, 我们可以进行如下的推断: 套期保值者其实是风险厌恶者, 他们通过衍生品交易把自己面临的风险转移出去, 对于这部分参与者, 主要是通过市场规避风险; 而对于投机者而言, 他们本身不处于风险暴露之中, 但是他们愿意主动承担风险来赚取收益. 因此交易衍生品的过程就是一个按自身偏好配置风险的过程, 以实现其追求高风险高收益的目的; 对于套利者来说, 构建套利组合的过程就是一个构建风险组合的过程, 在此过程中, 以风险定价为基础, 通过衍生品实现风险配置, 以寻求其相对价差偏离均衡带来的收益. 这里主要介绍利用远期、期货、期权进行套期保值的优点和缺点.

投资的风险通常分为系统性风险和非系统性风险. 系统性风险是指市场因多种外部或内部的不利因素经过长时间积累没有被发现或重视, 在某段时间共振导致无法控制使金融系统参与者恐慌性出逃 (抛售), 造成全市场投资风险加大. 系统性风险对市场上所有参与者都有影响, 无法通过分散投资来加以消除. 非系统性风险也叫"可分散的风险"、"特定风险"或者"剩余风险"(就是总风险里, 去除系统性风险之后的那部分). 特定风险可以理解为具体到某个公司或者行业的风险, 某种程度上可以预判或者通过分散投资去降低整体投资组合的风险. 其中非系统性风险可以由分散化投资来消除, 而系统性风险只能通过套期保值来消除. 金融衍生工具的重要功能之一就是为套期保值者提供一种有效的风险管理手段. 在套期保值部分提到的豆农的例子, 是使用大豆期货合约进行套期保值的. 使用期货合约做套期保值成本极低, 如果不考虑交易费用, 几乎可以零成本建立期货合约. 使用期货合约套期保值不需要担心违约风险. 但是期货合约的内容已经被交易所标准化, 在灵活性和适用性方面会有所不足.

使用远期合约进行套期保值, 优点是合约内容非常灵活, 可以适应不同套期保值者的特定需要; 缺点是要找到合适的交易对手需要付出搜索成本, 找到对手后需要付出相应的谈判和契约成本, 最后还要承担对方违约的风险. 使用远期合约和期货合约进行套期保值都是一把双刃剑, 它们在把遭受巨大损失的可能性规避掉的同时也把投资者获得巨额利润的可能性规避掉了. 所以远期合约和期货合约的套期保值并不能保证一定获得最大利润.

利用期权进行套期保值, 期权既有场外市场交易的非标准化合约, 也有场内市场交易的标准化合约, 所以合约可选择的范围很广. 同时, 最大的优势在于它消除了远期和期货的双刃剑特征. 由于期权的购买者拥有的是一种权利而不是义务. 当被保值的现货资产发生重大损失时, 执行期权将会有盈利, 这时就执行期权, 冲减现货资产的损失; 当被保值的现货资产产生盈利时, 执行期权将会有损失, 这时就放弃执行期权, 现货资产的盈利就不会被冲减, 可以说是达到了两全其美的效果. 但为此付出的代价就是购买者必须支付期权费才能获得权利, 而远期和期货的买方则不需要付费.

2. 优化资源配置

市场均具有资源配置的功能. 商品市场资源配置的功能是通过价格信号来实现的, 金融市场是通过资金配置来调配实物资源的, 因此可以突破实物商品市场在时间和空间上的局限性, 实现资源跨时间和跨空间的合理配置. 金融衍生工具市场作为金融市场的组成部分, 除了以上功能以外还有独特的优势. 现货市场的价格反映的是当前的供求关系, 以此为依据制订下一期的生产计划, 很可能造成资源配置的偏差. 但是, 衍生品市场的价格通常具有前瞻性, 这是因为衍生品合约的内容通常是指向未来的现货交易而不是当前的现货交易. 衍生品市场对衍生品的报价是在对未来价格进行预期的基础上进行的.

以小麦为例, 在现货市场中, 某农户在小麦和油菜籽的播种季节到来的时候发现当前小麦的价格相对偏高, 他认为种小麦比种油菜籽的收益率更高, 因此, 他决定种植小麦. 如果其他农户和他一样根据现货价格来决定生产计划, 最终所有的土地都将会被种上小麦, 当丰收季节到来时, 小麦的价格将会因为播种量过多而急剧下跌, 反而油菜籽的价格会由于供给太少而居高不下. 依据现货市场特征进行资源配置, 社会资源并不能得到优化配置. 而小麦期货的价格反映的不是当前小麦的供求关系, 而是小麦未来的供求关系. 因此, 在上例中, 如果小麦的现货价格被炒得过高, 小麦的期货价格就可能与之分离. 而期货信息属于公开信息, 农户们根据期货价格安排生产计划, 就有可能避免上例中的损失. 这从宏观上优化了资源的配置.

3. 价格发现

衍生品的一个重要的经济功能是价格发现, 即提供关于未来价格信息的能力. 衍生工具的交易尤其是期货交易都在有组织的交易所进行. 各交易所有明确的交易规则, 交易价格等相关信息被及时传递给所有交易者和对该价格感兴趣的各方, 而且每一个指令都必须传递到交易所制定的交易池进行公开、集中竞价交易. 这些期货或期权价格是公开和公平竞争的结果, 它们反映该标的商品目前以及在将来一定时间的供给和需求关系或基本价值. 我们可以从以下两种关系的讨论中进行理解.

(1) 现货价格与衍生品价格的关系.

在优化资源配置这一功能部分我们提到了: 某种商品或资产的现货交易通常是买卖双方根据当时当地的供给和需求状况确定的价格来进行的. 衍生品市场的存在对现货价格的确定起到了两个方面的作用. ① 衍生品价格尤其是期货价格

为现货价格提供了有效的参考价格 (reference price). 例如伦敦金属交易所 (London Metal Exchange, LME) 的金属期货价格在过去相当长的一个时期成为全球基础金属交易的参考价格. 这种参考价格可以减少各交易厂商的搜寻成本 (search cost), 提高资源配置效率. ② 衍生品价格与现货价格之间的套利关系为确立合理的现货价格提供了依据. 如果相对于期货或期权价格来说, 现货价格过低, 套利者可以在买入现货的同时卖出期货合约或看涨期权, 从而获得无风险利润. 这种套利活动使期货或期权价格和现货价格之间保持某种固定的关系. 而且在不同地点之间的现货市场上, 现货资产的价格也必须维持一定的关系. 它们的价差不能超过将商品从价格较低的地点运输到价格较高的地点所发生的成本. 这样, 期货市场的存在, 使得现货价格与期货价格之间、不同地点的现货价格之间都保持着某种确定的关系.

(2) 衍生品价格与预期的未来现货价格的关系.

这种价格发现功能很直观地体现在期货市场中. 因为在任何时点上都有几个不同到期日的期货合约同时交易, 期货市场的价格发现功能还表现在期货市场带来的有效的跨期价格上. 这些期货价格反映的是该商品未来供给和需求状况的预期. 现时的期货价格高于现货价格表明市场上预期在未来的时间商品供应相对不足; 相反, 现时的期货价格低于现货价格则说明市场上预期将来的商品供不应求的情况相对于目前来说趋缓. 这样, 期货市场实际上就是通过交易, 将所有市场参与者对未来商品的供求状况的信息或预期反映到期货价格中去. 期权市场也有类似的功能.

基于期货或期权的价格发现功能, 主要体现在两个方面. ① 对于可储存商品而言, 期货价格为公司或个人的储存决策提供了重要依据. 例如, 较高的期货价格预示着有必要增加存储量, 而较低的期货价格预示着要减少目前的存储量. 存储决策的变化实际上改变了商品在现在和未来不同时间上的相对供给, 从而平滑商品供给曲线, 避免供给过剩或供给不足的情况. ② 期货价格影响厂商的生产决策和消费决策, 这进而从根本上平滑了未来商品的供给和需求. 过高的期货价格说明在未来一段时间内商品供给相对短缺, 厂商可以增加产量, 产量的增加又相对缓解了商品供给不足的情况; 期货价格太低, 说明未来供给过剩, 厂商可以减少供给以避免过大损失. 同理, 当期货价格较低时, 消费者如果可以延迟消费 (如延迟进货时间), 这也会影响商品的跨期供给和需求关系.

1.2.5　衍生品市场发展的新趋势

1. 交易量大增, 风险管理能力凸显

2020 年, 受新冠疫情影响, 金融市场出现了大幅度波动, 衍生品市场风险管理能力凸显, 全球场内衍生品市场延续高速发展, 衍生品交易量达到 464.3 亿张, 较

2019 年增长了 38%; 期权合约交易量为 217.6 亿张, 较 2019 年增长 42%, 期货合约交易量为 246.7 亿张, 较 2019 年增长 43.1%.[①]

交易量的大幅增长凸显了场内衍生品市场在经济困难时期的重要性. 尽管疫情造成了市场波动, 带来了经济不确定性, 但衍生品市场持续发挥着至关重要的价格发现和风险管理的功能.

2. 衍生品种类日益丰富

为了满足市场管理风险的需要, 期货与期权市场自诞生之日起就在不断丰富产品种类. 国际期货市场的场内交易种类大致经历了农产品期货、工业期货和金融期货三个主要阶段. 大宗商品类衍生品合约, 包括能源、农产品等品种不断扩充. 芝加哥商品交易所和巴西证券交易所 (B3SA) 联合推出巴西期货合约, 为巴西国内及全球投资者提供新的风控工具. 合约标的创新层出不穷, 各类价格指数、天气指数、碳排放权、海运协议等标的新气未脱, 房产所有权、比特币等新标的又接踵而至, 合约产品丰富, 多元化特征显著. 比如, 芝加哥商品交易所推出首个水指数期货, 标的为纳斯达克韦莱斯加利福尼亚水指数 (NQH2O), 作为一种创新工具, 水期货将为农业用户、商业用户和市政用水用户提供更好的价格发现和风险转移功能. 洲际交易所 (ICE) 在地球日推出了旨在跟踪和定价全球碳价格的碳期货指数. 由全球三个交易最活跃的碳市场的价格计算得出欧盟排放交易计划、加州总量管制和交易计划及区域温室气体倡议 (RGGI).

在国际上, 期货与期权合约的创新途径主要有三种. 一是复制其他市场已有的活跃的合约, 如伦敦金融交易所推出的中国活跃的钢材系列品种和贵金属系列品种. 二是推出创新性标的资产, 如芝加哥商品交易所推出的黄金/白银比率期货, 印度商品交易所推出的钻石期货等. 三是场外市场场内化, 带来创新产品, 如洲际交易所和芝加哥商品交易所推出的 "互换期货", 其中互换通常是场外交易, 其合约不具有高度标准化的特征.

3. 衍生品市场监管趋严

2008 年, 美国的次贷危机使全球金融市场遭到重创. 在此之后防范市场系统性风险, 加强投资者保护成为国际衍生品市场监管的主要方向. 具体来看, 美国于 2010 年 7 月通过的《多德-弗兰克华尔街金融改革与消费者保护法》, 堪称美国历史上最严格的金融改革法案. 该法案要求实施对场外衍生品市场全面监管, 指令银行逐步剥离各类商品、股票以及未清算的信用违约掉期交易等, 并且提高了金融衍生品交易公司在保证金、资本比例、职业操守以及交易记录等方面的要求. 美国成立了金融稳定监督委员会, 推进信息收集和共享, 识别危及美国金融

① 数据来自国际期货业协会 (Futures Industry Association, FIA).

稳定的各类风险, 促进金融市场的自我约束, 防范系统性风险发生. 欧洲议会通过了《泛欧金融监管改革法案》, 构建了由欧洲系统性风险委员会、欧洲银行业监管局、欧洲证券和市场监管局与欧洲保险和职业养老金监管局组成的“一会三局”的监管新体系. 自此, 欧盟可对保险业、银行业以及金融交易活动实施分业监管, 进一步扩大了监管覆盖面, 从而全局控制欧洲信贷总体水平, 防止泡沫出现. 同时, 严密监测金融市场上可能会出现的各种风险并及时发出预警. 场外衍生品市场呈现出场内化、标准化的趋势.

4. 区块链等新技术成为新驱动力

20 世纪中叶, 第一台电子计算机的问世将期货与期权市场带入信息技术时代, 电子交易被逐步引入期货业, 成为市场发展的主流. 20 世纪 90 年代, 互联网的兴起推动了期货交易所电子交易平台的搭建, 充分利用互联网或移动终端汇集用户进行交易, 实现又一次行业革命. 近年来, 以比特币为代表的区块链概念持续受到广泛关注. 区块链是分布式数据存储、点对点传输、共识机制、加密算法等技术的集成应用, 可去中心化地完成金融衍生品交易中的数据存储、交易、清算和监管等过程. 早在 2017 年全球各交易所纷纷推出了以比特币为标的的衍生品, 2020 年比特币相关衍生品交易活跃. 例如, 洲际交易所实物交割的 Bakkt 比特币 (美元) 期货交易成交量屡破新高. 此外, 各交易所也在研究推出基于区块链技术的相关系统. 澳大利亚国家证券交易所 (NSXA) 计划推出基于区块链的结算系统, 将开发一个基于分布式账本技术 (DLT) 的平台, 并提供“跨多个交易所的股票交易的多币种、实时和当日清算”.

1.3　我国的衍生品市场

1.3.1　期货市场

期货市场是我国目前发展得最好的衍生品市场, 以 1990 年 10 月 12 日郑州粮食批发市场的开业为标志, 我国衍生品市场已经走过 30 余年的发展历程. 根据市场发展的性质和运行的特征, 可以粗略地将发展历程分为三个阶段: 初创时期快速发展阶段; 以政策调控为主基调的治理整顿阶段; 复苏和规范发展阶段.

1. 初创时期快速发展阶段

1990 年 10 月 12 日, 原商业部和河南省政府在郑州联合开办了一家引进期货机制的全国性粮食批发市场——我国郑州粮食批发市场, 这是郑州交易所的前身. 1991 年 6 月 10 日, 深圳成立了我国第一家以标准期货合约为主要交易对象的有色金属交易所. 1992 年 5 月 28 日, 上海金属交易所也正式营业. 截至 1994 年底, 我国共建成期货交易所 50 余家, 拥有会员单位 3000 余家, 开发了近 50 个可以进行期货交易的上市品种. 在这一阶段, 我国衍生品市场进行了许多尝试, 在商品期货市场建立后不久, 就出现了早期的金融期货. 在 1992 年到 1993 年短短两年时间里, 外汇期货、国债期货、股票指数期货、认证股权等金融衍生品陆续登台亮相. 1992 年 6 月 1 日, 上海外汇调剂中心率先推出外汇期货, 进行人民币与美元、日元、德国马克的汇率期货交易, 这是我国金融衍生品早期实践的起点. 但当时的汇率期货交易并不活跃, 并且存在许多非法经营的期货经纪机构在境外市场进行操作, 严重损害了国家的利益. 直到 1993 年, 上海外汇调剂中心被迫停止了人民币汇率期货交易. 1993 年 3 月 10 日, 海南证券交易中心开办了股票指数期货交易, 标的物为深圳综合指数和深圳 A 股指数. 但在 1993 年年底, 仅仅运营了半年时间, 就由于严重投机全部平仓终止了交易. 1992 年 12 月, 上海证券交易所首先向证券公司推出了国债期货交易, 而后北京、广州等地共计 13 家证券交易所相继开办了国债期货交易. 1995 年, 各地挂牌的国债期货合约已经达到了 60 多种, 在当时的交易中, 机构和专业投资者占主体地位, 投机气氛浓厚, 出现了 "327 国债事件" 等严重的违规操作现象, 造成价格异常波动, 市场混乱. 1995 年 5 月 17 日, 证监会发布了《关于暂停国债期货交易试点的紧急通知》.

2. *以政策调控为主基调的治理整顿阶段*

为了抑制期货市场的盲目发展与过度投机, 国务院于 1993 年 11 月 4 日发布了《国务院关于坚决制止期货市场盲目发展的通知》. 这标志着期货市场进入规范的调整阶段. 证监会按照国务院 "规范起步, 加强立法, 一切经过试验和严格控制" 的原则, 对期货市场进行规范. 具体措施包括: ① 清理整顿期货交易所, 将 50 家期货交易所缩减为 14 家. ② 暂停一批品种的期货交易, 暂停了钢材、白糖、煤炭、石油和国债等 19 个品种的期货交易. ③ 清除境外期货交易和外汇按金交易 (外汇按金交易, 是指在金融机构之间及金融机构与投资者之间进行的一种远期外汇买卖方式. 在交易时, 交易者只付出 1% ~ 10% 的按金 (保证金), 就可进行 100% 额度的交易), 制止境外期货代理业务, 停止各期货经纪公司、非银行金融机构和各类咨询公司开展的外汇期货和外汇按金交易. 在以后的几年中, 证监会遵循 "法制、监管、自律、规范" 的方针, 进一步加强对期货市场的监管.

1998 年, 我国又将 14 个期货交易所撤销合并为上海、郑州、大连三个期货交易所; 将上市运行的商品合约的标的确定为铜、铝、天然橡胶、籼米、胶合板、大豆、豆粕、啤酒大麦、绿豆、小麦、花生仁、红小豆共 12 个品种.

3. *复苏和规范发展阶段*

经过进一步整顿, 我国期货市场进入了规范发展新阶段. 2006 年 9 月 8 日, 中国金融期货交易所建立. 2010 年 4 月 16 日, 中国金融期货交易所推出了沪深 300 指数期货, 开启了我国金融期货时代. 2013 年 9 月 6 日, 在离开市场 18 年后, 首批 5 年期国债期货在中国金融期货交易所正式开盘交易. 之后, 中国金融期货交易所于 2015 年 3 月 20 日和 2018 年 8 月 17 日分别推出了 10 年期国债期货和 2 年期国债期货; 于 2015 年 4 月 16 日和 2022 年 7 月 22 日分别推出了上证 50 股指期货、中证 500 股指期货以及中证 1000 股指期货. 在商品期货市场, 从 2000 年 7 月 17 日豆粕期货在大连商品交易所上市交易开始, 一系列的期货产品陆续上市, 比如: 白糖期货 (2006 年 1 月 6 日)、豆油期货 (2006 年 1 月 9 日)、菜籽油期货 (2007 年 6 月 8 日)、棕榈油期货 (2007 年 10 月 29 日)、鸡蛋期货 (2013 年 11 月 8 日)、花生期货 (2021 年 2 月 1 日) 和生猪期货 (2021 年 1 月 8 日).

2018 年 3 月, 上海国际能源交易中心 (INE) 推出了首个以人民币计价、对境外投资者开放的中国原油期货产品. 上市运行以来, 上海原油期货已经成为规模仅次于布伦特 (Brent) 原油期货和西德克萨斯中质 (WTI) 原油期货之后的第三大原油期货. 2018 年 5 月, 以人民币计价的铁矿石商品期货也引入了境外投资者. 天然气等大宗商品期货未来也有望陆续推出, 另外, 原油期权也于 2021 年 6 月挂牌交易. 推进大宗商品期货交易领域的人民币计价有利于打破以美元为主导的国际大宗商品计价体系, 形成 "石油-人民币" 机制, 从而推动人民币计价职能的有效提升.

1.3.2 期权市场

我国的期权市场同样分为场内期权市场和场外期权市场. 场内期权的第一个品种是 2015 年在上海证券交易所上市交易的上证 50ETF 期权, 首批上市交易的上证 50ETF 期权有认购、认沽两种类型, 属于欧式现货期权, 有 4 个到期月份、5 个行权价格, 合计 40 个合约. 2022 年 7 月 22 日, 中证 1000 股指期权在中国金融期货交易所正式挂牌交易. 商品期权方面, 三大商品交易所分别推出了豆粕期权 (2017 年 3 月 31 日)、玉米期权 (2019 年 1 月 28 日)、黄大豆 1 号期权 (2022 年 8 月 8 日)、黄大豆 2 号期权 (2022 年 8 月 8 日)、豆油期权 (2022 年 8 月 8 日) 以及白糖期权 (2017 年 4 月 19 日) 与铜期权 (2018 年 9 月 21 日), 这些品种不同于上证 50ETF 期权和中证 1000 股指期权的是, 它们都是期货期权, 前几个品种是美式期权, 后一个是欧式期权 (行权方式于 2021 年 11 月 16 日调整为美式).

场外期权是指在非集中性交易场所进行的非标准化的金融期权合约, 是根据场外双方的洽谈, 或者中间商的撮合, 按照双方需求自行交易的金融衍生品. 我国目前主要场外期权挂钩的标的包括商品、股指、ETF、个股、部分境外标的等. 2013 年 8 月, 境内首只券商场外期权在推出后总体发展平稳. 敲入障碍期权和敲出障碍期权在场外期权中已经非常普遍 (敲入障碍期权是指当标的价格触达这个障碍时, 这个期权开始生效; 敲出障碍期权是指当标的价格触碰到敲出障碍时, 这个期权失效, 产品结束).

2022 年 5 月 12 日,《国家外汇管理局关于进一步促进外汇市场服务实体经济有关措施的通知》允许金融机构为客户提供人民币对外币亚式期权及其组合产品. 亚式期权与欧式和美式期权不同, 其期权结算或行权价取决于合约有效期内某一时间段观察值的平均值, 是我国外汇衍生品市场的重要创新之一. 此前境内外汇期权市场交易的品种均为普通欧式期权, 这一举措丰富了境内外汇期权市场产品, 将对市场发展起到深远的推动作用.

由于衍生品业务规模复杂度高, 且对券商资金、风控等方面的实力有较高要求, 因此集中度也较高. 证监会体系下场外期权参与活跃度较高的机构主要有证券公司、期货公司以及其风险管理子公司、私募基金等, 其中前两类机构最常承担场外期权创设方、做市商的角色. 同时我国券商发行场外期权的集中度高达 90% 以上, 场外期权的发行多是集中在几家规模比较大的券商, 包括平安证券、中信证券、中信建投证券、招商证券、国信证券、申万宏源证券等. 场外期权业务的市场化程度较低, 存在信息不对称. 从场外期权购买方的角度来看集中度, 商业银行和私募基金是场外期权的主要交易机构.

2020 年, 截至 11 月底, 我国期货市场资金量突破 8559.5 亿元, 同比增长 55.2%, 1 月至 11 月累计成交量、成交额分别达到了 53.8 亿手和 382.5 万亿元, 同比增长 50.4% 和 45.5%. 风险管理是衍生品市场的基本功能, 在疫情之下, 外部环境越不稳定, 期货市场越能发挥 "避风港" 的作用. 期货风险管理子公司, 围绕疫情期间抗疫物资生产企业需求, 积极创新业务模式, 涌现了 "口罩期权""手套期权" 等一批助力企业 "战疫复产" 的典型案例, 同时进行了品种的创新. 2020 年, 截至 11 月份, 全年上市 12 个新品种, 我国期权期货品种共 90 个, 其中国际化品种 7 个. 液化石油气、低硫燃料油等品种上市之后, 以油、煤、气为代表的国内能源期货市场体系建设取得重大进展. 全面推广做市机制, 新增 32 个期货期权做市品种, 已实施做市制度的期货期权品种总数达到 65 个.①

值得一提的是, 党的二十大报告强调, 要加强和完善现代金融监管, 强化金融稳定保障体系, 依法将各类金融活动全部纳入监管, 守住不发生系统性风险底线. 2022 年 4 月 20 日, 十三届全国人大常委会第三十四次会议表决通过了《中华人民共和国期货和衍生品法》, 该法于 2022 年 8 月 1 日正式实施. 该法的颁布实施, 有助于防风险、促发展、补漏洞, 规范市场交易秩序, 更好地发挥期货和衍生品市场价格发现、风险管理和资源配置的功能. 该法的实施有效填补了我国金融市场法治建设的空白, 推动我国金融市场基本法律保障体系走向健全.

---

① 祝惠春. 期货市场风险管理功能再上台阶 [N/OL]. 经济日报, 2020-12-26 [2024-3-30]. http://paper.ce.cn/jjrb/html/2020-12/26/content_434893.htm.

1.4 衍生品的定价

1900 年, 法国数学家巴舍利耶 (Bachelier)[2] 发表了第一篇研究期权定价问题的论文 “Théorie de la Spéculation”(《投机交易理论》), 文中首次提出用随机游走思想给出股票价格运行的随机模型. 该文开启了衍生品定价理论研究的先河, 他首次以数学概念来描述布朗运动, 并假设股票价格满足无漂移和具有扩散系数为 σ 的布朗运动. 在此后的 60 年中, 期权定价的研究进展缓慢, 直到 1961 年, 斯普利克 (Sprenkle)[15] 发表了 “Warrant Prices as Indicators of Expectations and Preferences”, 文中假设股票价格服从对数正态分布, 价格的均值和方差是固定的常数, 解决了股票价格不能为负的这个问题, 并在这个假设下提出了第一个看涨期权的定价公式, 但同样遇到了投资者风险偏好的新问题.

1973 年, 布莱克 (Black) 和斯科尔斯 (Scholes)[4] 发表了在期权定价理论中堪称经典的论文 “The Pricing of Options and Corporate Liabilities”(《期权定价和公司债务》), 提出了 Black-Scholes 期权定价模型. 这一模型为后来的研究提供了思路, 通过对其假设条件以及参数条件进行改变, 得到了一系列经典结论. 同年, 默顿 (Merton)[11] 在 “Theory of Rational Option Pricing” 一文中, 对 Black-Scholes 公式做了突破性的修正与扩展, 进一步阐述并发展了期权定价模型背后的数学基础和风险对冲思想. 由于 Merton 的卓越贡献, Black-Scholes 公式又称 Black-Scholes-Merton 公式. Merton 和 Scholes 因其对期权定价理论的贡献获得 1997 年诺贝尔经济学奖. 期权定价理论 (option pricing theory) 是现代金融定价的基石, 对金融市场的风险管理实践产生了革命性的影响. 学术领域内的巨大进步带来了实际应用领域的飞速发展, 期权定价的技巧和方法对产生创新的金融产品起着最根本的作用. 另一方面, 由于衍生品在证券市场中具有分散风险、完备市场等方面的重要作用, 近年来, 从事金融产品创新及定价的行业蓬勃发展, 从而推动衍生品定价理论的不断改进和发展, 所以, 无论从理论还是实际需求出发, 衍生品定价的思想和方法都具有十分重要的意义.

习 题

1. 简述远期合约和期货合约的区别.
2. 解释 “远期合约既可以被用于投资又可以被用于套期保值”.
3. 简述期货合约与期权合约的区别.
4. 衍生品交易是 “零和博弈”, 如何理解?
5. 列举衍生品市场的交易者的类型.
6. 列举我国的主要衍生品交易所.
7. 列举我国主要衍生品交易所目前上市交易的衍生品.

8. 解释衍生品交易的“杠杆性”.

9. 简述购买某只股票和购买以此股票为标的的期货合约的区别.

10. 简述看涨期权和看跌期权的区别.

11. 简述远期、期货合约和期权合约用于套期保值的效果差异.

12. 解释套期保值、套利和投机的区别.

13. 简述场内交易和场外交易的区别.

14. 简述购买股票和购买股票期权的区别.

15. 简述 2022 年 8 月 1 日实施的《中华人民共和国期货和衍生品法》中关于期货交易和衍生品交易的定义.

16. 简述《中华人民共和国期货和衍生品法》立法背景和意义.

17. “衍生品是风险管理的工具, 但它自身具有很大的风险”, 请解释这一说法.

18. 列举一些日常生活中带有衍生品特征的产品事例.

第 2 章　货币的时间价值与利率

货币时间价值, 又称资金时间价值, 是指资金随着时间的推移所产生的价值的增加. 我们知道, 1 年后的 100 元和今天的 100 元价值是不同的, 我们将 100 元存入银行, 年利率假设为 2%, 1 年后取出 102 元, 比原来多出的 2 元即是 100 元的时间价值. 这一认识是衍生品定价中必须了解的一个基本原则. 在现实生活中, 人们从事投资活动, 不管是将钱存在银行, 还是购买债券、基金等理财产品, 抑或是从事股票、衍生品等高风险的投资, 都会涉及收益、利息的计算, 在本金一定的情况下, 衡量收益、利息大小的指标就是收益率、利率.

利率是决定几乎所有衍生品价格的重要因素之一. 本章将介绍关于度量与分析时间价值和利率的一些概念及方法.

2.1　货币的时间价值

利率是指一定的货币量在一段时间 (计息期) 内的变化量 (利息) 与期初货币量的比值. 如果计息期为标准的时间单位 (如月、季、半年或年), 则所对应的利率 r 常称为实际利率. 如果单位计息期 (如 1 年) 内要进行多次利息结算, 比如依 r/m 换算 m 次, 则 r 为 m 换算名义利率或挂牌利率 [26]. 除特别说明外, 本书提到的利率指的是计息期为 1 年的名义利率, 即名义年利率.

例如, 假设 $m = 4$, 即 1 年换算 4 次 (又称季换算), 若季换算名义年利率为 3%, 则 $3\%/4 = 0.75\%$ 是每季度的实际利率.

同样的利率水平, 不同的计息方式会导致到期的利息 (收益) 存在差异, 计息方式主要有单利和复利之分.

2.1.1　单利

先考虑利息仅由本金产生的情况, 且在投资期内本金不变, 可以认为赚得的利息没有进行再投资. 如果本金是 P 元, r 是年利率, 则一年后的价值为

$$P + P \cdot r = P \cdot (1 + r).$$

n 年后的价值为

$$P + n \cdot P \cdot r = P \cdot (1 + nr).$$

这种计息方式对应的利率称为单利 (simple interest).

2.1.2 复利

和以上计息方式不同的是, 很多情况下, 投资产生的利息会加入到本金中进行再投资, 获得的利息会定期地加入本金中, 这样, 不仅原来的本金产生利息, 而利息也会产生利息 (所谓的 “利滚利”), 这种计息方式称为复利 (compound interest).

1. 1 年复利 m 次

如果本金是 P 元, r 是年利率, 如果每半年计息 1 次 (1 年复利 2 次), 则半年后产生的本息合计为

$$P\cdot\left(1+\frac{r}{2}\right);$$

半年后, 这些本息将作为下次计息的本金, 到 1 年后时, 这笔投资的终值将变为

$$P\cdot\left(1+\frac{r}{2}\right)^2.$$

以此类推, 如果每年计 m 次息, 则 1 年后的价值为

$$P\cdot\left(1+\frac{r}{m}\right)^m;$$

n 年后的价值为

$$P\cdot\left(1+\frac{r}{m}\right)^{mn}. \tag{2.1.1}$$

直观上看, 计息越频繁, 产生的终值越大, 如图 2.1, 简单验证如下.

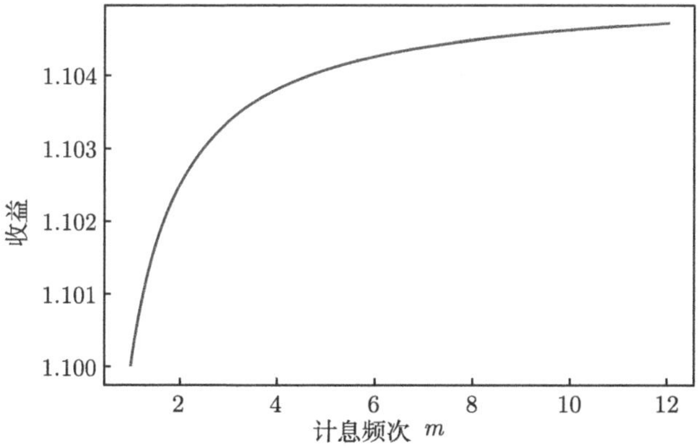

图 2.1 计息频次与收益

假设 $m < k$, 利用二项式公式,

$$\begin{aligned}\left(1+\frac{r}{m}\right)^m &= 1+r+\frac{1-\frac{1}{m}}{2!}r^2+\cdots+\frac{\left(1-\frac{1}{m}\right)\times\cdots\times\left(1-\frac{m-1}{m}\right)}{m!}r^m \\ &< 1+r+\frac{1-\frac{1}{k}}{2!}r^2+\cdots+\frac{\left(1-\frac{1}{k}\right)\times\cdots\times\left(1-\frac{m-1}{k}\right)}{m!}r^m \\ &< 1+r+\frac{1-\frac{1}{k}}{2!}r^2+\cdots+\frac{\left(1-\frac{1}{k}\right)\times\cdots\times\left(1-\frac{k-1}{k}\right)}{k!}r^k \\ &= \left(1+\frac{r}{k}\right)^k.\end{aligned}$$

另外, 利用微积分的极限知识, 容易证明

$$\lim_{m\to\infty} P\cdot\left(1+\frac{r}{m}\right)^m = P\mathrm{e}^r.$$

复利频率 m 趋于无穷大时所对应的利率即是连续复利利率.

2. 连续复利

在连续复利情形下, 数量为 P 的资金投资 n 年时的终值为

$$P\mathrm{e}^{rn},$$

其中, e^{rn} 是增长因子. 对一笔资金以利率 r 连续复利 n 年的终值相当于乘上增长因子 e^{rn} 项; 而对一笔在第 n 年后的资金以利率 r 连续复利进行贴现, 其现值相当于乘上贴现因子 e^{-rn} 项.

在本书中, 除非特别说明, 利率默认按连续复利计算.

3. 连续复利与每年 m 次复利的关系

为了区分不同计息方式的利率, 用 r_c 表示连续复利, r_m 是与之等价的每年 m 次复利利率. 利用

$$P\cdot\mathrm{e}^{r_c} = P\cdot\left(1+\frac{r_m}{m}\right)^m,$$

可得

$$r_c = m\ln\left(1+\frac{r_m}{m}\right) \tag{2.1.2}$$

或

$$r_m = m(\mathrm{e}^{r_c/m} - 1). \tag{2.1.3}$$

例 2.1 假设利率为每年 6%, 半年 1 次复利, 则利用公式 (2.1.2), 与之等价的连续复利为

$$2\ln\left(1+\frac{0.06}{2}\right) = 0.059118,$$

即每年 5.9118%.

例 2.2 假设利率为每年 8%, 1 年 1 次复利, 资金多长时间可以翻倍?

利用公式 (2.1.1), 令 $m = 1$, 可以验证当 $n = 9$ 年时, 资金可以翻倍.

注 "72 法则" (rule of 72) 我们注意到上例中的两个数字 8 和 9 满足 72/8=9, 如果利率为每年 6%, 则资金翻倍的时间约为 $72/6 = 12$ 年, 这就是关于复利的 "72 法则", 由 "现代会计之父", 意大利数学家卢卡 • 帕西奥利 (Luca Pacioli) 提出, 用于估算一项投资在复利条件下如果要翻倍所需的时间. 在经济生活中, "72 法则" 可以用于有关通货膨胀、人口增长、经济产出等的评估.

2.2 零息利率

反映货币时间价值的还有一个参照物, 那就是零息债券 (zero coupon bond). 零息债券是指以贴现方式发行, 不附息票 (券息), 而于到期日时按面值一次性支付本息的债券. 实际上, 个人或机构购买债券相当于贷款给债券的发行方. n 年期的零息利率 (zero coupon interest rate) 是指投资并连续保持 n 年的收益率, 其中所有的利息和本金都在第 n 年末支付给投资者, 在此之前不支付任何利息收益. n 年期的零息利率也称为 n 年期即期利率 (n-year spot interest rate) 或 n 年期零息利率 (n-year zero rate). 比如, 若 5 年期连续复利的零息利率是每年 5%, 这意味着今天 77.9 元的投资 5 年后会增长到

$$77.9 \times \mathrm{e}^{0.05\times 5} = 100.$$

若 5%的利率是 1 年复利 1 次, 则实现 100 元的回报, 需要投入 78.4 元的资金, 即

$$78.4 \times (1 + 0.05)^5 = 100.$$

2.2.1 债券收益率

大多数债券 (固定收益率债券) 提供周期性的券息, 债券发行人在债券期满时将债券的本金还给投资者, 比如 2 年期、本金为 100 元、票面利率 (券息率) 为 8%、

每半年付息 1 次的国债, 在未来 2 年内, 投资者每半年都会有 $100\times0.08/2=4$(元) 的利息 (券息), 在第 2 年年末, 将连本带息收到 104 元的回报.

如果对债券的所有现金流按某一贴现率进行贴现后, 所得现值等于债券的价格, 则称这一贴现率为债券的到期收益率 (yield to maturity) 或债券收益率 (bond yield). 比如, 假设上述债券的价格为 99.29 元, 则通过

$$4\mathrm{e}^{-y\times0.5}+4\mathrm{e}^{-y\times1}+4\mathrm{e}^{-y\times1.5}+104\mathrm{e}^{-y\times2}=99.29,$$

可以解出收益率为

$$y\approx10\%.$$ ①

2.2.2　确定零息利率

我们在市场上能够直接观察的是不同期限的债券价格及票面利率与付息方式等信息, 它所隐含的反映货币时间价值的零息利率或即期利率需要单独计算. 理论上, 可以利用 "息票剥离法" (bootstrap method) 计算不同期限的零息利率, 建立即期利率和到期期限的关系, 绘制出的关系曲线称为零息票收益率曲线 (zero coupon yield curve). 表 2.1 是有关不同期限债券价格的数据. 前三个短期债券, 不付券息, 是零息票债券, 利用定义, 比较容易确定相应期限的零息利率. 后两个期限较长的债券是附息债券, 不能直接确定相应期限的零息利率, 需要通过 "剥离息票" 的方式计算.

表 2.1　债券价格数据

债券本金/元	期限/年	票面利率 /%	付息方式	债券价格/元
100	0.25	0	—	99.6
100	0.5	0	—	99.0
100	1	0	—	97.8
100	1.5	4	半年付息	102.5
100	2	5	半年付息	105.0

第一个债券的价格是 99.6 元, 意思是以 99.6 元的价格购买这个债券, 3 个月后得到 100 元, 意味着, 3 个月的投资收益是 $100-99.6=0.4$(元), 即 3 个月的收益率是 $\dfrac{0.4}{99.6}=0.4016\%$ (相当于每季度的实际利率), 利用公式 (2.1.2), 可以确定 3 个月期的按连续复利计息的即期利率是

$$r_{c1}=m\ln\left(1+\frac{r_m}{m}\right)=4\ln(1+0.004016)=1.603\%;$$

① 这里收益率的计算归结为非线性方程的求解, 通常可以用牛顿迭代法近似求解; 另外, 通过 Python 里的 SciPy 子模块 optimize 中的函数 fsolve 可以直接获得结果, 参见例 2.5.

或者利用零息利率的定义, 由

$$100 = 99.6e^{r_{c1}\times 0.25},$$

可解得

$$r_{c1} = 1.603\%.$$

类似地, 通过第二个债券, 可以得到半年期的连续复利利率满足

$$100 = 99.0e^{r_{c2}\times 0.5},$$

可解得

$$r_{c2} = 2.010\%.$$

同理, 通过第三个债券, 可计算 1 年期的连续复利利率是

$$r_{c3} = 2.225\%.$$

第四个债券的期限为 1.5 年, 息票和本金支付如表 2.2.

表 2.2　1.5 年期债券现金流

半年时/元	1 年时/元	1.5 年时/元
2	2	102

由前面的计算, 我们知道半年期和 1 年期的零息利率分别是 2.010%和 2.225%, 如果令 1.5 年期的零息利率为 r_{c4}, 则有关系式

$$2e^{-2.010\%\times 0.5} + 2e^{-2.225\%} + 102^{-r_{c4}\times 1.5} = 102.5,$$

通过进一步化简并求解, 可以得到

$$r_{c4} = 2.284\%.$$

类似地, 通过第五个债券, 可以确定 2 年期的零息利率

$$r_{c5} = 2.416\%.$$

由表 2.1 中的债券价格数据计算得出的零息利率 (连续复利) 如表 2.3.

表 2.3 零息利率

期限 /年	零息利率 (连续复利)/%
0.25	1.603
0.5	2.010
1	2.225
1.5	2.284
2	2.416

值得注意的是,. 在市场中, 可能并没有期限正好等于 1.5, 2, 2.5 年等的债券, 比如市场中有 2.3 年和 2.7 年到期的债券价格信息, 如何确定 2.5 年的零息利率? 对债券价格数据进行线性插值是常用的做法之一. 另外, 根据 1 年和 1.5 年的零息利率, 可以通过插值的办法估计 1.25 年的零息利率. ①

2.3 远期利率

远期利率 (forward interest rate) 是由当前零息利率所隐含的对应于将来时间段的利率.

假设现在是 t 时刻, 未来任意两个时间点是 t_1, t_2 $(t_1 < t_2)$, 已知 t 时刻到 t_1 时刻和 t_2 时刻的零息利率分别为 r_1, r_2, 未来 t_1 时刻到 t_2 时刻的远期利率记为 r_F, 则利用

$$\mathrm{e}^{r_2\times(t_2-t)} = \mathrm{e}^{r_1\times(t_1-t)} \times \mathrm{e}^{r_F\times(t_2-t_1)},$$

可知

$$r_F = \frac{r_2(t_2-t)-r_1(t_1-t)}{t_2-t_1}. \tag{2.3.1}$$

通过公式 (2.3.1), 表 2.4 中第三列的远期利率可由第二列的零息利率获得.

表 2.4 零息利率与远期利率

期限 n /年	n 年期零息利率 /%	第 n 年远期利率 /%
1	3.0	
2	4.0	5.0
3	4.6	5.8
4	5.0	6.2
5	5.3	6.5

若公式 (2.3.1) 中的 $t=0$, 则

$$r_F = \frac{r_2t_2-r_1t_1}{t_2-t_1} = r_2 + t_1\frac{r_2-r_1}{t_2-t_1}.$$

① 在 Python 实验中将演示实现过程并可视化.

如果 t_2 无限接近 t_1, 并假设零息利率曲线是光滑的, 则 $r_2 \to r_1$,

$$r_F = r_2 + t_1 \frac{r_2 - r_1}{t_2 - t_1} = r_1 + t_1 \frac{\partial r}{\partial t}\bigg|_{t=t_1}.$$

以这种方式得到的 r_F 称为 t_1 时刻的瞬时远期利率 (instantaneous forward interest rate), 它是用于在未来 t_1 时刻开始的一段很短时间内的远期利率.

2.4 Python 实验

例 2.3 利用 Python 编程实现连续复利和每年 m 次复利利率的转换, 以每年 2 次复利利率 10% 输出与之等价的连续复利和以连续复利利率 8% 输出与之等价的每年 4 次复利的利率为例, 程序如下:

```
import math
def Rc(m,Rm):
    Rc = m*math.log(1+Rm/m)
    return Rc
def Rm(m,Rc):
    Rm = m*(math.exp(Rc/m)-1)
    return Rm
r_c=Rc(2,0.1)
print('%.5f' % r_c)
r_m=Rm(4,0.08)
print('%.5f' % r_m)
```

输出的结果分别为 $r_c = 0.09758, r_m = 0.08081$.

例 2.4 利用 Python 编程批量实现不同复利频次的转换, 以每年 1 次复利利率为 3% 为例, 分别输出与之等价的每年 2 次、4 次、12 次、52 次和 365 次的利率, 程序如下:

```
r=0.03
M=[1,2,4,12,52,365]
name=['每年复利1次:','每年复利2次:','每年复利4次:','每年复利12次:','每年复利52
                                          次:','每年复利365次:']
value=[]
i=0
for m in M:
    value.append(((1+r)**(1/m)-1)*m)
    print(name[i],round(value[i],5))
    i=i+1
```

输出的结果分别如下. 每年复利 1 次: 0.03; 每年复利 2 次: 0.02978; 每年复利 4 次: 0.02967; 每年复利 12 次: 0.0296; 每年复利 52 次: 0.02957; 每年复利 365 次: 0.02956.

例2.5 利用 Python 编程实现债券到期收益率的计算. 假定有一个期限为 5 年, 面值为 100 元的债券, 票面利率为 5% (每半年付息 1 次, 每次 $100 \times 5\%/2 = 2.5$), 假设该债券的当前价格是 98 元, 则需要利用下式求解到期收益率:

$$2.5 \times \sum_{t=1}^{10} \mathrm{e}^{-yt/2} + 100\mathrm{e}^{-5y} = 98.$$

```
def YTM(C,M,T,m,B):
    import scipy.optimize as so
    import numpy as np
    def f(y):
        coupon = []
        for i in np.arange(1,T*m+1):
            coupon.append(np.exp(-y*i/m)*M*C/m)
        return np.sum(coupon)+np.exp(-y*T)*M-B
    return so.fsolve(f,0.1)

import numpy as np
Yield = YTM(C=0.05,M=100,T=5,m=2,B=98)
print('债券的到期收益率:', np.round(Yield[0], 6))
```

输出的结果为债券的到期收益率: 0.053892.

例 2.6 利用 Python 编程实现表 2.3 中零息利率的计算.

```
def f(r_c):
    r_c1,r_c2,r_c3,r_c4,r_c5 = r_c #设置不同期限利率
    B1=99.6             #0.25 年期国债价格
    B2=99.0             #0.5 年期国债价格
    B3=97.8             #1 年期国债价格
    B4=102.5            #1.5 年期国债价格
    B5= 105.0           #2 年期国债价格
    par=100            #债券面值
    C4=0.04            #1.5 年期国债的票面利率
    C5=0.05            #2 年期国债的票面利率
    b1=B1*np.exp(r_c1*0.25)-par     #第 1 个债券计算零息收益率的公式
    b2=B2*np.exp(r_c2*0.5)-par     #第 2 个债券计算零息收益率的公式
    b3=B3*np.exp(r_c3*1.0)-par     #第 3 个债券计算零息收益率的公式
    b4=par*(0.5*C4*np.exp(-r_c2*0.5)+0.5*C4*np.exp(-r_c3)+(1+0.5*C4)*np.exp(-
                                            r_c4*1.5))-B4
                                            #第 4 个债券计算零息收益率的公式
    b5=par*(0.5*C5*np.exp(-r_c2*0.5)+0.5*C5*np.exp(-r_c3)+0.5*C5*np.exp(-r_c4*
                                          1.5)+(1+0.5*C5)*np.exp(-r_c5*2))-B5
                                            #第 5 个债券计算零息收益率的公式
    return np.array([b1,b2,b3,b4,b5])
import numpy as np
import scipy.optimize as so  #导入 SciPy 的子模块 optimize
Zero_rates=so.fsolve(f,[0.1,0.1,0.1,0.1,0.1])
```

```
print('0.25年期零息利率(连续复利)', round(Zero_rates[0],5))
print('0.5年期零息利率(连续复利)', round(Zero_rates[1],5))
print('1年期零息利率(连续复利)', round(Zero_rates[2],5))
print('1.5年期零息利率(连续复利)', round(Zero_rates[3],5))
print('2年期零息利率(连续复利)', round(Zero_rates[4],5))
```

输出的结果与表 2.3 一致.

例 2.7 接上例, 实现零息利率的可视化以及通过插值确定相关期限的零息利率.

```
import numpy as np
import scipy.optimize as so  #导入 SciPy 的子模块 optimize
import matplotlib.pyplot as plt
plt.rcParams['font.family'] = ['sans-serif']
plt.rcParams['font.sans-serif'] = ['SimHei']
T=np.array([0.25,0.5,1.0,1.5,2.0])  #生成包含5个国债期限的数组
plt.figure(figsize=(8,6))
plt.plot(T,Zero_rates,'b')
plt.plot(T,Zero_rates,'ro')
plt.xlabel('期限(年)',fontsize=13)
plt.xticks(fontsize=13)
plt.ylabel('利率',fontsize=13,rotation=0)
plt.yticks(fontsize=13)
plt.show()

import scipy.interpolate as si #导入 SciPy 的子模块 interpolate
func=si.interp1d(T,Zero_rates,kind="cubic") #运用原有的数据构建一个插值函数, 并
                                  运用三阶样条插值法
T_new=np.array([0.25,0.5,0.75,1.0,1.25,1.5,1.75,2.0])
                                  #生成包含 0.75 年、1.25 年和 1.75 年的新数组
Zero_rates_new=func(T_new) #计算得到基于插值法的零息利率
plt.figure(figsize=(8,6))
plt.plot(T_new,Zero_rates_new,'b')
plt.plot(T_new,Zero_rates_new,'ro')
plt.xlabel('期限/年',fontsize=13)
plt.xticks(fontsize=13)
plt.ylabel('利率',fontsize=13,rotation=0)
plt.yticks(fontsize=13)
plt.show()
for i in range (len(T_new)):
    print(round(Zero_rates_new[i],5))
```

输出 0.25, 0.5, 0.75, 1.0, 1.25, 1.5, 1.75, 2.0 年的零息利率分别为 0.01603, 0.0201, 0.02178, 0.02225, 0.02251, 0.02284, 0.02336, 0.02416. 相关图形如图 2.2 和图 2.3.

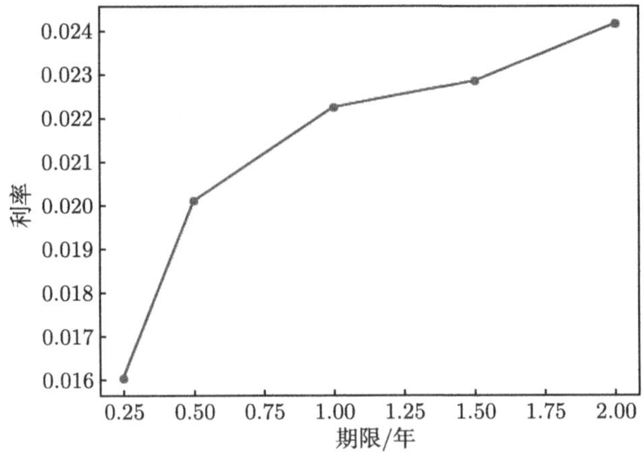

图 2.2 零息利率曲线

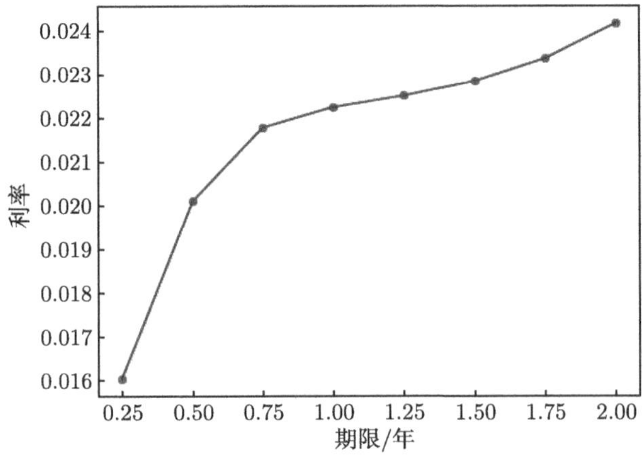

图 2.3 基于插值法得到的零息利率曲线

例 2.8 假设连续复利的 3 个月期、9 个月期的零息利率分别为 3%和 3.5%，利用 Python 编程实现 3 月份到 9 月份远期利率的计算.

```
import math
t1=1/4
t2=3/4
r1=0.03
r2=0.035
def rF(t1,t2,r1,r2):
    rF = (r2*t2-r1*t1)/(t2-t1)
    return rF
r_F=rF(1/4,3/4,0.03,0.035)
print('%.5f' % r_F)
```

输出的结果为 $r_F = 0.03750$.

例 2.9 利用 Python 编程实现表 2.4 中远期利率的计算.

```
import scipy.optimize as so
import numpy as np
zero_rate=np.array([0.03,0.04,0.046,0.05,0.053])
def func(rF):
    rF2,rF3,rF4,rF5 = rF
    y2 = np.exp(zero_rate[1]*2)-np.exp(zero_rate[0]*1)*np.exp(rF2*1.0)
    y3 = np.exp(zero_rate[2]*3)-np.exp(zero_rate[1]*2)*np.exp(rF3*1.0)
    y4 = np.exp(zero_rate[3]*4)-np.exp(zero_rate[2]*3)*np.exp(rF4*1.0)
    y5 = np.exp(zero_rate[4]*5)-np.exp(zero_rate[3]*4)*np.exp(rF5*1.0)
    return np.array([y2,y3,y4,y5])
r_F = so.fsolve(func,[0.1,0.1,0.1,0.1])
print(np.round(r_F,6))
```

输出的结果为 0.05, 0.058, 0.062, 0.065.

2.5 补充阅读

1. 平均利率——算术平均与几何平均

假如购买某个投资品的初始价格为 20 元, 一年后的价格为 30 元, 两年后的价格为 15 元, 则第一年的收益率为 $r_1 = \dfrac{30-20}{20} = 50\%$, 第二年的收益率为 $r_2 = -50\%$. 如果用算术平均, 则两年投资的 "平均年收益率" 为 $\dfrac{0.5-0.5}{2} = 0$. 但事实上, 两年后的盈亏是 $15-20=-5$, 即亏损了 5 元, 总收益率为 $\dfrac{15-20}{20} = -25\%$, 转换成平均年收益率为 $\dfrac{-0.25}{2} = -12.5\%$ (单利).

如果收益率按年复利方式计算, 假设两年投资的年收益率为 r, 则下面的关系式成立:

$$20(1+r)^2 = 20(1+r_1)(1+r_2) = 20(1+0.5)(1-0.5) = 15.$$

从而

$$r = \sqrt{(1+r_1)(1+r_2)} - 1 = -13.4\%.$$

这里用到了几何平均数.

如果收益率按连续复利方式计算, 假设两年投资的收益率为 r_c, 则下面的关系式成立:

$$20\mathrm{e}^{2r_c} = 20\mathrm{e}^{r_1}\mathrm{e}^{r_2},$$

其中, $r_1 = \ln\frac{30}{20} = 0.4055, r_2 = \ln\frac{15}{30} = -0.6931$. 从而

$$r_c = \frac{r_1 + r_2}{2} = -14.38\%.$$

这里用到了算术平均数.

以上分析说明, 当收益率按年复利方式计算时, 需要通过几何平均来确定平均收益率水平; 当收益率按连续复利方式计算时, 才能使用算术平均计算平均收益率.

2. 复利效应

案例一 据说, 印度的舍罕王打算重赏国际象棋的发明人——宰相西萨 • 班 • 达依尔, 因为这位聪明的大臣的此项发明让国王索然无味的生活充满了无限乐趣. 然而, 宰相的胃口看来并不大, 他跪在国王面前说: "陛下, 请您在这张棋盘的第一个小格内放 1 粒麦子, 在第二个小格内放 2 粒, 在第三个小格内放 4 粒, 按照这样的规律下去, 每一小格内都比前一小格多放一倍的麦粒. 陛下, 把这样摆满棋盘上所有 64 格的麦粒, 都赏给您的仆人我吧!" 国王一听, 认为区区奖赏, 微不足道, 于是满口答应. 结果国王发现, 如果按照宰相的要求, 要计算到第 64 格, 需要有 18446744073709551615 颗麦粒, 约 1845 亿亿 (京) 粒, 即使拿来全印度的粮食也不足以兑现诺言. 这位宰相所要的竟是全世界在两千年内所生产的全部小麦. 这就是复利的惊人效果, 开始时微不足道, 利滚利后就能产生原子弹爆炸般的效应. 正因为此, 爱因斯坦将复利称为人类 "第八大奇迹".

案例二 诺贝尔基金会成立于 1896 年, 以诺贝尔捐献的 980 万美元为基础建立. 基金会成立初期, 章程中明确规定这笔资金只能投资在银行存款与公债上, 不允许用于有风险的投资. 然而, 随着每年奖金的发放与基金会运作的开销, 50 多年后, 诺贝尔基金的资产流失了近 2/3, 到 1953 年, 该基金会的资产只剩下 300 多万美元. 而且, 受通货膨胀影响, 此时的 300 万美元只相当于 1896 年的 30 万美元, 这使得原定的奖金数额显得越来越可怜. 眼看着诺贝尔基金即将走向破产, 基金会的理事们向麦肯锡求教, 将仅有的 300 万美元银行存款转成资本, 聘请专业人员投资股票和房地产. 这一新的理财观一举扭转了整个诺贝尔基金的命运, 基金不仅没有再减少过, 而且到 2005 年, 基金总资产已增长到 5.41 亿美元. 从 1901 年至今的 100 多年里, 诺贝尔奖所发放的奖金总额早已远远超过诺贝尔捐献的遗产金额. 诺贝尔基金会长线投资的历史和追求复利收益的历史伴随着人类的各种天灾人祸和战争. 可是一路走来, 长线仍有可观复利收益.

以上两个案例让我们看到复利的巨大力量, 它不只是金融规律, 它也能左右我们的日常生活, 比如: 每天多做 0.01 和每天少做 0.01, 一年后会有什么差别? 简单

地计算发现 $1.01^{365} \approx 37.8, 0.99^{365} \approx 0.03$, 结果惊人, 说明只要每天进步 1%, 365 天就会有 37.8 倍的惊人进步; 而如果每天退步 1%, 365 天后, 将会退步 97%. 这正好反映了“不积跬步, 无以至千里; 不积小流, 无以成江海”, “荷塘效应”“水滴石穿”“一万小时定律”也是这方面的例证, 不要小看任何看似微小的进步, 积累后都会成为庞然大物, 再多努力 1%, 一年后, 你将收获千份成长 ($1.02^{365} \approx 1377.4$), 这就是基于时间产生的拥有强大力量的复利效应.

习 题

1. 某银行 3 个月期的存款利率为 1.35%/年, 与之等价的 1 年计 1 次息的年利率是多少?

2. 某银行 1 年期的存款利率为 1.75%/年, 与之等价的 1 年计 4 次息的年利率是多少?

3. 本章习题 1, 2 中与之等价的连续复利分别是多少?

4. 假设连续复利的零息利率如下表所示.

期限 /年	零息利率/%
0.25	3.0
0.5	3.3
0.75	3.7
1	3.9
1.25	4.0

分别计算第二季度、第三季度、第四季度和第二年第一季度的远期利率.

5. 假设连续复利的零息利率如下表所示.

期限 /年	零息利率 /%
1	3.9
2	4.2
3	4.5
4	5.0
5	5.1

分别计算第 $2 \sim 5$ 年的远期利率.

6. 如果存款按年复利计息, 10 年后翻倍, 计算利率是多少?

7. 计算并比较年利率为 8%, 1 万元储蓄两年后的利息:

(1) 按年计息;

(2) 按半年计息.

8. 一笔存款存两年, 假设第一年的利率为 R_1, 第二年的利率为 R_2, 计算在以下计息方式下, 与之等价的两年期的年利率:

(1) 按年计息;

(2) 按连续复利计息.

9. 假设您通过某银行办理了一笔 1 万元 (本金) 的分期付款业务, 分 12 期 (一个月为 1 期) 返还, 具体费用约定:

(1) 分期手续费为每期 0.72%× 本金;

(2) 每月还款额 = 分期本金/分期期数 + 每期分期手续费.

请分析使用这笔资金的实际利率 (可以使用相关软件辅助计算).

第 3 章　远期和期货及其定价

远期和期货是最基础的衍生品, 对它们的相关概念和定价理论的认识将有助于对复杂衍生品的学习. 本章将详细介绍远期和期货合约的概念, 重点讨论远期合约定价的基本原理和定价公式, 最后, 分析定价公式在不同场合的应用.

3.1　远期和期货

3.1.1　远期和期货概述

定义 3.1　远期/期货全称远期合约/期货合约, 是买卖双方签订的在未来一个确定时间按约定的价格购买或者出售某项标的资产的合约.

合约中约定买卖的资产称为标的资产 (underlying assets), 双方约定的时间称为到期日 (expiration date) 或期限 (maturity); 按合约约定将买进资产的一方称为多头 (long position), 将卖出资产的一方称为空头 (short position); 约定的价格称为交割价格 (delivery price). 在远期合约签署的时刻, 所选择的交割价格应该使得远期合约的价值对双方均为零; 这意味着无须成本 (不考虑交易费) 就可处于远期合约的多头或空头状态. 比如: 面对未来小麦价格的不确定性, 面粉生产商和农场主在 9 月 1 日签订一个远期合约, 约定在 3 个月后按照 2500 元/吨的价格买卖 100 吨的小麦.

我们能够看到, 签订协议后, 无论 3 个月后的小麦市场价格如何变化, 农场主和面粉生产商在 9 月份的时候就可以知道自己 3 个月后将获得多少收入和付出多少成本, 这个确定性的价格对于生产商 (合约多头) 计算利润、安排生产是非常有益的; 对于农场主 (合约空头) 提前确定出售价格、计算利润也是非常有益的.

远期合约的合约条款是为买卖双方量身定制的, 是一种非标准化的合约, 一般不在交易所进行交易, 通常通过场外交易在金融机构之间或金融机构与客户之间通过协商后签署, 而期货合约是在场内交易达成, 合约期限、标的资产、交货地点等条款由交易所统一设定. 远期合约规定了将来交换的资产、交换的日期、交换的价格和数量, 合约条款因合约双方的需要不同而不同. 所以, 期货合约是在交易所进行的标准化的远期合约. 远期合约主要有远期利率合约[①]、远期外汇合约、远期股票合约. 我们在新闻里常见到的布伦特原油期货、WTI 原油期货、标普 500 期货等即是国际上著名的期货产品, 我国的期货产品以农产品和工业品期货为主, 比如大连商品交易所的玉米、豆粕期货, 聚乙烯、铁矿石期货; 郑州商品交易所的强麦、油菜籽期货, 玻璃、尿素期货等. 中国金融期货交易所陆续推出了沪深 300 股指期货、上证 50 股指期货、中证 1000 股指期货以及 2 年、5 年和 10 年期国债期货等权益和利率期货产品.

3.1.2　远期价值和远期价格

远期合约的远期价值 (forward value) 指的是远期合约本身的价值. 在合约签署的时刻, 远期价值为零, 随着时间的推移, 对于多头或空头而言, 远期合约的价值相反, 可能为零, 也可能一正一负, 这取决于标的资产价格的变动, 比如, 如果合约签署之后该标的资产价格上涨, 则远期合约多头的价值变为正值而远期合约空头价值变为负值. 远期合约的远期价格 (forward price) 定义为使得合约价值为零的交割价格. 合约开始生效时, 远期价格即为合约签署时的交割价格.

3.1.3　远期合约的头寸及收益

接 3.1.1 节小麦远期合约的例子, 若 3 个月后小麦市场价格为 3000 元/吨, 则生产商节约 3000−2500 =500(元/吨) 的成本; 若 3 个月后小麦市场价格为 2100 元/吨, 则生产商增加了 2500−2100 = 400(元/吨) 的成本; 即合约带给生产商 (多头) 的收益 (payoff, 损益、回报) 分别是 500 元/吨和 −400 元/吨; 相反, 合约带给农场主 (空头) 的收益分别是 −500 元/吨和 400 元/吨.

一般来说, 假设 K 是远期合约的交割价格, S_T 是合约到期时标的资产的价格, 则在到期日, 在合约到期时, 签订远期合约的双方均有权利和义务执行合约. 合约多头可以支付 K 的金额从空头获得价值为 S_T 的标的资产, 所以, 远期合约多头的收益为

$$S_T-K;$$

相反, 合约空头支出价值为 S_T 的标的资产, 并获得 K 的收入, 所以, 远期合约空头的收益为

$$K-S_T.$$

可以看出, 远期合约多头和空头在到期日的收益可正、可负; 多头最大损失为 K (当 $S_T=0$ 时), 而最大盈利为无穷大 (当 S_T 趋于无穷时); 相应地, 空头最大

① 又称远期利率协议 (forward rate agreement, FRA), 是一种特殊的远期合约, 交易双方约定从将来某一特定日期开始在某一特定时期内借贷一笔数额确定、利率确定、以具体货币表示的名义本金的合约. 它是一种固定利率下的远期贷款, 但是没有发生实际的贷款本金交付, 只进行利率 (差额) 的交付. FRA 的多头为利息支付者, 即名义借款人, 其订立 FRA 的目的主要是为了规避利率上升的风险. 相应地, FRA 的空头则是利息获得者, 即名义贷款人, 其订立 FRA 的目的主要是规避利率下降的风险.

盈利为 K (当 $S_T=0$ 时), 而最大损失为无穷大 (当 S_T 趋于无穷大时). 多头和空头的收益和正好为零, 这即是衍生品共有的零和博弈特征.

例 3.1 假设国内某服装厂 60 天后要向美国出口价值 100 万美元的服装, 担心人民币升值对收益造成影响, 服装厂在中国银行签署一个空头远期合约: 在 60 天后以 6.78 (CNY/USD) 的汇率卖出 100 万美元. 试考察服装厂 (合约空头) 在下列情形下的收益:

(1) 若 60 天末即期汇率为 6.98;

(2) 若 60 天末即期汇率为 6.68.

解 略.

3.2 远期定价

远期和期货合约中约定的价格是合约的重要条款, 是需要提前明确的数量指标, 如何给出合理的、对买卖双方公平的价格即是本节的主要内容.

1. 标的资产的划分

在对远期合约定价时, 标的资产是投资资产 (investment asset) 还是消费资产 (consumption asset), 对定价的结果有一定的影响. 投资资产是投资者为了投资而持有的资产, 比如股票、债券、基金等; 而消费资产则是为了消费而持有的资产, 比如大豆、玉米等. 值得注意的是有些资产兼具投资和消费属性, 比如黄金、白银, 原油等.

2. 卖空

本章在推导定价公式时, 有一个基本假设, 即允许投资者 "卖空". 所谓的卖空 (sell short) 是指卖出并不拥有的资产. 在实际证券交易中, 能不能卖空, 取决于相关的政策. 在我国股票市场, 上海证券交易所、深圳证券交易所于 2010 年 3 月 31 日起正式开通融资融券交易系统, 开始接受试点会员融资融券交易申报, 这里的融券卖出的交易行为就是卖空交易.

融资融券交易 (securities margin trading) 又称 "证券信用交易" 或保证金交易, 是指投资者向具有融资融券业务资格的证券公司提供担保物, 借入资金买入证券 (融资交易) 或借入证券并卖出 (融券交易) 的行为, 包括券商对投资者的融资、融券和金融机构对券商的融资、融券. 从世界范围来看, 融资融券制度是一项基本的信用交易制度. 融券交易是投资者以现金或债券、基金等有价证券作为质押, 向证券公司借入证券卖出, 在约定的期限内, 买入相同数量和品种的证券归还券商并支付相应的融券费用. 下面用卖空某只股票为例来说明如何进行这种交易. 假设某投资者于 7 月 1 日融券卖空了 500 股 A 公司的股票, 每股价格 100

元. 8 月 30 日, 该股票每股分红 2 元, 10 月 15 日, 投资者以每股 80 元的价格买回 500 股该股票, 了结头寸. 表 3.1 列出了该投资者的损益情况.

表 3.1 卖空损益

时间	交易	价格/元	金额/元
7 月 1 日	卖空 500 股股票	100	50000
8 月 30 日	支付红利	2	−1000
10 月 15 日	买入 500 股股票	80	−40000
	损益		9000

3.2.1 无套利定价理论

无套利定价理论的基本思想是, 在有效金融市场上, 任何一项金融资产的定价, 应当使得利用该项金融资产进行套利的机会不复存在. 它被广泛用在均衡市场上不存在套利机会的金融资产定价问题中.①

在无套利市场上, 如果两种金融资产未来的现金流完全相同 (称为互为复制), 则当前的价格必相同. 否则, 当两项资产的价格存在差异时, 那么投资者可以通过 "高卖低买" 或 "低买高卖" 获取无风险收益, 存在套利机会. 如果市场是有效的话, ② 市场价格必然由于套利行为作出相应的调整, 重新回到均衡的价格状态, 达到无套利的价格.

本章的主要内容就是无套利定价思想在远期和期货定价问题中的经典应用.

接下来几节的定价结果建立在以下假定基础上:

(1) 市场无摩擦, 即没有交易费和各种税费, 没有违约风险;

(2) 能以相同的无风险利率借入和贷出资金;

(3) 允许卖空交易;

(4) 市场无套利.

以上假定中, 前三条可以放宽, 但第 (4) 条是基础假定, 是远期、期货以及期权等衍生品定价的基本前提, 以无套利为条件展开的一系列定价理论称为 "无套利定价理论". 该假设的逻辑在于, 如果市场出现套利时, 市场参与者积极参与套利活动, 使得套利机会很快消失, 从而 "无套利".

本章将要采用的符号如下:

T: 远期或期货合约到期的时间 (以年计);

t: 任意时刻;

---

① 均衡市场: 供给与需求双方处于平衡状态, 在双方力量相互制约下稳定、均衡运行的市场.

② 有效市场假说 (efficient market hypothesis, EMH): 最初是由尤金 • 法玛在 1970 年提出的. 尤金 • 法玛认为, 当证券价格能够充分地反映投资者可以获得的信息时, 证券市场就是有效市场, 即在有效市场中, 无论随机选择何种证券, 投资者都只能获得与投资风险相当的正常收益率.

S_t : t 时刻标的资产的价格;

K: 合约的交割价格;

F_t : t 时刻的远期/期货价格;

f_t : t 时刻的远期/期货价值;

r: 以连续复利计息的无风险借/贷利率 (这一利率的期限对应于合约的交割日 T).

3.2.2 不支付收益资产的远期合约定价

不支付收益证券指的是在合约到期前, 不产生红利、股息等收益的资产. 我们要讨论的就是以这种资产为标的的远期/期货合约的定价问题.

定理 3.1 0 时刻签署的远期合约的交割价格为

$$K = S_0\mathrm{e}^{rT}. \tag{3.2.1}$$

证明 构建如下两个投资组合.

组合 A: 一份远期合约多头加上价值为 $K\mathrm{e}^{-rT}$ 的债券多头.

组合 B: 一份标的资产多头.

在组合 A 中, 价值为 $K\mathrm{e}^{-rT}$ 的债券在 T 时刻的价值将变为 K, 在远期合约到期时, 债券变现后, 正好可以用来交割一份标的资产 (价值为 S_T); 这样, 组合 A 在 T 时刻的价值跟组合 B 一样, 根据无套利原则, 终值相等, 则其现值一定相等, 这两种组合在 0 时刻的价值必须相等, 考虑到 0 时刻, 远期合约价值为 0, 所以结论成立.

如果 $K > S_0\mathrm{e}^{rT}$, 可以构造如下套利策略 (表 3.2), 实现无风险的套利.

表 3.2 套利策略

套利头寸	0 时刻现金流	T 时刻现金流
卖空价值为 S_0 的债券	$+S_0$	$-S_0\mathrm{e}^{rT}$
购买标的资产	$-S_0$	$+S_T$
卖出远期合约	0	$K - S_T$
现金流	0	$K - S_0\mathrm{e}^{rT}>0$

如果 $K < S_0\mathrm{e}^{rT}$, 则可以构造如下套利策略 (表 3.3), 实现无风险的套利.

表 3.3 套利策略

套利头寸	0 时刻现金流	T 时刻现金流
购买远期合约	0	$S_T - K$
卖空标的资产	$+S_0$	$-S_T$
购买价值为 S_0 的债券	$-S_0$	$+S_0\mathrm{e}^{rT}$
现金流	0	$S_0\mathrm{e}^{rT} - K>0$

定理 3.2　远期合约多头在 t 时刻的价值为

$$f_t = S_t - Ke^{-r(T-t)}. \tag{3.2.2}$$

证明　利用定理 3.1中的两个投资组合在 t 时刻的价值相等, 可以得到

$$f_t + Ke^{-r(T-t)} = S_t,$$

从而定理得证.

推论 3.1　t 时刻的远期价格为

$$F_t = S_t e^{r(T-t)}. \tag{3.2.3}$$

证明　根据远期价格的定义, 令公式 (3.2.2) 中的 $f_t = 0$, 解出的 K 即为远期价格. 从而推论得证.

推论 3.2　远期合约空头在 t 时刻的价值为

$$f_t' = Ke^{-r(T-t)} - S_t. \tag{3.2.4}$$

证明　可通过定理 3.2 的结论直接得到, 或通过构建如下两个投资组合.

组合 C: 一份远期合约空头加上一份标的资产多头.

组合 D: 价值为 Ke^{-rT} 的债券多头.

根据无套利原则, 可得结论成立.

例 3.2　假设今天人民币 6 个月期的无风险年利率为 4.17% . 市场上正在交易一份标的资产为 1 年期的零息债券、剩余期限为 6 个月的远期合约多头, 其交割价格为 970 元, 该债券的现价为 960 元. 请问对于该远期合约的多头和空头来说, 远期价值分别是多少?

解　根据题意, 有

$$S_t = 960, \quad K = 970, \quad r = 4.17\%, \quad T - t = 0.5,$$

利用公式 (3.2.2), 可知该远期合约多头的远期价值为

$$f_t = S_t - Ke^{-r(T-t)} = 960 - 970e^{-4.17\% \times 0.5} = 10.02.$$

从而, 远期合约空头的远期价值为 $-f_t = -10.02$.

注　FRA 的价值及协议利率的确定.

补充符号约定如下:

T : 借贷开始时间 (合约到期日);

T^* : 借贷到期时间;

r^* : 期限对应于借贷到期日 T^* 的即期利率;

r_K : 协议利率.

假定交易双方商定借贷一笔本金为 100 元, 期限为 T 到 T^*, 合约的多头 (借入资金的一方) 在 T 时刻得到 100 元, 在 T^* 时刻支付 $100\times \mathrm{e}^{r_K(T^*-T)}$, 利用公式 (3.2.2), 在 $t\ (<T)$ 时刻, 多头的价值为

$$f_t = 100\times \mathrm{e}^{-r(T-t)} - 100\times \mathrm{e}^{r_K(T^*-T)}\times \mathrm{e}^{-r^*(T^*-t)}.$$

进一步利用 $f_0=0$, 可得 $r_K=\dfrac{r^*T^*-rT}{T^*-T}$, 即是 $t=0$ 时的远期价格 (式 (2.3.1)).

3.2.3 支付已知现金收益资产的远期合约定价

支付已知现金收益的资产是指在到期前会产生完全可预测的现金流的资产, 如附息债券和支付已知现金红利的股票等. 我们令已知现金收益的现值为 I. 对于黄金、白银等贵金属, 尽管其本身并不产生收益, 但需要花费一定的存储成本, 而存储成本也可看成是负收益. 因此对黄金、白银来说, I 为负值.

定理 3.3 标的资产在远期合约有效期内现金收益在 t 时刻的现值为 I, 则远期价值和远期价格分别为

$$f_t=(S_t-I)-K\mathrm{e}^{-r(T-t)}, \tag{3.2.5}$$

$$F_t=(S_t-I)\mathrm{e}^{r(T-t)}. \tag{3.2.6}$$

证明 构建如下两个投资组合:

组合 A: 一份远期合约多头加上价值为 $K\mathrm{e}^{-rT}$ 的债券多头.

组合 B′: 一份标的资产多头加上以无风险利率借 I 数额的现金 (持有价值为 I 的债券空头).

在组合 A 中, 价值为 $K\mathrm{e}^{-rT}$ 的债券在 T 时刻的价值将变为 K, 在远期合约到期时, 债券变现后, 正好可以用来交割一份标的资产; 而组合 B′ 中的标的资产的现金收益正好抵消负债, 最终是一份标的资产, 组合 A 和组合 B′ 的终值相等, 根据无套利原则, 若终值相等, 则其现值一定相等, 所以

$$f_t+K\mathrm{e}^{-r(T-t)}=S_t-I,$$

即

$$f_t=S_t-I-K\mathrm{e}^{-r(T-t)},$$

再令 $f_t=0$, 可得 t 时刻的远期价格为 $F_t=(S_t-I)\mathrm{e}^{r(T-t)}$.

例 3.3　假设玉米现货价格为 2300 元/吨, 其存储成本为每年 500 元/吨, 1 年后支付, 无风险利率为 4%, 则 1 年期玉米远期合约价格是多少?

解　根据题意, 有

$$S_t = 2300, \quad r = 4\%, \quad T - t = 1, \quad I = -500\mathrm{e}^{-4\%},$$

从而, 该远期合约远期价格为

$$F_t = (S_t - I)\mathrm{e}^{r(T-t)} = 2894.$$

3.2.4　支付已知收益率资产的远期合约定价

支付已知收益率的资产是指在到期前将产生与该资产现货价格成一定比例的收益的资产. 外汇是这类资产的典型代表, 其收益率就是该外汇发行国的无风险利率.

定理 3.4　标的资产在远期合约有效期内现金收益率为 q, 则远期价值和远期价格分别为

$$f_t = S_t\mathrm{e}^{-q(T-t)} - K\mathrm{e}^{-r(T-t)}. \tag{3.2.7}$$

$$F_t = S_t\mathrm{e}^{(r-q)(T-t)}. \tag{3.2.8}$$

证明　构建如下两个投资组合:

组合 A: 一份远期合约多头加上价值为 $K\mathrm{e}^{-rT}$ 的债券多头;

组合 B″: $\mathrm{e}^{-q(T-t)}$ 份标的资产多头, 它产生的所有收入都再投资于该资产.

通过类似于前面的分析, 即可得到结果.

注　若令

$$I = S_t(\mathrm{e}^{q(T-t)} - 1)\mathrm{e}^{-q(T-t)} = S_t - S_t\mathrm{e}^{-q(T-t)},$$

则公式 (3.2.6) 等价于公式 (3.2.8) .

例 3.4　某投资者签订了一份期限为 9 个月的沪深 300 股指远期合约, 该合约签订时沪深 300 股指为 3000 点, 股息连续收益率为 2%, 无风险利率为 5%, 则该远期合约的理论点位为多少?

解　根据题意, 有

$$S_t = 3000, \quad r = 5\%, \quad q = 2\%, \quad T - t = 9/12 = 0.75,$$

代入公式 (3.2.8), 可得

$$F_t = S_t\mathrm{e}^{(r-q)(T-t)} = 3068.27.$$

例 3.5 考虑一个 6 个月期限的远期合约, 合约的标的资产在 6 个月期限内预计提供的中间收入等于资产价格的 2% (相当于收益率为每年 4%, 半年复利 1 次). 已知连续复利的无风险利率是 10%, 资产价格为 25 元, 求该合约的远期价格.

解 根据题意, 有

$$S_t = 25, \quad r = 10\%, \quad T - t = 0.5.$$

注意到 4% 的半年复利 1 次的利率相当于 3.96% 的连续复利, 即 $q = 3.96\%$, 代入公式 (3.2.8), 可得

$$F_t = S_t \mathrm{e}^{(r-q)(T-t)} = 25.77.$$

或将 $I = S_t - S_t \mathrm{e}^{-q(T-t)}$ 代入公式 (3.2.6), 可以得到一样的结果.

3.2.5 一般结论

根据前面几节的分析可知, 在签署远期合约时刻, 远期合约的价值为零, 远期价格即为交割价格; 之后合约价值可能为正, 也可能为负. 根据标的资产在合约到期前是否有收益, 相应的远期合约的价格和价值由表 3.4 显示.

表 3.4 远期价值和远期价格

标的资产	远期价值	远期价格
无收益	$f_t = S_t - K\mathrm{e}^{-r(T-t)}$	$F_t = S_t \mathrm{e}^{r(T-t)}$
支付已知现金收益	$f_t = (S_t - I) - K\mathrm{e}^{-r(T-t)}$	$F_t = (S_t - I)\mathrm{e}^{r(T-t)}$
支付已知收益率	$f_t = S_t \mathrm{e}^{-q(T-t)} - K\mathrm{e}^{-r(T-t)}$	$F_t = S_t \mathrm{e}^{(r-q)(T-t)}$

通过表 3.4 可以看出不管标的资产有没有收益, 远期价值、远期价格和交割价格之间具有以下关系:

$$f_t = (F_t - K)\mathrm{e}^{-r(T-t)}.$$

3.2.6 远期价格和期货价格的关系

与远期合约类似, 期货合约也是买卖双方签订的在未来一个确定时间按约定的价格购买或者出售某项标的资产的合约. 不同的是, 期货合约交易通常在交易所进行, 为了交易的顺利进行, 交易所设计了一套机制保证交易双方会履行合约承诺, 其中包括逐日盯市、每日结算的制度, 当无风险利率恒定时, 两个交割日相同的远期价格与期货价格相等.

实际中, 影响两者价差的来源还包括税收、交易手续费、保证金管理制度、违约风险 (期货市场违约风险小)、流动性等.

3.3　定价公式的应用

本节将上一节的定价公式分别应用到股指期货、国债期货、外汇期货和商品期货的定价问题中.

3.3.1　股指期货

股指期货 (share price index futures), 英文简称 SPIF, 全称是股票价格指数期货, 也可称为股价指数期货、期指, 是指以股票价格指数为标的物的标准化期货合约, 双方约定在未来的某个特定日期, 可以按照事先确定的股价指数的大小, 进行标的指数的买卖, 到期后通过现金结算差价来进行交割. 作为期货交易的一种类型, 股指期货交易与普通商品期货交易具有基本相同的特征和流程. 我国首个金融期货品种——沪深 300 股指期货合约已于 2010 年 4 月 16 日在中国金融期货交易所上市交易. 截至 2022 年底, 国内的股指期货产品包含沪深 300 股指期货、中证 500 股指期货、中证 1000 股指期货和上证 50 股指期货.

1. 股指期货的价格

通常可以将股指看成支付股息的投资资产, 投资资产为构成股指的股票组合, 股息等于构成资产所支付的股息. 通常假定股息为已知收益率; 如果 q 为股息收益率, 则可以利用公式 (3.2.8) 计算股指期货的价格.

例 3.6　考虑一份 3 个月期沪深 300 股指期货合约 IF1210, 假定构成股指的股票提供 1% 的年收益率, 股指当前价格为 4800, 无风险利率为 2.3%. 这时

$$S_t = 4800, \quad r = 2.3\%, \quad q = 1\%, \quad T - t = 0.25;$$

由公式 (3.2.8), 可得该期货合约的价格为

$$F_t = S_t \mathrm{e}^{(r-q)(T-t)} = 4815.63.$$

2. 股指期货的套利

若 t 时刻股指期货的市场价格 $F_t > S_t\mathrm{e}^{(r-q)(T-t)}$, 我们可以买入构成指数的股票, 同时卖出股指期货而获利; 若 $F_t < S_t\mathrm{e}^{(r-q)(T-t)}$, 则执行相反的操作. 这种套利策略即是所谓的指数套利 (index arbitrage). 对于一些包含很多股票的指数而言, 指数套利有时是通过交易数量相对较少但却具有代表性的股票来进行的, 选取原则是, 这些代表性股票的价格变化与指数变化非常接近. 通常通过程序交易 (program trading) 实现股票的选取与交易指令的下达.

*3.3.2 国债期货

短期国债期货标的资产通常是零息债券, 没有持有收益, 持有成本也只包括购买国债所需资金的利息成本, 因此, 其期货定价公式与不支付红利的标的资产定价公式一致, 即

$$F_t = S_t e^{r(T-t)}.$$

中长期国债期货的标的资产通常是付息票的名义债券, 符合持有收益情形, 设付息票债券定期支付利息在初始时点的现值为 I, 则其定价公式为

$$F_t = (S_t - I)e^{r(T-t)}.$$

例 3.7 某国债期货合约 270 天后到期, 其标的债券为中期国债, 当前净报价为 98.36 元, 息票率为 6%, 每半年付息 1 次. 上次付息时间为 60 天前, 下次付息为 122 天以后, 再下次付息为 305 天以后. 无风险利率为 8% (连续复利), 则该国债期货的理论价格为多少?

解 首先由净报价 98.36 元, 确定国债的理论价格:①

$$S_t = 98.36 + \frac{60}{60+122} \times 3 = 99.35;$$

再确定该国债在 270 天内应付息的现值 (用到了无风险利率 8%、息票率 6% 和下次付息的时间 122 天):

$$I = 3 \times e^{-0.08\times 122/365} = 2.92;$$

$$S_t = 99.35, \quad r = 8\%, \quad I = 2.92, \quad T - t = 270/365;$$

由公式 (3.2.8), 可得该期货合约的价格为

$$F_t = (S_t - I)e^{r(T-t)} = (99.35 - 2.92) \times e^{0.08\times 270/365} = 102.31.$$

注 有专门的教材介绍关于债券的知识, 涉及不同债券的定义以及债券报价、现金价格、天数计算惯例等方面的知识点, 同时需要注意的是多数债券是付息票债券, 即债券按面值出售, 在固定的时间支付利息. 这样, 债券的投资者在非付息日出售债券时, 会碰到自上次付息日到今日的利息如何算的问题. 债券的购买者除了应该支付债券的价格外, 还应支付从上次付息日到购买日的利息, 这段时间的利息是出售债券方应得的, 但是在金融行情中提供的债券价格不包括这一部分利息, 而在股票价格中是包括应计股息的. 有需要的读者请查阅相关资料.

① 国债的理论价格 = 国债的净价 + 应计利息.

3.3.3 货币远期和期货

货币远期合约又称外汇远期合约或远期外汇合约 (forward exchange contract), 英文简称 FEC, 是指企业与经营外汇业务的银行签订的由银行按照双方约定的汇率在未来某一时刻将一种货币兑换为另一种货币的协议. 外汇远期合约交易非常活跃, 是我国出现最早、企业运用最广的外汇衍生品.

货币期货合约又称外汇期货合约, 是一种交易所制定的标准化的远期合约. 我国正在加快推进人民币外汇期货的交易.

1. 外汇期货的价格

以美元计价的外汇期货价格通常以一单位外币等于多少美元或美分的形式表示, 称之为直接标价法. 值得注意的是, 这种形式并不一定对应于外汇市场上即期和远期汇率的报价方式, 除英镑、欧元、澳元和新西兰元以外, 主要货币的即期和远期汇率报价通常是一单位美元所对应的外币数量. 需要转换才能比较远期和期货的报价. 比如, 加元期货报价为 1 加元/0.763 美元相当于 1 美元/1.3106 加元的远期报价.

记 S_t 为一单位外币的美元价格, F_t 为以美元表示的一单位外币远期或期货价格, r_f 和 r 分别对应于期限 $T-t$ 的外币和美元的无风险利率 (连续复利). 由于外币持有人可以获得货币发行国的无风险利率, 比如, 外币持有人可将外币投资于以外币计价的债券. 所以, 可以利用支付已知收益率资产的远期合约定价公式 (3.2.8)计算外汇期货的价格, 即

$$F_t = S_t \mathrm{e}^{(r-r_f)(T-t)}. \tag{3.3.1}$$

可以看出当美元利率大于外汇利率时, 持有外汇的成本高于收益 $F_t > S_t$, 并且 $T-t$ 越大, F_t 越大; 当美元利率小于外汇利率时, 持有外汇的成本低于收益 $F_t < S_t$, 并且 $T-t$ 越大, F_t 越小.

例 3.8 假定加元和美元的 2 年期无风险利率分别为 2%和 4%, 且加元对美元的即期汇率为 1.3101 (CAD/USD), 相应的 1 加元的美元价格为 0.7633. 这时

$$S_t = 0.7633, \quad r = 4\%, \quad r_f = 2\%, \quad T-t = 2;$$

由公式 (3.3.1), 可得加元的外汇远期/期货合约的理论价格为

$$F_t = S_t \mathrm{e}^{(r-r_f)(T-t)} = 0.7945.$$

例 3.9 假设美元对英镑的外汇期货合约距到期日还有 6 个月, 当前美元对英镑即期汇率为 1.5 (USD/GBP), 而美元和英镑的无风险利率分别是 3%和 5%. 这时,

$$S_t = 1.5, \quad r = 3\%, \quad r_f = 5\%, \quad T-t = 6/12;$$

由公式 (3.3.1), 可得英镑的外汇远期/期货合约的理论价格为

$$F_t = S_t e^{(r-r_f)(T-t)} = 1.485.$$

2. 外汇期货的套利

接例 3.8, 若 2 年期的远期汇率为 0.75 < 0.7945, 则可以构造如表 3.5 所示的套利头寸, 实现无风险的套利.

表 3.5

套利头寸	t 时刻现金流	T 时刻现金流
以 2%的利率借 10000 加元	+10000 加元	−10408 加元
兑换成美元并买入利率为 4%的美国债券	−7633 美元	+8269 美元
买入加元期货 (标的价值为 10408 加元)	0	−7806 美元, +10408 加元
现金流	0	463 美元 > 0

若 2 年期的远期汇率大于 0.7945, 则可以采取反向操作, 实现套利.

3.3.4 商品期货

商品期货是指标的物为实物商品的期货合约. 商品期货历史悠久, 种类繁多, 主要包括农副产品、金属产品、能源产品等几大类, 是关于买卖双方在未来某个约定的日期以签约时约定的价格买卖某一数量的实物商品的标准化合约. 商品期货的标的资产可以分为以黄金、白银为代表的具有投资属性的资产和其他的具有消费属性的资产.

1. 以投资资产为标的的商品期货

如果不考虑存储成本, 黄金和白银这类资产类似于无收益的资产, 则利用推论 3.1, t 时刻的远期/期货价格为

$$F_t = S_t e^{r(T-t)}.$$

如果考虑存储成本, 可将存储成本视为负的收益, 则适用于已知收益远期合约的定价结论.

记 U 为远期/期货合约有效期内的存储成本的现值, 则 t 时刻的远期/期货价格为

$$F_t = (S_t + U)e^{r(T-t)}.$$

记 u 为远期/期货合约有效期内的存储成本 (按比例连续支付), 则 t 时刻的远期/期货价格为

$$F_t = S_t e^{(r+u)(T-t)}.$$

例 3.10　考虑投资资产上的 1 年期期货合约, 假设存储成本为每年 2 元, 年末支付, 资产的即期价格为 450 元, 1 年期无风险利率为 7%, 则 1 年期远期合约价格为多少?

解　根据题意, 有

$$S_t = 450, \quad r = 7\%, \quad T-t=1, \quad U = 2\mathrm{e}^{-7\%};$$

从而, 远期价格为

$$F_t = (S_t + U)\mathrm{e}^{r(T-t)} = 484.63\ .$$

2. 以消费资产为标的的商品期货

用于消费而不是投资的商品往往不提供中间收入, 但可能存在存储费用, 同时由于个人和公司持有商品的目的是消费而不是投资, 他们可能不愿意出售商品, 买入远期/期货合约, 所以, 以下价格不等关系

$$F_t < (S_t + U)\mathrm{e}^{r(T-t)}$$

或

$$F_t < S_t\mathrm{e}^{(r+u)(T-t)}$$

不一定产生套利.

从而, 以消费资产为标的的远期/期货价格满足以下关系式:

$$F_t \leqslant (S_t + U)\mathrm{e}^{r(T-t)}$$

或

$$F_t \leqslant S_t\mathrm{e}^{(r+u)(T-t)}.$$

既然 $F_t < (S_t + U)\mathrm{e}^{r(T-t)}$ 或 $F_t < S_t\mathrm{e}^{(r+u)(T-t)}$ 时, 现货持有人仍然不愿意出售现货来套利, 说明持有现货商品比持有期货能带来更多的好处或便利. 例如, 某玉米加工商不太可能将持有玉米期货合约与玉米期货库存同等看待, 库存玉米可以用于玉米加工, 而持有的期货合约并不能实现这个目的. 一般来说, 持有实物资产可以确保工厂的正常运转, 并且从商品的暂时的短缺中获益, 而持有期货合约做不到这一点. 持有商品而带来的好处有时称为商品所具有的便利收益率 (convenience yield).

理论上, 使得下面两个式子成立的 y 值即为便利收益率.

$$F_t\mathrm{e}^{y(T-t)} = (S_t + U)\mathrm{e}^{r(T-t)}$$

或

$$F_t\mathrm{e}^{y(T-t)} = S_t\mathrm{e}^{(r+u)(T-t)}. \tag{3.3.2}$$

例 3.11 假设某螺纹钢期货还有 3 个月到期, 目前螺纹钢现货价格为每吨 2190 元, 无风险利率为 4%, 储存成本为 1%, 便利收益率为 2%, 则该螺纹钢期货的理论价格是多少?

解 根据题意, 有

$$S_t = 2190, \quad r = 4\%, \quad u = 1\%; \quad y = 2\%, \quad T - t = 3/12.$$

从而, 期货理论价格为

$$F_t = S_t \mathrm{e}^{(r+u-y)(T-t)} = 2206.49.$$

3.4 持有成本理论

康奈尔 (Cornell) 和弗伦奇 (French) 于 1983 年提出的持有成本模型 (cost of carry model) 认为, 现货价格和期货价格的差由三部分组成: 融资利息、仓储费用和持有收益. 这是由于远期/期货合约双方同意在以后的某个时间进行现货交易, 因此该协议开始的时候没有资金的易手; 由于期货合约的卖方要以后才能交付对应现货得到现金, 因此必须得到补偿来弥补因持有对应现货而放弃的马上到手资金所带来的收益. 相反, 期货合约的买方要以后才付出现金交收现货, 必须支付使用资金头寸推迟现货支付的费用, 因此期货价格必然要高于现货价格以反映这些融资或持有成本; 如果标的资产是一个支付现金股息的股票组合, 那么购买期货合约的一方因没有马上持有这个股票组合而没有收到股息. 相反, 合约卖方因持有对应股票组合收到了股息, 因而减少了其持有成本. 因此期货价格要向下调整相当于股息的幅度.

根据这一理论, 期货价格具有以下表达形式:

$$F_t = S_t + W_t - R_t,$$

其中, F_t, S_t, W_t, R_t 分别表示 t 时刻的期货价格、标的资产的价格、持有成本和持有收益. 持有成本包括购买基础资产所占用资金的利息成本、持有基础资产所花费的存储费用、保险费用等. 持有收益指基础资产给其持有者带来的收益, 如股票的股利、债券与外汇的利息, 以及实物商品的便利收益等. 对于消费类资产的商品远期或期货, 由于消费品持有者往往注重消费, 即使在期货价格偏低的情况下, 持有者也不会卖空现货. 因此, 上述定价公式一般满足

$$F_t < S_t + W_t - R_t.$$

前面几节给出的远期 (期货) 价格与现货价格之间的关系也可用持有成本理

论来描述. 比如, 对于支付已知收益率的定价公式 (3.2.8),

$$F_t = S_t \mathrm{e}^{(r-q)(T-t)},$$

这里, $r-q$ 可以看成持有成本.

对于以消费资产为标的的远期合约的定价公式 (3.3.2),

$$F_t = S_t \mathrm{e}^{(r+u-y)(T-t)},$$

这里, $r+u$ 是持有成本, y 是便利收益率.

3.5 Python 实验

例 3.12 考虑一个剩余期限还有 1 年的远期合约, 假设合约交割价格是 110 元, 标的资产现货价格为 100 元, 无风险利率为 10%, 利用 Python 编程实现远期合约价格和价值的计算.

```
import math
def ft(St,K,r,T,t):
    ft=St-K*math.exp(-r*(T-t))
    return ft
def Ft(St,r,T,t):
    Ft =St*math.exp(r*(T-t))
    return Ft
f=ft(100,110,0.1,1,0)
print('%.2f' % f)
F=Ft(100,0.1,1,0)
print('%.2f' % F)
```

输出的结果分别为 0.47, 110.52.

例 3.13 考虑一个剩余期限还有 2 年的远期合约, 假设合约交割价格和标的资产现货价格分别为 104 元和 100 元, 无风险利率为 9%, 在合约有效期内, 标的资产的连续复利收益率为 5%, 利用 Python 编程实现远期合约价格和价值的计算.

```
import math
def ft(St,K,r,q,T,t):
    ft=St-K*math.exp(-(r-q)*(T-t))
    return ft
def Ft(St,r,q,T,t):
    Ft =St*math.exp((r-q)*(T-t))
    return Ft
f=ft(100,104,0.09,0.05,2,0)
print('%.2f' % f)
```

```
F=Ft(100,0.09,0.05,2,0)
print('%.2f' % F)
```

输出的结果分别为 4.00, 108.33.

3.6 补充阅读

我国期货市场的创新发展

2013 年 8 月, 习近平总书记视察大连商品交易所, 寄语大连商品交易所 "要脚踏实地, 大胆探索, 努力走出一条成功之路"[①]. 习近平总书记的重要讲话, 对期货市场的建设者、参与者和监管者都是一个巨大的鼓舞和鞭策, 期货市场改革开放迈开了大步. 在党中央、国务院的坚强领导下, 期货市场创新加快, 商品期货创新与对外开放加速, 一些准备多年的战略性大宗商品期货品种如铁矿石期货、原油期货相继上市并允许国际投资者参与交易, 实现了境外投资者直接参与境内期货市场的重大突破, 我国期货市场正式走向国际. 金融期货发展步伐加快, 股指期货品种体系进一步完善, 增加了沪深 300、上证 50、中证 500 和中证 1000 股指期货品种; 国债期货市场重新起步, 先后推出了 5 年期、10 年期、20 年期和 30 年期国债期货品种. 截至 2023 年 10 月末, 我国共上市 131 个期货期权品种, 全面覆盖农产品、金属、能源、化工、金融等国民经济主要领域. 其中, 有 104 个品种是在 2012 年之后上市的[②].

2013 年以来, 每年中央一号文件对期货市场的表述和要求都是递进的. 2014 年,《国务院关于进一步促进资本市场健康发展的若干意见》(简称新 "国九条") 发布, 关于期货市场的内容大幅增加. 2017 年的中央一号文件特别指出, 要积极引导涉农企业利用期货、期权市场管理风险. 这些年的实践证明, 期货市场的产品增多了, 规范性加强了, 功能也在逐步发挥, 防范风险的能力提高了, 但问题在于企业不是不想参与, 而是有诸多顾虑不敢参与. 对于很多企业, 尤其是国有企业的管理者来说, 他们普遍认为, 期货做好了, 得不到表扬, 一旦期货交易发生亏损, 即使期现货综合来看盈亏相抵, 在上级主管部门考核时还是面临很大的压力. 而党中央文件要求, 鼓励企业参与期货交易, 企业的心里就踏实了. 此外, 2017 年和 2018 年连续两年中央一号文件都要求积极探索, 将保险引入, 与衍生品结合为更多的中小微企业和 "三农" 服务. 2018 年中央一号文件提出, 要稳步扩大 "保险 + 期货" 试点, 探索 "订单农业 + 保险 + 期货 (权)" 试点, 表明期货市场和实体经

① 资料来源: 中国政府网. 2013-8-29[2024-3-30].https://www.gov.cn/ldhd/2013-08/29/content_2476868.htm.

② 资料来源: 中国政府网. 2023-11-30[2024-3-30].https://www.gov.cn/yaowen/liebiao/202311/content_6917790.htm.

济、“三农”及中小微企业联系得越来越紧密. 2018 年 3 月 26 日, 中国版原油期货上市, 国际市场对此高度关注. 原油期货上市以后, 对中国经济、政治可能都会带来一些变化. 原油期货作为我国期货市场对外开放的第一个品种推出来, 为下一步推动我国商品期货市场的全面对外开放奠定了坚实的基础, 我国期货市场发展进入了新时代.①

习 题

1. 列举几个在国外上市交易的期货产品.

2. 列举几个在国内上市交易的期货产品.

3. 简述远期合约的价值和远期价格的区别与联系.

4. 人民币 6 个月期的无风险年利率为 4%. 市场上正在交易一份标的证券为 1 年期贴现债券、剩余期限为 6 个月的远期合约多头, 其交割价格为 970 元, 该债券的现价为 960 元. 请问对于该远期合约的多头和空头来说, 远期价值分别是多少?

5. 人民币 3 个月期的无风险年利率为 2.6%. 市场上正在交易一份期限为 3 个月的股票期货合约, 标的股票不支付红利且当时市价为 40 元, 计算期货价格.

6. 接上题, 若市场上期限为 3 个月的股票期货价格是 39 元, 则存在什么样的套利机会?

7. 沪深 300 股指的当前价格为 4500, 无风险利率为每年 3%, 股指的股息收益率为每年 2%, 3 个月期的期货价格为多少?

8. 假定某无红利支付股票的预期收益率为 15% (1 年计 1 次息), 其目前的市场价格为 100 元, 已知市场无风险利率为 5% (1 年计 1 次息), 那么基于该股票的 1 年期远期合约价格应该是多少?

9. 接上题, 若基于该股票的 1 年期远期合约的交割价格为 110 元, 则存在什么样的套利机会?

10. 当一种不支付红利股票的价格为 40 元时, 签订一份 1 年期的基于该股票的远期合约, 无风险利率为 4% (半年计 1 次息).

(1) 远期价格为多少? 远期合约的初始价值为多少?

(2) 6 个月后, 股票价格为 45 元, 无风险利率不变. 远期价格为多少? 远期合约的价值为多少?

11. 一个 6 个月远期合约, 标的资产提供 4% 的连续红利收益率, 设无风险利率为 5%, 股价为 25 元, 交割价格为 27 元, 计算远期合约的价值和价格?

12. 考虑一个标普 500 指数的 3 个月期的期货合约. 假设用来计算指数的股票股息收益率换算为连续复利每年 3%, 标普 500 指数现值为 400, 无风险利率为 4%, 计算期货价格.

13. 假设某螺纹钢期货还有 90 天到期, 目前螺纹钢现货价格为每吨 2400 元, 无风险利率为 5%, 储存成本为 2%, 便利收益率为 1%, 则该螺纹钢期货的理论价格是多少?

14. 5 年期的债券, 价格为 90 元, 假设以该债券为标的的 1 年期远期合约的交割价格为 91 元, 在 6 个月后和 12 个月后, 预计会收到 6 元的利息, 第二个付息日在交割日之前, 已知 6 个

① 资料来源: 新浪财经. 姜洋: 中国期货市场发展历史与前瞻 [EB/OL]. (2018-11-12)[2024-3-30]. http://finance.sina.com.cn/money/future/fmnews/2018-11-12/doc-ihmutuea9427198.shtml.

月和 12 个月的无风险利率分别是 2.5%和 3%, 求远期合约的价值和价格.

15. 考虑外汇远期合约, 其标的资产价格为 100, 交割价格为 99, 本国无风险利率 $r = 5\%$, 外汇无风险利率 $r_f = 2\ \%$, 到期时间为 6 个月, 计算外汇远期的价值和价格.

16. 英镑和人民币按连续复利的 2 个月期限利率分别为 2% 和 3%. 英镑和人民币的即期汇率是 7.9 (CNY/GBP), 2 个月后交割的英镑远期价格也是 7.9 元, 这时会存在什么样的套利机会?

第 4 章　互换及其定价

互换也是一种衍生品, 本章将介绍互换的定义、类型、功能和现实意义, 互换的运用, 互换市场以及互换定价的原理.

4.1　互　　换

4.1.1　互换概述

定义 4.1　*互换全称互换合约, 是指两个或两个以上参与者或直接、或通过中介机构签订协议, 按照约定的条件, 在约定的时间交换一系列现金流的合约.*

注　远期合约可以看成仅交换一次现金流的互换合约. 而一般的互换合约通常会在未来的一定时间内交换多次互换现金流.

互换市场的起源可以追溯到 20 世纪 70 年代末, 当时的货币交易商为了逃避英国的外汇管制而开发了货币互换. 而 1981 年 IBM 与世界银行之间签署的利率互换协议则是世界上第一份利率互换协议. 从那以后, 互换市场发展迅速. 人民币利率互换自 2006 年 2 月启动以来, 逐渐成为我国衍生品市场的主要产品; 2007 年 1 月 18 日, 兴业银行与花旗银行完成了境内第一笔利率互换交易. 这笔利率互换交易期限为一年, 以 3 个月期 Shibor[①]为基准利率, 其中兴业银行支付 2.98%的固定利率, 并从交易对手方银行获得以 3 个月期 Shibor 为基准的浮动利率 (当天 3 个月期 Shibor 为 2.8080%).

为满足我国日益增长的利率互换交易需求, 提高合约标准化和市场透明度, 全国银行间同业拆借中心自主研发了利率互换新交易机制 (X-Swap 系统), 于 2014 年 2 月运行. 最初的交易品种是以 FR007、Shibor 3M 为参考利率的, 期限在 5 年以下的标准化利率互换合约为主, 2017 年 7 月又新增了 5 年以上期限的人民币利率互换合约.

2005 年 11 月, 中国人民银行在银行间外汇市场与包括 4 家国有银行在内的 10 家商业银行首次进行了美元与人民币 1 年期货币互换业务操作, 这笔交易标志着我国货币互换业务正式开展. 为完善我国金融体系, 发展外汇市场, 满

---

① Shibor 或 SHIBOR 是上海银行间同业拆放利率 (Shanghai Interbank Offered Rate) 的简称, 以位于上海的全国银行间同业拆借中心为技术平台计算、发布并命名, 是由信用等级较高的银行组成报价团自主报出的人民币同业拆出利率计算确定的算术平均利率, 它是我国货币市场的浮动利率基准. 国际金融市场以前常用的浮动利率基准是伦敦银行间同业拆借利率 (Libor 或 LIBOR), 但它已于 2023 年 6 月 30 日退出历史舞台.

足境内规避外汇风险的需求, 中国人民银行于 2007 年 8 月发布通知, 决定在银行间外汇市场开展人民币外汇货币互换业务. 同时, 我国与很多国家签署了货币互换协议, 2008 年 12 月, 中国人民银行和韩国银行签订了 260 亿美元 (按当时汇率约合 1800 亿元人民币/38 万亿韩元) 货币互换协议, 2011 年 10 月, 双方将合同金额扩大到约 360 亿美元, 目前合同已延长至 2025 年 10 月 10 日; 2009 年 2 月 8 日, 中国人民银行和马来西亚国民银行签署双边货币互换协议, 规模为 800 亿元人民币/400 亿林吉特, 协议实施有效期 3 年, 经双方同意可以展期. 2013 年 6 月 22 日, 中英签署 2000 亿元人民币/200 亿英镑双边本币互换协议, 2015 年、2018 年和 2021 年分别续签协议, 规模扩大到 3500 亿元人民币/350 亿英镑、3500 亿元人民币/400 亿英镑和 3500 亿元人民币/400 亿英镑; 2013 年 10 月 9 日, 中欧签署 3500 亿元人民币/450 亿欧元的互换协议, 2019 年 10 月 25 日再次展期. 在 2018 年年底, 中日两国签署了约 2000 亿元人民币/3.4 万亿日元的货币互换协议. 此外, 中国与俄罗斯以及 "一带一路" 上很多国家都签署了货币互换协议, 推动人民币在国际贸易上的使用频率. 我国已经与多个国家和地区货币当局达成了货币互换协议, 从地域上, 正从亚洲和新兴市场国家向西方国家延伸.

2020 年, 中国和阿根廷两国的央行签署了 1300 亿元人民币/4.5 万亿比索的货币互换协议 (2023 年续签了该协议). 这是继 2009 年、2014 年、2017 年和 2018 年之后再次签署货币互换协议. 截至 2020 年 8 月 3 日, 阿根廷央行公布的最新外汇储备额为 433.75 亿美元, 阿根廷的人民币储备约占其外汇储备的 43%. 从过往几年中国和阿根廷之间的大规模互换货币, 以及人民币在阿根廷外汇储备中的较高比例看, 中国与这个拉丁美洲经济体之间的贸易联系日益紧密, 人民币在两国之间的贸易中扮演了越来越重要的角色. 综上, 除了阿根廷以外, 中国已经与俄罗斯、伊朗、韩国等许多国家实现了货币互换, 这无疑反映了并进一步提升了人民币的国际地位.

4.1.2 利率互换

1. 利率互换的定义

定义 4.2 利率互换 (interest rate swap), 是指双方同意在未来的一段时间内根据同种货币的相同名义本金交换现金流, 即同种货币不同利率的利息交换, 其中一方现金流根据已经选定的某一浮动利率 (例如 Libor、Shibor 等) 来进行计算, 而另一方的现金流则根据双方约定的固定利率来进行计算.

注 在利率互换交易中, 交易双方只参照一定的名义本金交换利息的支付, 本金本身并不交换.[①] 通过这种互换行为, 交易一方可将某种固定利率资产或负

① 本金不交换的原因: 在利率互换中双方的名义本金为同样数额的同一种货币, 将两者进行交换没有意义.

债换成浮动利率资产或负债, 另一方则取得相反结果. 利率互换的主要目的是降低双方的资金成本 (即利息), 并使之各自得到自己需要的利息支付方式 (固定或浮动).

一笔互换交易的现金流如图 4.1 和图 4.2.

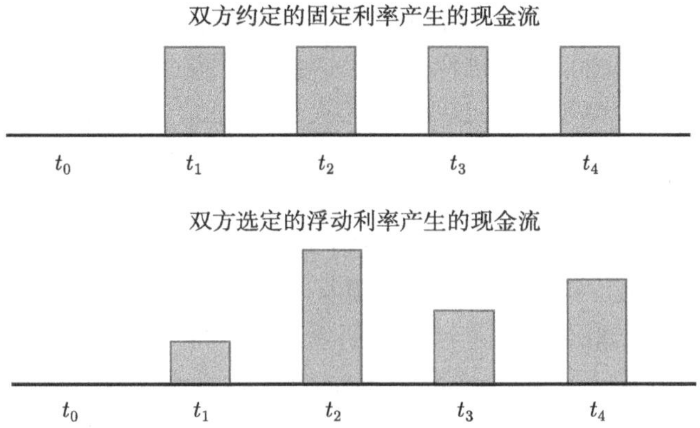

图 4.1　由名义本金产生的两个现金流

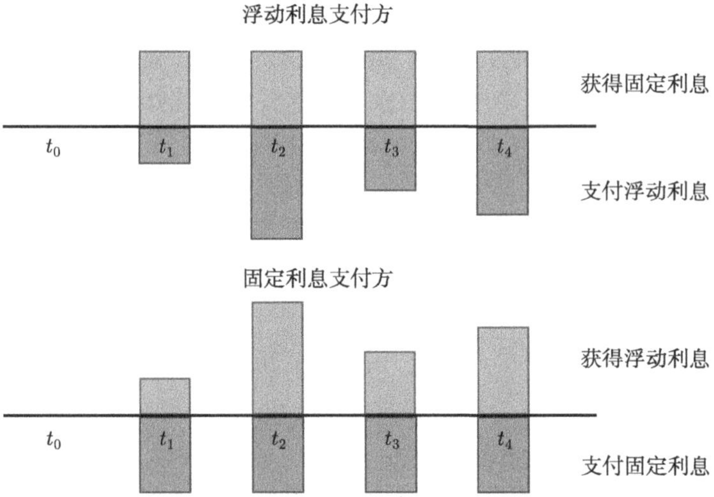

图 4.2　互换交易双方的现金流

关于名义本金产生的两个现金流如何计算, 我们通过下面一个例子来做具体说明.

例 4.1　考虑一个开始于 2019 年 3 月 8 日的 3 年期的利率互换, 每半年交换 1 次利息, 合约细节如表 4.1.

表 4.1 两公司的互换合约

互换内容	互换标准
期限	3 年
名义本金	1 亿元
固定利息支付方	AA 公司
固定利率	3%
浮动利息支付方	BB 公司
浮动利率	6 个月的 Shibor

固定利息的计算是十分显然的，只需用名义本金乘以固定利率即 $1 \times (3\%/2) = 0.015$，而对于浮动利率，通常根据以下惯例：称 $t_1, t_2, \cdots, t_n$ 为交割日，而 t_0, $t_1, \cdots, t_n$ 为重设日，在重设日确定下次交割日的浮动利率. 例如在本例中如果 2019 年 3 月 8 日 (t_0) 的 Shibor 为 2.2%，那么第一个交割日 2019 年 9 月 8 日 (t_1) 所需要支付的浮动利息为 $1 \times (2.2\%/2) = 0.011$. 同时，如果 2019 年 9 月 8 日 ($t_1$) 的 Shibor 为 2.8%，那么 2020 年 3 月 8 日 (t_2) 需要支付的浮动利息为 $1 \times (2.8\%/2) = 0.014$.

那么依次计算下去可以得到 AA 公司在互换合约中的现金流量表 4.2.

表 4.2 AA 公司现金流量表

日期	Shibor	收到的浮动利息	支付的固定利息	净现金流
2019 年 3 月 8 日	2.20%	—	—	—
2019 年 9 月 8 日	2.80%	$\frac{2.2\%}{2}$=0.011	0.015	−0.004
2020 年 3 月 8 日	3.30%	$\frac{2.8\%}{2}$=0.014	0.015	−0.001
2020 年 9 月 8 日	3.50%	$\frac{3.3\%}{2}$=0.0165	0.015	+0.0015
2021 年 3 月 8 日	3.60%	$\frac{3.5\%}{2}$=0.0175	0.015	+0.0025
2021 年 9 月 8 日	3.90%	$\frac{3.6\%}{2}$=0.018	0.015	+0.0030
2022 年 3 月 8 日	—	$\frac{3.9\%}{2}$=0.0195	0.015	+0.0045

注 从如上讨论可以看出在确定合约当天 (t_0) 第一个交割日双方所需支付的金额其实已经确定.

2. 利率互换的交易机制

利率互换是受合同约束的双方在一定时间内按一定金额的本金彼此交换现金流的协议. 固定利率支付者 (多头): 在利率互换交易中支付固定利息，接受浮动利息, 买进互换, 称为支付方, 是互换交易多头、债券市场空头, 对长期固定利率负债与浮动利率资产价格敏感. 浮动利率支付者 (空头): 在利率互换交易中支付浮动利息, 接受固定利息, 出售互换, 称为接受方, 是互换交易空头、债券市场多头, 对长期浮动利率负债与固定利率资产价格敏感.

3. 利率互换的报价方式

在标准化的互换市场上, 固定利率往往以一定年限的国库券收益率加上一个基点作为报价. 例如, 一个 10 年期的国库券收益率为 5.2%, 银行支付固定利率为 5.2%+60 点, 即 5.80%; 收取固定利率为 5.2%+75 点, 即 5.95%. 由于债券的二级市场上有不同年限的国库券买卖, 故它的收益率适于充当不同年限的利率互换交易定价参数. 国库券的收益率组成利率互换交易价格的最基本组成部分, 而利差的大小主要取决于互换市场的供需状况和竞争程度, 利率互换交易中的价格利差是支付浮动利息的交易方需要用来抵补风险的一种费用.

4. 利率互换的功能

(1) 降低融资成本. 出于各种原因, 对于同种货币, 不同的投资者在不同的金融市场的资信等级不同, 因此融资的利率也不同, 存在着相对的比较优势. 利率互换可以利用这种相对比较优势进行互换套利以降低融资成本.

(2) 资产负债管理. 利率互换可将固定利率债权 (债务) 换成浮动利率债权 (债务).

(3) 利率风险保值. 对于一种货币来说, 无论是固定利率还是浮动利率的持有者, 都面临着利率变化的影响. 对固定利率的债务人来说, 如果利率的走势上升, 其债务负担相对较高; 对于浮动利率的债务人来说, 如果利率的走势上升, 则成本会增大.

5. 利率互换的现实意义

利率互换作为一种新型的金融衍生品, 在我国发展很快, 特别是随着我国参与国际金融资本运作程度的加深, 利率互换已成为众多公司及银行之间常用的债务保值和资本升值的有效手段之一. 从宏观角度看, 利率互换有以下几方面的现实意义.

(1) 满足投资主体规避风险的要求. 随着对外开放程度的加快, 利率市场化进程也必将越来越快. 国内企业面临市场化甚至国际化的竞争和冲击, 必须要树立防范金融风险的意识, 学会运用利率互换等金融衍生品对自身的资本进行合理运作, 防止给企业带来损失, 同时可提高企业的管理和运作水平.

(2) 促使金融市场的国际化, 拓宽金融机构的业务范围. 多种形式的利率互换业务发展, 必然伴随着大量金融衍生品的推出. 在丰富投资主体资产组合的同时, 也拓展了金融机构的业务范围, 提升其在国际市场上的竞争力. 作为有实力、有头脑的公司、银行, 绝不能仅满足于债务保值, 而是要能通过积极主动的互换业务等市场运作, 拓宽业务范围、增加自身的资本保有量.

(3) 深化金融体制改革, 加快利率市场化进程. 我国的存贷款利率市场化程度还不高, 还未形成反映人民币供求状况的市场利率. 互换业务在我国推广的主要障碍就是没有形成权威性的基础收益率曲线. 因此, 加大开展互换业务的力度, 有助于推进利率的市场化进程.

(4) 有利于发展债券市场, 丰富债券市场的品种结构. 一方面, 利率互换可以利用不同债券的利率差异, 实现低成本融资和投资组合优化, 从而促进债券市场的交易和流动性. 另一方面, 利率互换的开展可以推动不同种类的债券市场发展, 包括国债、企业债券、金融债券等, 使得投资者有更多的选择余地. 另外, 随着中国经济的开放程度不断提高, 越来越多的外资机构和企业进入中国债券市场, 开展利率互换业务可以为这些机构提供更加灵活和有效的风险管理工具, 促进我国债券市场的国际化.

4.1.3 货币互换

1. 货币互换的定义

定义 4.3 货币互换 (currency swap), 是在未来约定期限内将一种货币的本金和利息与另一货币的等价本金和利息进行交换.

注 比较流行的是固定利息与固定利息的货币互换 (fixed-for-fixed currency swap). 利率互换是相同货币债务间的调换, 而货币互换则是不同货币债务间的调换. 货币互换双方互换的是货币, 它们之间各自的债权债务关系并没有改变. 初次互换的汇率以协定的即期汇率计算. 在货币互换开始, 本金的流动方向和利息的流动方向相反, 而在互换结束时, 两者的流动方向是相同的. 货币互换的目的在于降低筹资成本及防止汇率变动风险造成的损失.

例 4.2 假设甲银行和乙银行之间签订的一份 5 年期货币互换协议, 2015 年 11 月 1 日生效. 如图 4.3 所示, 协议规定本金分别是 2000 万美元和 1000 万英镑, 期初甲银行以 2000 万美元与乙银行交换 1000 万英镑本金, 其后甲银行每年向乙银行支付 6%的英镑利息并向乙银行收取 4.5%的美元利息, 期末本金再次交换, 现金流量表如表 4.3.

注 本例货币互换中选取的是固定利率作为交换利率. 事实上, 也可以选取浮动利率作为交换利率, 此时交换的浮动利息的算法与利率互换中浮动利息相同.

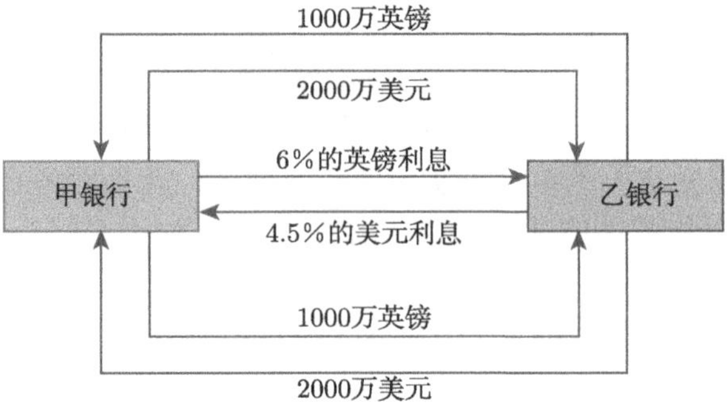

图 4.3　甲银行和乙银行货币互换流程

表 4.3　货币互换中甲银行的现金流量表

日期	美元现金流/万美元	英镑现金流/万英镑
2015 年 11 月 1 日	−2000	+1000
2016 年 11 月 1 日	+90	−60
2017 年 11 月 1 日	+90	−60
2018 年 11 月 1 日	+90	−60
2019 年 11 月 1 日	+90	−60
2020 年 11 月 1 日	+2090	−1060

2. 货币互换的交易机制

使用货币互换涉及三个步骤.

第一步是识别现存的现金流量. 互换交易的宗旨是转换风险, 因此首要的是准确界定已存在的风险.

第二步是匹配现有头寸. 只有明确了现有头寸地位, 才可能进行第二步来匹配现有头寸. 基本上所有保值者都遵循相同的原则, 即保值者创造与现有头寸相同但方向相反的风险, 这就是互换交易中所发生的. 现有头寸被另一数量相等但方向相反的头寸相抵消, 因而通过匹配消除了现有风险.

第三步是创造所需的现金流量. 保值者要想通过互换交易转换风险, 在互换的前两步中先抵消后创造就可以达到目的. 与现有头寸匹配并创造所需的现金流量是互换交易本身, 识别现有头寸不属于互换交易, 而是保值过程的一部分.

3. 货币互换的报价

货币互换报价的一般做法是: 在期初本金交换时, 通常使用即期汇率, 而在期末交换本金时, 则使用远期汇率. 远期汇率是根据利率平价理论, 计算出两种货币的利差, 用升水或贴水表示, 与即期汇率相加减, 得出远期汇率. 流行的另一种货币互换报价方式是: 本金互换采用即期汇率, 而不采用远期汇率. 货币互换的利息交换则参考交叉货币利率互换报价.

4. 货币互换的功能

货币互换是一项常用的债务保值工具, 主要用来控制中长期汇率风险, 把一种外汇计价的债务或资产转换为以另一种外汇计价的债务或资产, 达到规避汇率风险、降低成本的目的. 早期的"平行贷款""背对背贷款"就具有类似的功能, 但无论是"平行贷款"还是"背对背贷款", 仍然属于贷款行为, 在资产负债表上将产生新的资产和负债. 而货币互换作为一项资产负债表外业务, 能够在不对资产负债表造成影响的情况下, 达到同样的目的.

例如, 某公司有一笔日元贷款, 金额为 10 亿日元, 期限为 7 年, 利率为固定利率 3.25%, 付息日为每年 6 月 20 日和 12 月 20 日, 1996 年 12 月 20 日提款, 2003 年 12 月 20 日到期归还. 公司提款后, 将日元兑换成美元, 用于采购生产设备, 产品出口得到的收入是美元收入, 而没有日元收入. 从以上的情况可以看出, 公司的日元贷款存在着汇率风险. 具体来看, 公司借的是日元, 用的是美元, 2003 年 12 月 20 日时, 公司需要将美元收入换成日元还款. 那么到时如果日元升值, 美元贬值 (相对于期初汇率), 则公司要用更多的美元来买日元还款. 这样, 由于公司的日元贷款在借、用、还上存在着货币不统一, 就存在着汇率风险. 公司为控制汇率风险, 决定与中国银行签署一笔货币互换交易合约. 双方规定, 交易于 1996 年 12 月 20 日生效, 2003 年 12 月 20 日到期, 使用汇率为 113 (JPY/USD). 这一货币互换, 表示为

(1) 在提款日 (1996 年 12 月 20 日), 公司与中国银行互换本金. 公司从贷款银行提取贷款本金, 同时支付给中国银行, 中国银行按约定的汇率水平向公司支付相应的美元.

(2) 在付息日 (每年 6 月 20 日和 12 月 20 日), 公司与中国银行互换利息. 中国银行按日元利率水平向公司支付日元利息, 公司将日元利息支付给贷款银行, 同时按约定的美元利率水平向中国银行支付美元利息.

(3) 在到期日 (2003 年 12 月 20 日), 公司与中国银行再次互换本金. 中国银行向公司支付日元本金, 公司将日元本金归还给贷款银行, 同时按约定的汇率水平向中国银行支付相应的美元.

从以上可以看出, 由于在期初与期末, 公司与中国银行均按预先规定的同一汇率 (113) 互换本金, 且在贷款期间公司只支付美元利息, 而收入的日元利息正好用于归还原日元贷款利息, 从而使公司完全避免了未来的汇率变动风险. 关于货币互换, 有几点需加以说明: 货币互换的利率形式, 可以是固定换浮动, 也可以是浮动换浮动, 还可以是固定换固定. 期限上, 主要外币一般可以做到 10 年. 货币互换中所规定的汇率, 可以用即期汇率 (spot rate), 也可以用远期汇率 (forward rate), 还可以由双方协定取其他任意水平, 但对应于不同汇率水平的利率水平会有所不

同. 在货币互换中, 期初的本金互换可以省略, 即上例中的 (1) 步骤可以没有, 但对应的美元利率水平可能会有所不同. 这样, 对于那些已经提款使用的贷款, 仍然可以使用货币互换业务来管理汇率风险.

货币互换产品的特点:

(1) 货币互换起点金额一般为等值 500 万美元, 也可根据客户实际需求另外商定.

(2) 货币互换的交易币种为人民币、美元、欧元、英镑、日元、瑞士法郎、加拿大元、澳大利亚元、新加坡元等.

(3) 货币互换交易签署后一般不可撤销或提前终止.

4.2 互换的运用

4.2.1 利用互换转换某项资产的性质

如图 4.4 所示, 如果交易者原先拥有一笔固定利率资产, 可以通过进入利率互换的多头, 使所支付的固定利率与资产中的固定利率收入相抵消, 同时收到浮动利率, 从而转换为浮动利率资产.

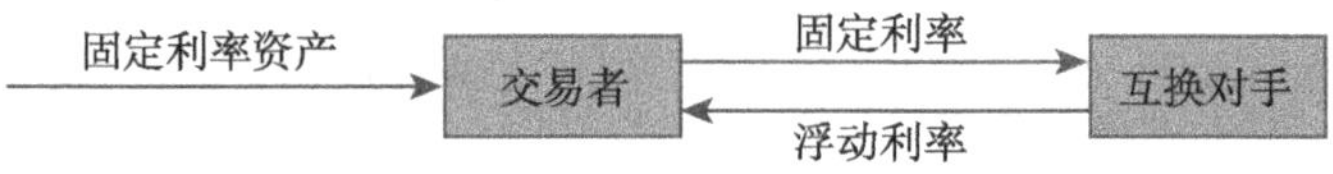

图 4.4 运用利率互换将固定利率资产转换为浮动利率资产

类似地, 如图 4.5 所示, 如果交易者原先拥有一笔浮动利率资产, 可以通过进入利率互换的空头, 使所支付的浮动利率与资产中的浮动利率收入相抵消, 同时收到固定利率, 从而转换为固定利率资产.

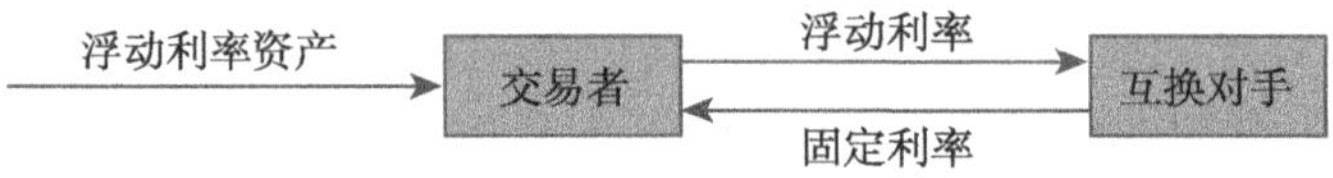

图 4.5 运用利率互换将浮动利率资产转换为固定利率资产

同理, 利用货币互换, 可以将一种货币下的收益转换为另一种货币下的收益, 比如例 4.2 中, 假设甲银行可以将 1000 万英镑的资产以每年 6%的利率在英国投资 5 年, 如果公司想将这笔投资转换为美元投资, 通过与乙银行的互换, 甲银行可以将英镑投资转换成利率为 4.5%、本金为 2000 万美元的投资.

4.2.2 利用互换转换某项负债的性质

负债利率属性的转换与资产利率属性的转换是非常相似的. 如图 4.6 所示, 如果交易者原先拥有一笔浮动利率负债, 可以通过进入利率互换的多头, 使所收到的浮动利率与负债中的浮动利率支付相抵消, 同时支付固定利息, 从而转换为固定利率负债.

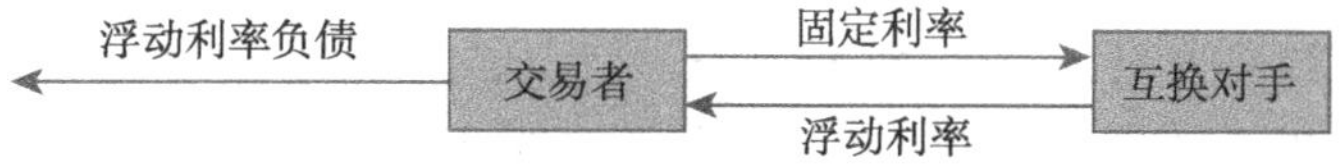

图 4.6　运用利率互换将浮动利率负债转换为固定利率负债的性质

类似地, 如图 4.7 所示, 如果交易者原先拥有一笔固定利率负债, 可以通过进入利率互换的空头, 使所收到的固定利率与负债中的固定利率支付相抵消, 同时支付浮动利息, 从而转换为浮动利率负债.

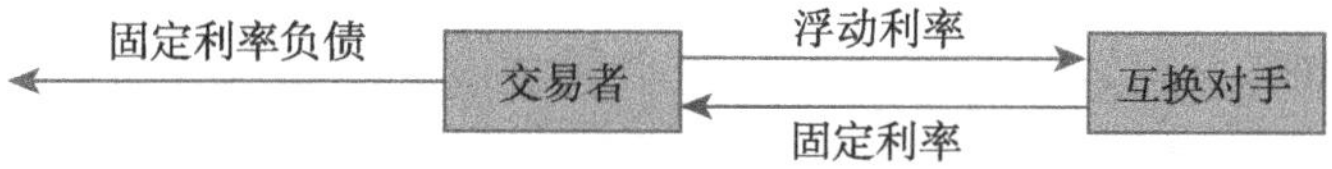

图 4.7　运用利率互换将固定利率负债转换为浮动利率负债

同理, 利用货币互换, 可以将一种货币下的负债转换为另一种货币下的负债, 比如例 4.2 中, 假设甲银行能够以 4.5% 的利率发行 2000 万美元债券, 通过与乙银行的互换, 可以将美元债券转化为本金为 1000 万英镑、利率为 6%的英镑债券.

例 4.3　乙公司和甲银行签署了名义本金为 1 亿元的 2 年期利率互换协议, 在协议中, 乙公司支付 Shibor, 收到 2.8% 的年利率, 利息每 3 个月交换 1 次, 如图 4.8 所示.

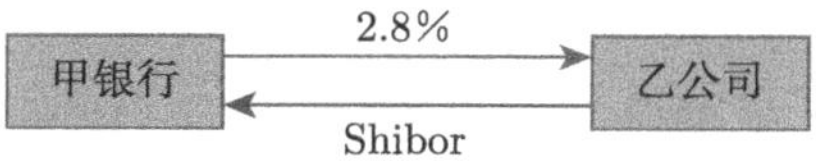

图 4.8　甲银行和乙公司的利率互换

(1) 假设乙公司拥有一份 2 年期的本金为 1 亿元、利率为 3 个月 Shibor+0.5% 的浮动利率资产.

在签订了此笔利率互换协议后, 乙公司面临三个利息现金流:

(i) 从资产中获得 3 个月期 Shibor+0.5%的浮动利息收入;

(ii) 从互换中收入 2.8%;

(iii) 在互换中支付 3 个月期 Shibor.

将这三个现金流叠加可得, 乙公司的利息现金流就转化为 3.3%的固定利息收入, 从而将资产转化为固定利率资产.

(2) 如果乙公司持有的是一笔 2 年期、本金为 1 亿元、利率为 3.3%、每 3 个月支付 1 次利息的固定利率借款.

在签订了此笔利率互换协议后，乙公司面临三个利息现金流;

(i) 支付 3.3%给贷款人;

(ii) 从互换中收入 2.8%;

(iii) 在互换中支付 3 个月期 Shibor.

将这三个现金流叠加可得，乙公司的利息现金流就转化为 3 个月期 Shibor + 0.5%的浮动利息支出，从而将其负债转化为浮动利率负债.

4.2.3 利用互换来进行信用套利

比较优势是指一家公司在一种债务市场里比在其他债务市场里具有相对优势. 某些公司在固定利率市场贷款具有比较优势，而另一些公司在浮动利率市场贷款具有比较优势. 当需要一笔新的贷款时，公司会在自身具有比较优势的市场贷款. 因此，本想借入固定利率贷款的公司可能会借入浮动利率贷款，而本想借入浮动利率贷款的公司可能会借入固定利率贷款. 互换合同可以用来将固定利率贷款转化为浮动利率贷款，反之亦然. 下面通过两个例子展示信用套利的具体操作.

例 4.4 假设在 2020 年，A、B 公司都想借入 5 年期的 1000 万美元借款，A 想借入与 6 个月期相关的浮动利率借款，B 想借入固定利率借款. 但两家公司信用等级不同，故市场向它们提供的利率也不同，如表 4.4 所示.

表 4.4 市场提供给 A、B 两公司的借款利率

市场	固定利率	浮动利率
A 公司	6.00%	6 个月期 Libor+0.3%
B 公司	7.20%	6 个月期 Libor+1%

从表 4.4 可以看出，A 的借款利率均比 B 低. 但在固定利率市场上 A 比 B 低 1.2%，而在浮动利率市场上 A 仅比 B 低 0.7%. 这种情形称为 A 在两个市场上均具有绝对优势，但 A 在固定利率市场上有比较优势，而 B 则在浮动利率市场上具有比较优势. 这样，双方就可利用各自的比较优势为对方借款，然后互换，从而达到共同降低筹资成本的目的.

具体来看，基本的合作与互换机制为: ① A 在其具有比较优势的固定利率市场上以 6%的固定利率借入 1000 万美元; ② B 则在其具有比较优势的浮动利率市场上以 Libor+1%的浮动利率借入 1000 万美元.

由于本金相同，故双方不必交换本金，而只交换利息的现金流. 即 A 向 B 支付浮动利息，而 B 向 A 支付固定利息. 对 A 来说，由于在市场上定期支付 6%的固定利息，而在互换中支付浮动利息、收入固定利息，从而使其实际上融入的是浮动利率贷款. 对 B 来说，由于在市场上定期支付 Libor+1%的浮动利息，而在互换中支付固定利息、收入浮动利息，从而使其实际上融入的是固定利率贷款.

在明确基本的合作和互换机制之后, 可以看到: 如果 A 与 B 不合作, 它们的总筹资成本为 7.2%+6 个月期 Libor+0.3% = Libor+7.5%. 而如果合作, 总筹资成本则为 6%+6 个月期 Libor+1% = Libor+7%, 比不合作的情形降低了 0.5%, 这就是合作与互换的收益. 而该收益由双方共享, 具体分享比例由双方谈判决定. 假定双方各分享一半, 则双方将使筹资成本降低 0.25%, 即双方最终实际筹资成本目标分别为: A 支付 Libor +0.05%, 实质上融入浮动利率贷款; B 支付 6.95%, 实质上融入固定利率贷款.

这样, 双方就可根据借款成本与实际筹资成本目标的差异, 计算互换中各自向对方支付的现金流, 即每半年 A 向 B 支付按 Libor 计算的利息, B 向 A 支付按 5.95%计算的利息, 就可实现双方的融资目标, 如图 4.9 所示.

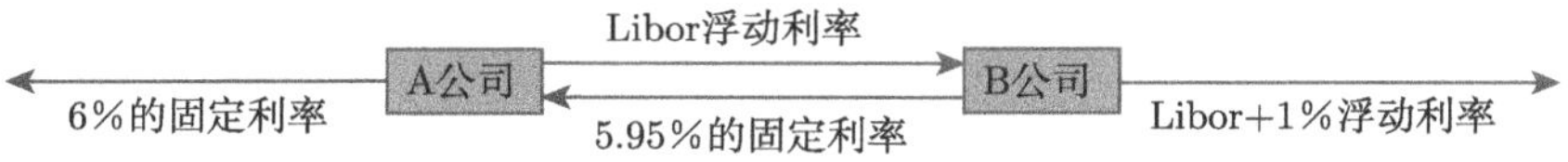

图 4.9 A、B 公司互换图

例 4.5 假设英镑和美元汇率为 2 (USD/GBP). A 想借入 5 年期的 1000 万英镑借款, B 想借入 5 年期的 2000 万美元借款. A 的信用等级高于 B. 但两国金融市场对 A、B 两公司的熟悉状况不同, 因此市场向它们提供的固定利率也不同, 如表 4.5 所示.

表 4.5 市场提供给 A、B 两公司的借款利率

市场	美元	英镑
A 公司	6%	7%
B 公司	8%	7.4%

和前一个例子类似, A、B 公司可以通过货币互换来达到共同降低筹资成本的目的. A 以 6%的利率借入 5 年期的 2000 万美元借款, B 以 7.4%的利率借入 5 年期的 1000 万英镑借款.

然后双方进行货币互换, 图 4.10 显示了其中一个互换方案. 最终, A 公司以 6.2%的利率获得了英镑贷款, 比直接从市场上获得的英镑利率少了 80 个基点 (7%−6.2% = 0.8%); B 公司以 6%的利率获得了美元贷款, 比直接从市场上获得的美元利率少了 200 个基点 (8%-6%=2%), 不过它要另外承担 1.2%的英镑利息, 如果不考虑汇率风险的话, 它总共承担 7.2%的资金成本, 比直接从市场上获得的美元利率也少 80 个基点 (8%−7.2% = 0.8%).

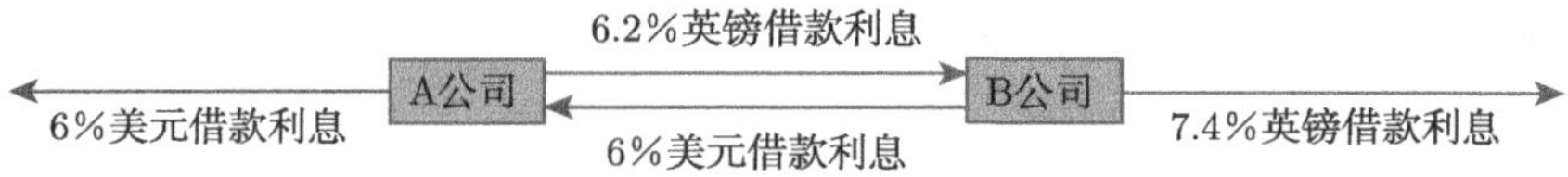

图 4.10　A、B 公司互换图

4.3　互换的定价

本节介绍的有关互换合约的定价问题, 又称为“互换估值”, 具体定义如下.

定义 4.4　*互换估值 (swap valuation) 在互换期间内某一时刻的互换净现值.*

在签订互换合约时, 互换的价值为零, 但随着时间的推移, 互换的价值可能为正也可能为负. 若不存在违约风险, 互换可以被视为债券的多空组合或一系列远期合约的组合, 因此我们可以基于债券的价格计算互换的价值, 也可以利用远期合约进行价值的计算.

4.3.1　利率互换的估值

在正式介绍利率互换的估值之前我们首先就例 4.1 的现金流量表 (为方便观察, 这里再次给出, 见表 4.6) 进行分析. 观察表 4.6, 可以得到以下结论:

(1) 该利率互换由列 (d) 的现金流序列组成, 这是互换的本质, 即未来系列现金流的组合.

(2) 互换可以看成两种债券的交换. 我们可以将列 (d) 的现金流序列按列进行拆分, 该利率互换可以看作由列 (b) 和列 (c) 的现金序列组合. 而列 (b) 可以视为买入一份本金为 1 亿元的以 6 个月期 Shibor 为浮动利率的债券, 列 (c) 可视为卖出一份本金为 1 亿元的固定利率为 3%的债券, 6 个月支付一次利息. 也就是说利率互换可以分解成一个债券多头和另一个债券空头来估值.

(3) 互换也可以看成一系列远期利率协议的组合. 我们也可以将列 (d) 的现金流序列按行进行拆分, 该利率互换可以看作由行 (i) 至行 (vii) 共 7 次的现金流组成, 观察各行, 除了行 (i) 的现金流在互换签订时就已经确定, 其他各行的现金流都类似远期利率协议 (FRA) 的现金流. 很明显利率互换可以看作一系列用固定利率交换浮动利率的 FRA 组合. 例如行 (ii) 的利息交换可以看作一笔 2019 年 9 月 8 日到期, 以 3.0%的固定利率交换 2019 年 3 月 8 日确定的 6 个月 Shibor 的 FRA. 从这个角度来说, 利率互换可以通过分解成一系列远期利率协议的组合来定价. 只要知道组成利率互换的每笔 FRA 的价值, 就可以计算出利率互换的价值.

表 4.6 AA 公司现金流量表 (考虑名义本金)

日期	Shibor (a)	收到的浮动利息 (b)	支付的固定利息 (c)	净现金流 (d)
2019 年 3 月 8 日 (i)	2.20%	−100	+100	0
2019 年 9 月 8 日 (ii)	2.80%	+0.011	−0.015	−0.004
2020 年 3 月 8 日 (iii)	3.30%	+0.014	−0.015	−0.001
2020 年 9 月 8 日 (iv)	3.50%	+0.0165	−0.015	+0.0015
2021 年 3 月 8 日 (v)	3.60%	+0.0175	−0.015	+0.0025
2021 年 9 月 8 日 (vi)	3.90%	+0.018	−0.015	+0.0030
2022 年 3 月 8 日 (vii)	—	+0.0195	−0.015	+0.0045

1. 运用债券组合给利率互换定价

在利用债券组合给利率互换定价之前我们先回顾一下债券的定价.

债券的定价原理十分简单, 只要将未来产生的现金流贴现到 0 时刻即可定出债券价格. 而我们回顾债券定价的主要目的是给互换定价, 所以贴现率依照互换中的惯例使用浮动利率来进行贴现.

首先介绍一下我们将要使用的符号, 如表 4.7.

表 4.7 符号说明

符号	说明
A	票面面值
t_i	距离第 i 次现金流产生的时间长度
r_i	开始日期为 t_0, 到期日为 t_i 的 Shibor 连续复利即期利率
L_i	开始日期为 t_{i-1}, 到期日为 t_i 的 Shibor 连续复利即期利率
k_i	t_i 时刻收到的利息

(1) 固定利率的债券的定价.

对于一个固定利率债券, $k_i = k$ 为一个常数, 现金流量图如图 4.11 所示.

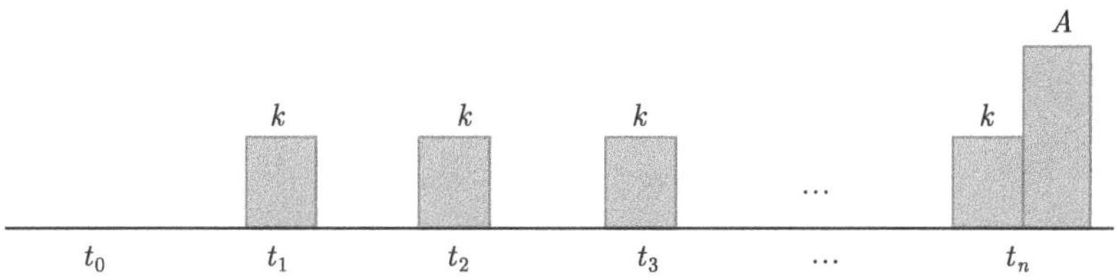

图 4.11 固定利率债券现金流量图

那么我们就有

$$B_{\text{fix}} = \sum_{i=1}^{n} k\mathrm{e}^{-t_i r_i} + A\mathrm{e}^{-t_n r_n}. \tag{4.3.1}$$

(2) 浮动利率的债券定价.

浮动利率债券产生的现金流量图如图 4.12 所示.

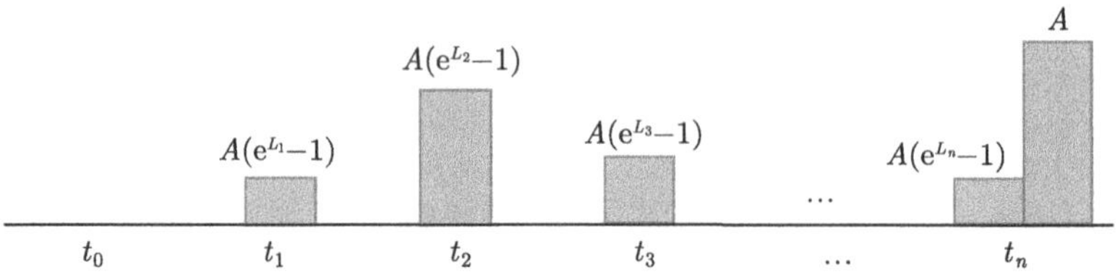

图 4.12 浮动利率债券现金流量图

在 t_i 时刻收到的利息为 $A(\mathrm{e}^{L_i(t_i-t_{i-1})}-1)$, 而根据远期利率的计算公式①, 我们有

$$L_i=\frac{r_it_i-r_{i-1}t_{i-1}}{t_i-t_{i-1}},$$

因此 t_i 时刻收到的利息为

$$k_i=A(\mathrm{e}^{r_it_i-r_{i-1}t_{i-1}}-1),$$

于是就有

$$B_{\mathrm{fl}}=\sum_{i=1}^{n}k_i\mathrm{e}^{-t_ir_i}+A\mathrm{e}^{-t_nr_n}=(k_1+A)\mathrm{e}^{-r_1t_1}. \tag{4.3.2}$$

注 观察对式 (4.3.2) 的推导, 我们可以得到以下结论, 在浮动利率始终等于该债券的合理贴现率的条件下:

(1) 在浮动利率债券新发行时, 该债券的价值就等于它的面值;

(2) 在任一重新确定利率的时刻 (即前文所说的重设日) t_i, 付息之后的浮动利率债券价值就等于新发行的同期限的浮动利率债券面值, 付息之前的浮动利率债券价值就等于面值 A 加上应付利息 k_1.

根据上面的讨论我们便可以对于互换使用债券组合来进行估值. 对于互换的多头 (固定利率支付方) 来说, 互换的价值就是

$$V_{\text{互换}}=B_{\mathrm{fl}}-B_{\mathrm{fix}}, \tag{4.3.3}$$

反之对于互换空头 (浮动利率的支付方) 来说, 互换的价值就是

$$V'_{\text{互换}}=B_{\mathrm{fix}}-B_{\mathrm{fl}}, \tag{4.3.4}$$

其中的 B_{fix} 与 B_{fl} 分别由式 (4.3.1)和 (4.3.2) 给出.

① 见第 2 章公式 (2.3.1).

例 4.6 假设在一笔利率互换协议中, 某一金融机构支付 3 个月期的 Shibor, 同时收取 4.8%的年利率 (3 个月计 1 次复利), 名义本金为 1 亿元. 互换还有 9 个月的期限. 目前, 3 个月期、6 个月期和 9 个月期的 Shibor (连续复利) 分别为 4.8%, 5%和 5.1%. 试计算此笔利率互换对该金融机构的价值.

在这个例子中, 对于固定利率债券 $k = 10000$万元 $\times 4.8\%/4 = 120$万元, 因此有

$$B_{\text{fix}} = 120\mathrm{e}^{-4.8\%\times 0.25} + 120\mathrm{e}^{-5\%\times 0.5} + 10120\mathrm{e}^{-5.1\%\times 0.75} = 9975.825(\text{万元}).$$

对于浮动利率而言, 当前正处于重设日付息之后, 所以浮动利率债券价值等于浮动利率债券面值, 即 $B_{\text{fl}} = 10000$万元[①] 那么对于金融机构而言, 此利率互换的价值为 9975.825万元 − 10000万元 = −24.175万元.

2. 运用远期利率协议 (FRA) 给利率互换定价

对于收取固定利息的交易方 (空头), FRA 定价公式为[②]

$$[A\mathrm{e}^{r_K(T^*-T)} - A\mathrm{e}^{r(T^*-T)}]\mathrm{e}^{-r^*(T^*-t)}.$$

按照我们之前对于现金流的分解, 即可对互换进行估值, 估值的具体过程由下面一个例子给出.

例 4.7 条件同例 4.6, 试运用 FRA 计算此利率互换对该金融机构的价值.

将计算过程写在表 4.8 中, 为了与公式保持一致, 我们将 3 个月计息 1 次的复利转换为连续复利.

表 4.8 运用 FRA 组合给利率互换定价

期限	贴现率	固定利率	远期利率	现金流或 FRA 价值
3 个月后	4.8%	4.7714%		$10000(\mathrm{e}^{4.7714\%\times 0.25} - \mathrm{e}^{4.8\%\times 0.25}) \times\mathrm{e}^{-4.8\%\times 0.25} = -0.715$
6 个月后	5%	4.7714%	$\dfrac{5\%\times 0.5 - 4.8\%\times 0.25}{0.25} = 5.2\%$	$10000(\mathrm{e}^{4.7714\%\times 0.25} - \mathrm{e}^{5.2\%\times 0.25}) \times\mathrm{e}^{-5\%\times 0.5} = -10.581$
9 个月后	5.1%	4.7714%	$\dfrac{5.1\%\times 0.75 - 5\%\times 0.5}{0.25} = 5.3\%$	$10000(\mathrm{e}^{4.7714\%\times 0.25} - \mathrm{e}^{5.3\%\times 0.25}) \times\mathrm{e}^{-5.1\%\times 0.75} = -12.88$
互换总价值				−24.176

我们可以发现, 例 4.6 与例 4.7 计算的结果是一致的, 其中 10 元的差距是由利率转换时的舍入误差引起的.

① 也可利用公式 (4.3.2) 计算, 结果一致, 见例 4.10.

② 见 3.2 节中关于 FRA 价值的讨论.

3. 我国的利率互换估值

我国利率互换的估值思路是采用将互换分解为两个债券, 一个是浮动利率债券, 另一个是固定利率债券. 具体方法与前文完全一致, 只是在符号使用上与我们前文所写有所不同, 故在此处只做简单展示, 不做过多说明, 具体可以参考《中国外汇交易中心利率互换估值手册》.

(1) 相关公式.

对于一笔利率互换, 设 P 是面值, R 是利率互换固定端利率, 未来现金流支付日距估值日天数分别为 Day_i $(i=1,\cdots,N)$, Day_1^* 是第一期现金流支付日至当期起息日的天数, DF 是贴现函数, TY_i 是重置利率应用周期所在年份的计息天数, C_i 是浮动端现金流, f_i 是重置利率, D_i 是重置利率应用周期天数, M 是单个付息周期内的利率重置次数.

固定债券现值计算公式如下:

$$B_{\text{fix}} = P\times R\times\left(\frac{\mathrm{Day}_1^*}{\mathrm{TY}_1}\times\mathrm{DF}(\mathrm{Day}_1)+\frac{\mathrm{Day}_2-\mathrm{Day}_1}{\mathrm{TY}_2}\times\mathrm{DF}(\mathrm{Day}_2)\right.$$
$$\left.+\cdots+\frac{\mathrm{Day}_N-\mathrm{Day}_{N-1}}{\mathrm{TY}_N}\times\mathrm{DF}(\mathrm{Day}_N)\right);$$

$$B_{\text{fl}} = C_1\times\mathrm{DF}(\mathrm{Day}_1)+C_2\times\mathrm{DF}(\mathrm{Day}_2)+\cdots+C_N\times\mathrm{DF}(\mathrm{Day}_N);$$

$$C_k = P\times\left(\prod_{i=1}^{M}\left(1+f_i\frac{D_i}{\mathrm{TY}_i}\right)-1\right).$$

那么估值仍然为 $V=B_{\text{fix}}-B_{\text{fl}}$.

(2) 国内常用利率互换曲线.

互换利率与互换期限结构之间的关系, 被称为互换收益率曲线. 利率互换曲线分为利率互换定盘/收盘曲线、利率互换行情曲线、利率互换曲线 (仅供利率互换估值).

(I) 利率互换定盘/收盘曲线.

表 4.9 中利率互换定盘/收盘曲线 (标准期限到期曲线) 数据样本是 X-Swap 报价.

表 4.9　曲线种类和标准期限

曲线种类	标准期限
Shibor3M	6M, 9M, 1Y, 2Y, 3Y, 4Y, 5Y, 7Y, 10Y
ShiborO/N	1M, 3M, 6M, 9M, 1Y, 2Y, 3Y
FR007	1M, 3M, 6M, 9M, 1Y, 2Y, 3Y, 4Y, 5Y, 7Y, 10Y
FDR001	1M, 3M, 6M, 9M, 1Y, 2Y, 3Y

续表

曲线种类	标准期限
FDR007	1M, 3M, 6M, 9M, 1Y, 2Y, 3Y, 4Y, 5Y, 7Y, 10Y
LPR1Y(季付)	6M, 9M, 1Y, 2Y, 3Y, 4Y, 5Y, 7Y, 10Y
LPR5Y(季付)	6M, 9M, 1Y, 2Y, 3Y, 4Y, 5Y, 7Y, 10Y

计算规则如下.

在取样时间段每隔 30 秒选取一个取样点 (例如收盘曲线取样点为 16:15:30, 16:16:00, ···, 16:30:00), 每个取样点选取 X-Swap 报价, 计算出每个取样点的报买、报卖和均值价格. 对 30 个取样点按均值排序并过滤上下各 25%价格后, 将剩余报价按照报买和报卖价差倒数为权重加权, 计算出可成交报价的报买、报卖和均值利率.

(II) 利率互换行情曲线.

表 4.10 中利率互换行情曲线数据样本包括 X-Swap 报价、货币经纪可成交报价和货币经纪意向报价, 每条曲线取样时间为该曲线发布时间点之前的半小时.

表 4.10 行情曲线种类与标准期限

行情曲线种类	标准期限
Shibor3M	6M, 9M, 1Y, 2Y, 3Y, 4Y, 5Y, 7Y, 10Y
FR007	1M, 3M, 6M, 9M, 1Y, 2Y, 3Y, 4Y, 5Y, 7Y, 10Y

计算规则如下.

(i) 计算出可成交代表性价格.

根据 X-Swap 报价和货币经纪可成交报价计算出可成交代表性价格. 每个发布时间点, 在取样时间段每隔一分钟选取一个取样点 (10:00 曲线取样点为 9:31, 9:32, ···, 10:00), 每个取样点优先选取 X-Swap 报价, 以货币经纪可成交报价为补充, 计算出每个取样点的报买、报卖和均值价格. 对 30 个取样点按均值排序并过滤上下各 25%价格后, 将剩余报价按照报买和报卖价差倒数为权重加权, 计算出可成交报价的报买、报卖和均值利率.

(ii) 选出货币经纪意向报价.

获取截止发布时间点货币经纪各品种最新意向报价数据.

(iii) 选出利率互换行情曲线利率值.

选价顺序上, 优先选用可成交代表性价格. 如果可成交代表性价格存在, 选用可成交报价的报买、报卖和均值利率作为利率互换行情曲线该品种报买、报卖和均值利率, 否则选用货币经纪意向报价. 如果某个品种既无可成交代表性价格, 又无货币经纪意向报价, 则利率互换行情曲线该品种价格显示为空.

4.3.2 货币互换的估值

与利率互换类似, 我们先研究例 4.2 的现金流量表 (表 4.3). 显然, 与利率互换类似, 如果按列进行分解, 对甲银行来说, 这笔货币互换可以看作一个美元固定利率债券多头与一个英镑固定利率债券空头的组合; 如果按行进行分解, 该笔货币互换则可以看作一系列远期外汇协议的组合.

1. 运用债券组合给货币互换定价

对于收入本币、付出外币的一方, 有

$$V_{\text{互换}} = B_D - SB_F,$$

式中 B_F 为外币债券价值, B_D 为本币债券价值, S 为即期汇率.

对于付出本币、收入外币的一方, 有

$$V'_{\text{互换}} = SB_F - B_D.$$

例 4.8 假设市场上有人民币与韩元的互换合约, 某金融机构在互换中每年收入韩元, 利率为 3%, 同时付出人民币, 利率为 6.5% (每年计 1 次息), 两种货币的本金分别为 1000 万元和 120000 万韩元. 这笔互换还有 3 年的期限, 每年交换 1 次利息, 即期汇率为 110 (KRW/CNY), 另外假设人民币和韩元的利率期限结构是水平的, 韩元的利率是 2% 而人民币的利率是 6% (均为连续复利). 如何确定该笔货币互换的价值 (数值仅供参考, 真实汇率和利率跟本例有偏差)?

如果以人民币为本币, 那么有

$$B_D = 65\mathrm{e}^{-0.06\times1} + 65\mathrm{e}^{-0.06\times2} + 1065\mathrm{e}^{-0.06\times3} = 1008.427(\text{万元}),$$
$$B_F = 3600\mathrm{e}^{-0.02\times1} + 3600\mathrm{e}^{-0.02\times2} + 123600\mathrm{e}^{-0.02\times3} = 123389.7(\text{万韩元});$$

货币互换的价值为

$$\frac{123389.7}{110} - 1008.427 = 113.298(\text{万元}).$$

2. 运用远期外汇协议给货币互换定价

与利率互换类似, 货币互换还可以分解成一系列远期合约的组合. 货币互换中的每次支付, 都可以用一笔远期外汇协议的现金流来代替. 因此, 只要能够计算并加总货币互换中分解出来的每笔远期外汇协议的价值, 就可得到相应货币互换的价值.

例 4.9 条件同例 4.8, 试运用远期外汇协议计算此货币互换的价值.

即期汇率为110 (KRW/CNY), 或0.009091 (CNY/KRW). 根据$F=Se^{(r-r_t)(T-t)}$, 1 年期、2 年期、3 年期的远期汇率分别为

$$0.009091e^{0.04\times 1}=0.009462;$$
$$0.009091e^{0.04\times 2}=0.009848;$$
$$0.009091e^{0.04\times 3}=0.01025.$$

与利息交换等价的三份远期合约价值分别为

$$(3600\times 0.009462-65)e^{-0.06\times 1}=-29.1355(\text{万元}),$$
$$(3600\times 0.009848-65)e^{-0.06\times 2}=-26.2058(\text{万元}),$$
$$(3600\times 0.01025-65)e^{-0.06\times 3}=-23.4712(\text{万元}).$$

与最终的本金交换等价的远期合约价值为

$$(120000\times 0.01025-1000)e^{-0.06\times 3}=192.1093(\text{万元}).$$

所以这笔互换的价值为

$$192.1093-29.1355-26.2058-23.4712=113.297(\text{万元}).$$

这个结果与例 4.8 是一致的.

4.4 Python 实验

例 4.10 本例将用 Python 编程求解例 4.6 中的问题, 给出互换的估值.

```
import math
def Bfix(k,B,t1,r1,t2,r2,t3,r3):
    Bfix=k*math.exp(-r1*t1)+k*math.exp(-r2*t2)+(k+B)*math.exp(-r3*t3)
    return Bfix
def Bfl(k1,B,t1,r1):
    Bfl =(k1+B)*math.exp(-r1*t1)
    return Bfl
B_fix=Bfix(120,10000,0.25,0.048,0.5,0.05,0.75,0.051)
B_fl=Bfl(120.723,10000,0.25,0.048)
V=B_fix-B_fl
print('%.3f' % V)
```

输出的结果: −24.175.

例 4.11 本例将用 Python 编程求解例 4.8 中的问题, 给出互换的估值.

```
import math
def BD(k,B,t1,r1,t2,r2,t3,r3):
```

```
    BD=k*math.exp(-r1*t1)+k*math.exp(-r2*t2)+(k+B)*math.exp(-r3*t3)
    return BD
def BF(k2,B2,t1,r1,t2,r2,t3,r3):
    BF =k2*math.exp(-r1*t1)+k2*math.exp(-r2*t2)+(k2+B2)*math.exp(-r3*t3)
    return BF
B_D=BD(65,1000,1,0.06,2,0.06,3,0.06)
B_F=BF(3600,120000,1,0.02,2,0.02,3,0.02)
V=B_F/110-B_D
print('%.3f' % V)
```

输出的结果: 113.297.

4.5 补充阅读

人民币国际化——货币互换协议

1. 国际货币体系现状

国际货币体系是支配各国货币关系的规则和机构, 也是国际交易支付的准则和惯例. 在布雷顿森林体系崩溃以后, 《牙买加协议》开始实施, 其核心特征有储备货币多元化、汇率制度多元化以及国际收支调节机制多样化. 虽然除了美元, 欧元、日元和英镑也是世界储备货币, 但由于美国强大的经济实力, 美元仍然是全球主要的储备货币. 这就形成所谓的"美元霸权", 具体表现在两个方面. 首先, 通过发行美元支付进口产品费用, 如果美元超发, 可以确保美国进口远远超过其出口. 其次, 美元的国际货币地位可以支撑美国国内的高消费水平. 美国可以通过其货币的国际信用, 发挥世界货币的功能, 在无须扩大出口的情况下支付大量进口费用; 这种过度扩张增加了对其他国家产品的消费, 使美国能够借助其国际信用为自己服务. 其他国家如果进口大于出口, 贸易收支就会产生赤字, 就必须在金融市场上借款弥补贸易收支赤字, 而美国只要通过发行美元就可以弥补收支赤字. 然而, 对于其他国家而言, 其本国货币的债务扩张只能动用本国资源, 但是美元作为国际货币, 其债务扩张可以利用全球资源来支持美国经济的发展. 由于其他国家对美元信用的过度依赖, 它们不得不向美国提供借款, 因而美国可以大肆扩张对外的债务, 进而导致财政赤字不断攀升. 更为甚者, 石油美元和亚洲美元等资金回流还高度依赖于美国财政赤字的扩大, 这是"美元霸权"的另一种具体体现. 因此, 很多国家对美元一家独大的国际货币体系进行改革的呼声越来越强, 随着中国经济增长、综合国力提升和改革开放的不断深入, 人民币国际化在有序推进. 2010 年, 中国成为世界第二大经济体, 进一步推动人民币国际化加速发展. 2016 年, 人民币加入国际货币基金组织特别提款权货币篮子, 人民币储备货币功能不断增强.

2. 人民币互换协议

货币互换协议的签订对于应对短期流动性问题具有积极意义, 从而有助于有效应对金融危机和维护金融稳定, 另外, 这些协议还能帮助各方规避汇率风险. 早在 1993 年, 中国人民银行就与周边多个国家和地区的中央银行签订了边境贸易本币结算协定. 随着人民币国际化进程的不断推进, 跨境贸易人民币结算业务发展迅速, 这对人民币在境外的流通和使用提出了更高的要求. 货币互换协议作为一种货币合作方式, 可以为协议国提供流动性支持, 为人民币在境外的流通和使用提供资金保障, 便利跨境贸易人民币结算业务, 从而推动中国与协议国的双边贸易发展.

另外, 中国与“一带一路”共建国家的人民币结算, 已经呈现出逐渐增多的态势. 截至 2022 年底, 我国已经与 22 个“一带一路”共建国家签署了货币互换协议. 跨境人民币结算直接促进了贸易投资的便利化. 虽然目前人民币还没有实现资本项目下的可自由兑换, 但在周边国家, 尤其是东南亚国家和地区, 人民币国际化的进程早已经开始, 远远超出预料. 虽然“一带一路”共建国家对基础设施建设有巨大需求, 但其融资来源有限, 由于美元无法为其提供可持续的资金支持, 因此人民币受到了广泛的欢迎. “一带一路”项目对人民币的国际化起到了重要的推动作用.

此外, 俄乌冲突背景下, 以美国为首的西方国家对俄罗斯的金融制裁, 让各国意识到过度依赖美元及其支持的金融秩序存在一定风险. 因此, 各国开始寻求更为稳定的国际货币, 人民币在国际金融市场上的受欢迎程度也因此显著提升.

3. 人民币国际化

随着中国经济的不断壮大, 人民币国际化成为一个历史性的必然趋势. 金融危机让全球更加意识到当前世界货币体系的不足, 促使人们呼吁改变美元独大的局面, 并加快人民币走向世界的步伐. 与世界其他国家签订人民币互换协议是提高人民币国际地位和推动其国际化的有效途径. 然而, 在中国资本项目尚未实现自由兑换的情况下, 人民币互换协议确实面临一些挑战, 需要不断地进行完善. 为了应对这些挑战, 中国需要进一步加强与其他国家的经济合作与交流, 不断完善人民币互换协议的相关机制, 推动协议的顺利实施, 以实现互利共赢的目标. 同时, 也需要保持审慎态度, 确保这一进程能够稳健、有序地进行.

习　题

1. 试分析利率互换和货币互换的异同.
2. 分别简述利率互换和货币互换的定价原理.
3. 从“比较优势理论”角度分析互换的“互惠互利”的“双赢”属性.

4. 解释为什么中国与其他国家签署的货币互换有利于人民币的国际化.

5. 以下说法是否正确?

(1) 在货币互换中, 本金通常没有交换.

(2) 在货币互换开始时, 本金的流动方向通常是和利息的流动方向相反的, 而在互换结束时, 两者的流动方向则是相同的.

(3) 在货币互换开始时, 本金的流动方向通常是和利息的流动方向相同的, 而在互换结束时, 两者的流动方向则是相反的.

6. 在 2021 年, 公司 A 和公司 B 可获得如下利率. 假设公司 A 想要以浮动利率借入人民币, 公司 B 希望以固定利率借入人民币. 请设计一个互换, 金融机构为中介, 要求 50 个基点收益, 并且互换对两家公司有同样的吸引力.

市场	人民币 (固定利率)	人民币 (浮动利率)
公司 A	5%	Shibor + 0.5%
公司 B	6.5%	Shibor + 1%

7. 在 2020 年, 公司 C 和公司 D 可获得如下利率. 假设公司 C 想要以浮动利率借入美元, 公司 D 希望以固定利率借入欧元. 请设计一个互换, 金融机构为中介, 要求 50 个基点收益, 并且互换对两家公司有同样的吸引力.

市场	欧元 (固定利率)	美元 (浮动利率)
公司 C	5%	LIBOR + 0.5%
公司 D	6.5%	LIBOR + 1%

8. 设金融机构在利率互换中支付固定利息收取浮动利息, 固定利率为 3%, 浮动利率参考 Shibor, 名义本金为 100 万元, 半年付息, 互换还有 1.25 年到期. 已知 3 个月、9 个月和 15 个月的 Shibor 互换利率 (贴现利率) 分别为 2.8%, 3.2%和 3.4% (连续复利). 上次利息支付日的 6 个月期 Shibor 为 2.9%, 此时对金融机构而言, 互换的价值是多少?

9. 设某金融机构进行了一份美元/人民币的货币互换交易, 互换合约约定, 该机构每年以人民币收取 5%的利息, 以美元支付 8%的利息 (每年计 1 次息), 货币的本金分别为 100 万美元和 630 万元人民币, 互换将持续三年, 即期汇率为 6.5 (CNY/USD), 假设美元和人民币的利率期限结构是平坦的, 分别为 4% 和 6% (连续复利), 对金融机构而言, 互换的价值是多少?

第 5 章　期权及其价格属性

本章介绍期权的相关概念和类型, 阐述期权价值的构成, 分析影响期权价格的因素, 讨论期权价格的上下限, 看涨、看跌期权价格的关系, 股息的影响, 以及美式期权提前执行的合理性问题.

5.1　期　　权

5.1.1　期权概述

定义 5.1　*期权全称期权合约, 是未来的一种选择权 (option), 它赋予购买者在约定的时间按约定的价格购买 (或出售) 一定数量和质量的标的资产的权利, 但不必承担必须购买 (或出售) 的义务.*

双方约定的时间称为到期日 (expiration date) 或期限 (maturity); 约定的价格称为执行/行权价格 (exercise price) 或敲定价格 (strike price). 期权的购买方也称为持有人 (holder) 或多头 (long position), 期权的卖出方称为承约方 (writer) 或空头 (short position). 标的资产包括股票、股票指数、商品、外汇、期货等等. 比如, 沪深 300 股指期权的标的资产是沪深 300 指数, 上证 50ETF 期权的标的资产是上证 50 交易型开放式指数证券投资基金 (简称 "上证 50ETF"), 豆粕期权的标的资产是豆粕期货合约. 例如, 执行价格为 3150 点的沪深 300 股指看涨期权合约, 赋予买方在合约到期日以 3150 点的价格买入沪深 300 股指的权利. 而该看涨期权合约的买方在合约到期日行使其权利, 以 3150 点的价格买入沪深 300 指数的行为称为行权.

5.1.2　期权的类型

一般而言, 根据期权交易的特征、行使期权时间等的不同, 可以对期权作如下基本分类.

1. *看涨期权和看跌期权*[①]

看涨期权 (call option): 赋予购买者在约定的时间按约定的价格购买一定数量和质量的标的资产的权利, 但不必承担必须购买的义务, 也称为 "买权".

---

① 我国的 ETF 期权通常用认购期权和认沽期权表述.

看跌期权 (put option): 赋予购买者在约定的时间按约定的价格出售一定数量和质量的标的资产的权利, 但不必承担必须出售的义务, 也称为"卖权".

2. 欧式期权、美式期权和亚式期权

欧式期权 (European option): 只能在到期日行权的期权.

美式期权 (American option): 可以在到期日之前的任何时刻行权的期权. 显然, 美式期权比欧式期权更灵活, 购买方有更多的行权时间选择.

亚式期权 (Asian options): 与欧式、美式期权不同的地方在于它使用某段时间的平均价格作为结算价或行权价, 具体可分为平均价格期权和平均执行价格期权. 其中, 平均价格期权是指, 结算价格采用观察期内的平均价、行权价格固定的期权, 也称固定行权价亚式期权; 平均执行价格期权是指, 结算价格采用即期现货价格、行权价格采用观察期内平均值的期权, 也称为平均行权价亚式期权. 另外, "平均" 的计算方式有算术平均和几何平均. 亚式期权具有典型的路径依赖特点, 属于"奇异期权" 的一种.

5.1.3 期权的头寸及收益

和远期或期货类似, 任何期权都有两个参与方: 多头和空头. 期权交易共有 4 种头寸形式:

(1) 看涨期权多头;

(2) 看涨期权空头;

(3) 看跌期权多头;

(4) 看跌期权空头.

根据欧式期权的定义, 容易确定在到期日, 欧式期权在以上头寸上的收益. 如果 K 是执行价格, S_T 是标的资产的期末价格, 则在到期日, 欧式看涨期权多头的收益为

$$(S_T - K)^+,$$

即

$$\max(S_T - K, 0).$$

相应地, 欧式看涨期权空头的收益为

$$-(S_T - K)^+.$$

同理, 欧式看跌期权多头的收益为

$$(K - S_T)^+,$$

欧式看跌期权空头的收益为

$$-(K-S_T)^+.$$

图 5.1 显示了收益曲线, 可以看出, 多头收益非负, 空头收益非正. 这是因为多头享有执行与否的权利, 在到期日多头不会有任何亏损, 然而空头完全是在承担合约的义务, 只要多头行权, 空头肯定亏损; 为了弥补合约对空头的不利, 在签订合约时, 多头要向空头支付一定的费用, 即权利金或期权金 (option premium).

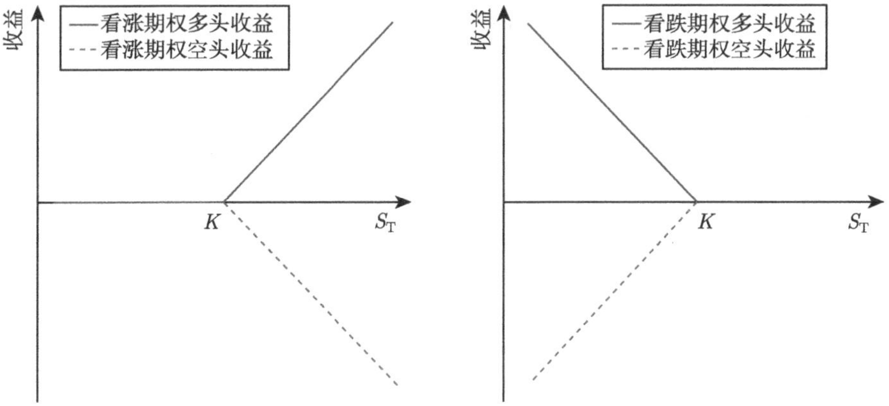

(a) 欧式看涨期权在到期日的收益　　(b) 欧式看跌期权在到期日的收益

图 5.1　欧式期权在到期日的收益

5.2 影响期权价格的因素

期权是比远期或期货更复杂的金融衍生品, 其价格受到多种因素的影响, 本节将从期权的价值出发, 介绍期权的价值状态和期权价值的构成, 然后讨论期权价格的影响因素, 再基于无套利原理, 讨论期权价格的上下限及看涨期权和看跌期权的价格关系.

5.2.1 期权的价值状态

按照期权执行价格和标的资产价格的相对大小不同, 期权可以分为实值、平值和虚值三种状态.

实值 (in-the-money, ITM) 期权: 执行价格低于标的资产当前价格的看涨期权, 或执行价格高于标的资产当前价格的看跌期权. 当看涨 (看跌) 期权的执行价远远低 (高) 于标的资产当前价格时, 该期权称为深度实值 (deep-in-the-money) 期权.

平值 (at-the-money, ATM) 期权: 执行价格等于标的资产当前价格的看涨期权或看跌期权, 也称平价期权.

虚值 (out-of-the-money, OTM) 期权: 执行价格高于标的资产当前价格的看涨期权, 或执行价格低于标的资产当前价格的看跌期权. 当看涨 (看跌) 期权的执行价远远高 (低) 于标的资产当前价格时, 该期权称为深度虚值 (deep-out-the-money) 期权.

例如, 假设当前沪深 300 指数为 3169 点, 对于执行价格为 3150 点的沪深 300 指数看涨期权, 即为实值期权; 显然, 此时对期权的买方是有利的, 因为假定目前买方可以行使权利, 相当于可以按 3150 点的价格买进, 如果立即按现在的市场价平仓, 则可以实现 $3169 - 3150 = 19$(点) 的盈利. 如果沪深 300 指数恰好为 3150 点, 则刚才的期权变为平值期权.

5.2.2 期权的内在价值和时间价值

期权的内在价值 (intrinsic value) 是指期权立即执行, 买方通过行权获得的收益.

期权的时间价值 (time value) 是指期权价格减去内在价值后的剩余部分.

实值期权的内在价值大于零, 平值和虚值期权的内在价值等于零. 实值期权内在价值的计算方法为

$$\text{实值看涨期权内在价值} = \text{标的资产当前价格} - \text{行权价格};$$
$$\text{实值看跌期权内在价值} = \text{行权价格} - \text{标的资产当前价格}.$$

例如, 假设当前沪深 300 指数为 3169 点, 对于执行价格为 3150 点的沪深 300 指数看涨期权, 其内在价值为 19 点 $(3169 - 3150 = 19)$, 如果该看涨期权的价格为 50 点, 则该合约的时间价值为 31 点 $(50 - 19 = 31)$.

5.2.3 期权价格的影响因素

1. 标的资产的市场价格与期权的协议价格

对于看涨期权而言, 标的资产的价格越高、协议价格越低, 看涨期权的价格就越高. 对于看跌期权而言, 标的资产的价格越低、协议价格越高, 看跌期权的价格就越高.

2. 期权的有效期

对于美式期权而言, 由于它可以在有效期内任何时间执行, 有效期越长, 多头获利机会就越大, 而且有效期长的期权包含了有效期短的期权的所有执行机会, 因此有效期越长, 期权价格越高. 对于欧式期权而言, 由于它只能在期末执行, 有效期长的期权就不一定包含有效期短的期权的所有执行机会. 这就使欧式期权的有效期与期权价格之间的关系显得较为复杂.

3. 标的资产价格的波动率

标的资产价格的波动率是用来衡量标的资产未来价格变动不确定性的指标. 由于期权多头的最大亏损额仅限于期权价格, 而最大盈利额则取决于执行期权时

标的资产市场价格与协议价格的差额, 因此波动率越大, 对期权多头越有利, 期权价格也应越高.

4. 无风险利率

利率增加时, 股票价格的预期增长率也倾向于增加; 然而, 期权持有者收到的未来现金流的现值将减少; 这两种影响都将减少看跌期权的价值. 对于看涨期权来说, 前者将增加看涨期权的价格, 而后者将倾向于减少看涨期权的价格. 需要强调的是, 当利率上升时, 股票价格往往会下降; 因而从整体上看, 利率上升, 股价下跌, 导致看涨期权价格下跌, 看跌期权价格上升; 从期权金机会成本角度分析: 利率上升, 期权金的机会成本上升, 投资者把资金撤离期权市场.

5. 标的资产的收益 (红利、股息等)

由于标的资产分红付息等将减少标的资产的价格, 而协议价格并未进行相应调整, 因此在期权有效期内, 标的资产产生收益将使看涨期权价格下降, 而使看跌期权价格上升.

5.3 期权价格的上下限

5.3.1 相关符号

本章将要采用的符号如下.

T : 期权到期的时间 (以年计).

t : 任意时刻.

S_t : t 时刻标的资产 (比如: 股票) 的价格 (有时简写成 S).

K : 合约的执行价格 (有时也用 X 表示).

c_t (C_t) : t 时刻购买一份股票的欧式 (美式) 看涨期权的价格.

p_t (P_t) : t 时刻购买一份股票的欧式 (美式) 看跌期权的价格.

r : 以连续复利计息的无风险借/贷利率 (适用于任意期限).

σ : 股票价格的波动率.

5.3.2 不考虑股息的期权价格的上下限

期权价格边界的确定最早是由 Merton 在 1973 年完成的, 他运用随机占优 (stochastic dominance) 的概念, 提出了关于期权价格的基本理性条件.

其基本思想是: 假设有两个投资组合 A 和 B, 在给定的期限内, 在任何情况下, A 的投资收益都不低于 B 的投资收益, 则称组合 A 随机优于组合 B. 那么理性的投资者必然选择组合 A, 因此组合 A 的价格一定不低于组合 B 的价格.

由此, Merton 得出期权价格非负的结论, 即任意时刻 $0 \leqslant t \leqslant T$,

$$c_t \geqslant 0, \quad C_t \geqslant 0; \quad p_t \geqslant 0, \quad P_t \geqslant 0.$$

1. 期权价格的上限

命题 5.1　任意时刻 $0 \leqslant t \leqslant T$, 对于欧式和美式看涨期权来说, 标的资产价格就是看涨期权价格的上限:

$$c_t \leqslant S_t, \quad C_t \leqslant S_t.$$

如果上述不等式不成立, 则套利者可以卖出期权同时购买股票, 至少赚取价格差额 $c_t - S_t$ 或 $C_t - S_t$ 的无风险收益.

命题 5.2　任意时刻 $0 \leqslant t \leqslant T$, 欧式和美式看跌期权价格的上限分别为

$$p_t \leqslant K\mathrm{e}^{-r(T-t)}, \quad P_t \leqslant K.$$

如果上述不等式不成立, 则套利者可以卖出期权, 同时将所得收入以无风险利率进行投资, 至少赚取 $p_t - K\mathrm{e}^{-r(T-t)}$ 或 $P_t - K$ 的无风险收益.

2. 期权价格的下限

1) 欧式期权价格的下限

命题 5.3　任意时刻 $0 \leqslant t \leqslant T$, 欧式看涨期权价格的下限为

$$c_t \geqslant \max(S_t - K\mathrm{e}^{-r(T-t)}, 0).$$

证明　构建如下两个投资组合:

组合 A1: 一份看涨期权多头加上价值为 $K\mathrm{e}^{-r(T-t)}$ 的债券多头.

组合 B1: 一份股票多头.

到 T 时刻, 组合 A1 的价值为 $\max(S_T, K)$, 而组合 B1 的价值为 S_T, 前者不小于后者, 为了使得组合无套利, 任意时刻 $0 \leqslant t \leqslant T$,

$$c_t + K\mathrm{e}^{-r(T-t)} \geqslant S_t,$$

再利用期权价格的非负性, 结论得证.

例 5.1　假设 $S_t = 20$, $K = 18$, $r = 0.1, T - t = 1$, 则

$$S_t - K\mathrm{e}^{-r(T-t)} = 3.71,$$

如果市场中的欧式看涨期权的价格是 3 元, 则可以通过购买看涨期权同时卖空股票实现套利, 具体套利策略如表 5.1 所示, 存在套利!

表 5.1　套利策略

套利头寸	t 时刻现金流	T 时刻现金流	
		$S_T \geqslant 18$	$S_T < 18$
买入一份看涨期权	-3	$-18 + S_T$	0
卖出一份股票	$+20$	$-S_T$	$-S_T$
买入价值为 17 元的债券	-17	$17\mathrm{e}^{0.1} = 18.79$	18.79
净现金流	0	$+0.79 > 0$	> 0.79

命题 5.4 任意时刻 $0 \leqslant t \leqslant T$, 欧式看跌期权价格的下限为

$$p_t \geqslant \max(Ke^{-r(T-t)} - S_t, 0).$$

证明 构建如下两个投资组合:

组合 A2: 一份看跌期权多头加上一份股票多头.

组合 B2: 价值为 $Ke^{-r(T-t)}$ 的债券多头.

到 T 时刻, 组合 A2 的价值为 $\max(S_T, K)$, 而组合 B2 的价值为 K, 前者不小于后者, 为了使组合无套利, 任意时刻 $0 \leqslant t \leqslant T$,

$$p_t + S_t \geqslant Ke^{-r(T-t)},$$

再利用期权价格的非负性, 结论得证.

例 5.2 假设 $S_t = 37$, $K = 40$, $r = 0.05, T - t = 0.5$, 则

$$Ke^{-r(T-t)} - S_t = 2.01,$$

如果市场中的欧式看跌期权的价格是 1 元, 则可以通过购买看跌期权同时购买股票实现套利, 具体套利策略如表 5.2 所示, 存在套利!

表 5.2 套利策略

套利头寸	t 时刻现金流	T 时刻现金流	
		$S_T \leqslant 40$	$S_T > 40$
买入一份看跌期权	-1	$+40 - S_T$	0
买入一份股票	-37	$+S_T$	$+S_T$
卖出价值为 38 元的债券	$+38$	$-38e^{0.025} = -38.96$	-38.96
净现金流	0	$+1.04>0$	>1.04

2) 美式期权价格的下限 (提前执行美式期权的合理性)

(1) 看涨期权.

思考以下问题: 考虑期限为一个月的不付红利股票的美式看涨期权, 执行价格是 40 元, 现在的股票价格是 60 元, 是否应该立即执行?

我们分两种情况讨论:

(i) 投资者计划在行使期权后将股票持有一个月以上, 是否应该立即执行?

答案是否定的. 更好的方案是持有期权并在到期日执行期权, 这样做可以使 40 元的执行价格比立即执行晚付出一个月.

(ii) 投资者认为股票价格被高估了, 是否应该执行期权然后将股票卖掉?

答案也是否定的. 更好的方案是卖掉期权, 而不是执行期权!

下面分析一般性结果.

由于任意时刻 $0 \leqslant t \leqslant T$, 欧式看涨期权价格的下限为

$$c_t \geqslant \max(S_t - K\mathrm{e}^{-r(T-t)}, 0),$$

从而

$$c_t \geqslant S_t - K\mathrm{e}^{-r(T-t)},$$

又由于

$$C_t \geqslant c_t,$$

所以

$$C_t \geqslant S_t - K\mathrm{e}^{-r(T-t)} > S_t - K,$$

可以看出直接卖掉看涨期权比行权的收益更大!

所以我们可以得出结论: 提前执行不付红利股票的美式看涨期权是不明智的. 因此, 同一种不付红利股票的美式看涨期权和欧式看涨期权的价值是相同的, 即 $C = c$. 根据前面的结论, 我们可以得到不付红利股票美式看涨期权价格的下限:

$$C_t \geqslant \max(S_t - K\mathrm{e}^{-r(T-t)}, 0).$$

一般来讲, 美式看涨期权不应该被提前执行的原因: 一是与同期权所提供的保险有关; 二是与货币的时间价值有关.

综合以上分析, 欧式和美式看涨期权价格的上下限如图 5.2 所示.

(2) 看跌期权.

我们将分析提前执行不付红利股票的美式看跌期权有可能是最优的.

考虑一个极端情况: 假设执行价格为 10 元, 而股票价格跌到几乎为 0.

通过立即执行, 投资者可以获取近 10 元的收益. 如果投资者等到期权到期日执行, 收益也不可能超过 10 元, 而且现在收到 10 元比将来收到 10 元更好. 所以期权立即执行是最佳选择!

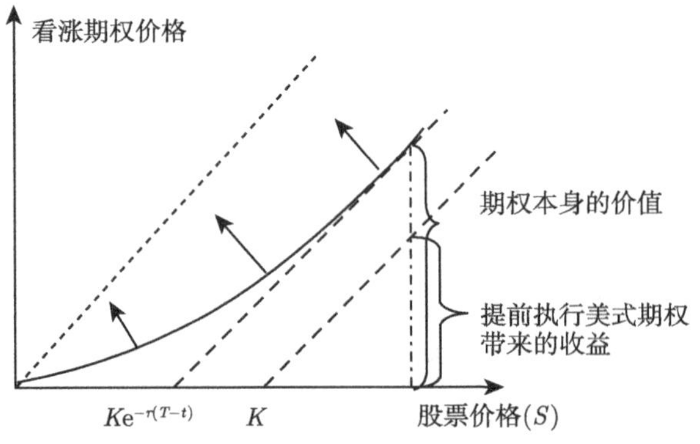

图 5.2　看涨期权价格上下限

任意时刻 $0 \leqslant t \leqslant T$, 相对于欧式看跌期权价格的下限

$$p_t \geqslant \max(K\mathrm{e}^{-r(T-t)} - S_t, 0),$$

美式看跌期权的下限为

$$P_t \geqslant \max(K - S_t, 0).$$

综合以上分析, 欧式和美式看跌期权价格的上下限如图 5.3 所示.

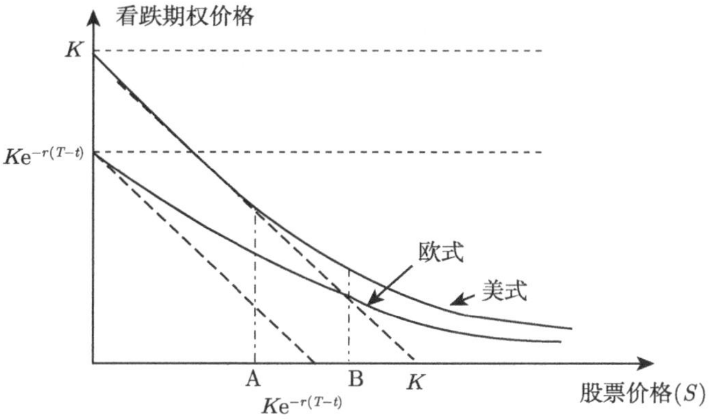

图 5.3 看跌期权价格上下限

5.4 看跌-看涨平价关系

尽管目前无法确定看涨、看跌期权的准确价格, 但在无套利的前提下, 我们能够确定欧式看涨和欧式看跌期权之间满足一个恒等关系, 这即是欧式看跌-看涨期权平价关系. 同时, 我们可以确定美式看涨期权和美式看跌期权的价格之间满足一个不等式关系. 我们考虑标的资产相同, 并且具有同样执行价格与期限的看涨和看跌期权.

5.4.1 欧式期权看跌-看涨平价关系

构建如下两个投资组合:

组合 A1: 一份看涨期权多头加上价值为 $K\mathrm{e}^{-r(T-t)}$ 的债券多头.

组合 A2: 一份有效期和执行价格与看涨期权相同的欧式看跌期权多头加上一份股票多头.

在期权到期时, 两个组合的价值均为 $\max(S_T, K)$. 由于欧式期权不能提前执行, 因此两个组合在任意 t 时刻的价值相等, 即

$$c_t + K\mathrm{e}^{-r(T-t)} = p_t + S_t. \tag{5.4.1}$$

公式 (5.4.1) 即是无股息股票上欧式期权的看跌-看涨平价 (put-call parity) 关系. 这一关系刻画了任意时刻看涨期权、看跌期权和股票价格之间的确定关系, 这一关系不依赖于具体的数学模型. 如果这一关系不成立, 则存在套利机会.

例 5.3 假设 $S_t=31$, $K=30$, $r=0.1, T-t=0.25$, 如果市场中 3 个月期的欧式看涨期权的价格为 3 元, 看跌期权的价格为 2.25 元, 这时

$$c_t+K\mathrm{e}^{-r(T-t)}=32.26,$$

$$p_t+S_t=33.25,$$

相对于组合 A1 来说, 组合 A2 被高估了, 套利者可以买入看涨期权, 卖空看跌期权和股票实现无风险套利. 具体套利策略如表 5.3 所示, 存在套利!

表 5.3 套利策略

套利头寸	t 时刻现金流	T 时刻现金流	
		$S_T\leqslant 30$	$S_T>30$
买入一份看涨期权	-3		S_T-30
卖出一份看跌期权	$+2.25$	S_T-30	
卖出一份股票	$+31$	$-S_T$	$-S_T$
多余的钱购买债券	-30.25	$+31.02$	$+31.02$
净现金流	0	$1.02>0$	$1.02>0$

如果市场中的 3 个月期的欧式看涨期权的价格为 3 元, 看跌期权的价格为 1 元. 这时

$$c_t+K\mathrm{e}^{-r(T-t)}=32.26,$$

$$p_t+S_t=32,$$

相对于组合 A1 来说, 组合 A2 被低估了, 套利者可以卖空看涨期权, 买入看跌期权和股票实现无风险套利. 具体套利策略如表 5.4 所示, 存在套利!

表 5.4 套利策略

套利头寸	t 时现金流	T 时现金流	
		$S_T\leqslant 30$	$S_T>30$
卖出一份看涨期权	$+3$		$30-S_T$
买入一份看跌期权	-1	$30-S_T$	
买入一份股票	-31	$+S_T$	$+S_T$
卖出债券	$+29$	-29.73	-29.73
净现金流	0	$0.27>0$	$0.27>0$

对式 (5.4.1) 等价变形, 可得

$$c_t-p_t=S_t-K\mathrm{e}^{-r(T-t)},$$

进一步观察上式, 再结合远期与期货定价中的公式 (3.2.2) 和 (3.2.3) (假定远期或期货合约的到期时间、标的资产等与期权一样), 可以发现

$$c_t - p_t = f_t,$$

或

$$c_t - p_t = (F_t - K)\mathrm{e}^{-r(T-t)},$$

从而

$$F_t = (c_t - p_t)\mathrm{e}^{r(T-t)} + K.$$

以上关系式刻画了 t 时刻远期/期货与期权之间的价格关系, 可以看成远期/期货与期权的平价关系, 这意味着一份远期合约多头与由具有相同到期日和执行价格的欧式看涨期权多头和看跌期权空头组成的投资组合是等价的. 因此, 远期合约的头寸可以根据看跌-看涨平价关系, 通过调整期权的头寸进行调整. 在实际应用中, 可以通过观察标的、执行价格与期限相同的不同衍生品的价格发现市场的套利机会.

类似地, 我们可以对式 (5.4.1) 进行以下等价变形:

$$S_t = c_t - p_t + K\mathrm{e}^{-r(T-t)},$$

$$K\mathrm{e}^{-r(T-t)} = S_t + p_t - c_t,$$

$$c_t = p_t + S_t - K\mathrm{e}^{-r(T-t)},$$

$$p_t = c_t + K\mathrm{e}^{-r(T-t)} - S_t.$$

上述式子分别刻画了 t 时刻标的资产的价格, 到期日为 T 且面值为 K 的债券价格, 以及到期日为 T 且执行价格为 K 的欧式看涨、看跌期权的价格.

5.4.2 美式期权看跌-看涨平价关系

由于 $P_t \geqslant p_t$, 从前面的式子可得

$$P_t \geqslant c_t + K\mathrm{e}^{-r(T-t)} - S_t,$$

对于不付红利股票的看涨期权来说, 由于 $c_t = C_t$, 因此,

$$P_t \geqslant C_t + K\mathrm{e}^{-r(T-t)} - S_t,$$

即

$$C_t - P_t \leqslant S_t - K\mathrm{e}^{-r(T-t)}.$$

再考虑以下两个组合:

组合 A: 一份欧式看涨期权多头加上价值为 K 的债券多头.

组合 B: 一份有效期和执行价格与看涨期权相同的美式看跌期权多头加上一份股票多头.

如果美式期权没有提前执行, 则在 T 时刻组合 B 的价值为 $\max(S_T, K)$, 而此时组合 A 的价值为 $\max(S_T, K) + Ke^{r(T-t)} - K$, 因此组合 A 的价值大于组合 B. 如果美式期权提前执行, 假设在时刻 τ 执行, 则此时, 组合 B 的价值为 K, 组合 A 的价值大于等于 $Ke^{r(\tau-t)}$. 因此组合 A 的价值也不小于组合 B 的价值. 所以,

$$c_t + K \geqslant P_t + S_t,$$

又由于

$$c_t = C_t,$$

我们有

$$C_t + K \geqslant P_t + S_t,$$

即

$$C_t - P_t \geqslant S_t - K.$$

结合前面的式子, 可得

$$S_t - K \leqslant C_t - P_t \leqslant S_t - Ke^{-r(T-t)}, \tag{5.4.2}$$

这就是美式看涨期权和看跌期权的平价关系.

5.5 股息对期权价格的影响

前几节关于期权价格的上下限的结论都是建立在股票不付息、不分红的前提下得到的. 本节考虑股息对期权价格的影响. 用 I 表示期权有效期内股息的现值 (假定股息在除息日支付).

5.5.1 考虑股息的看涨和看跌期权价格下限

将组合 A1 和组合 B1 以及组合 A2 和组合 B2 分别重新定义如下:

组合 A1: 一份欧式看涨期权多头加上价值为 $I+Ke^{-r(T-t)}$ 的债券多头.

组合 B1: 一份股票多头.

组合 A2: 一份欧式看跌期权多头加上一份股票多头.

组合 B2: 价值为 $I + Ke^{-r(T-t)}$ 的债券多头.

可以分别得到以下结论.

命题 5.5 任意时刻 $0 \leqslant t \leqslant T$, 股息现值为 I 的欧式看涨、看跌期权价格的下限分别为

$$c_t \geqslant \max(S_t - I - K\mathrm{e}^{-r(T-t)}, 0),$$

$$p_t \geqslant \max(I + K\mathrm{e}^{-r(T-t)} - S_t, 0).$$

对于有收益资产美式看涨期权, 由于提前执行可以较早获得标的资产, 从而可以获得标的资产的现金收益, 因此在一定条件下, 提前执行有可能是最佳的, 这一点有别于无收益资产美式看涨期权, 见 5.3.2 节的讨论. 由于存在提前执行的可能性, 所以有收益资产美式看涨期权的价格不小于有收益资产欧式看涨期权的价格, 即

$$C_t \geqslant c_t \geqslant \max(S_t - I - K\mathrm{e}^{-r(T-t)}, 0).$$

对于有收益资产美式看跌期权, 由于提前执行 (在分红、付息前) 意味着放弃标的资产的现金收益, 因此美式看跌期权提前执行 (在分红、付息前) 的可能性变小, 但不能排除这种可能性, 所以有收益美式看跌期权的价值不小于有收益资产欧式看跌期权的价值, 同时由于它可能立即执行, 因此类似于无收益资产美式看跌期权立即执行的情形, 有收益美式看跌期权的价值不小于无收益资产美式看跌期权价格的下限, 即

$$P_t \geqslant \max(I + K\mathrm{e}^{-r(T-t)} - S_t, K - S_t, 0).$$

以下命题总结了以上结果.

命题 5.6 任意时刻 $0 \leqslant t \leqslant T$, 股息现值为 I 的美式看涨、看跌期权价格的下限分别为

$$C_t \geqslant \max(S_t - I - K\mathrm{e}^{-r(T-t)}, 0),$$

$$P_t \geqslant \max(I + K\mathrm{e}^{-r(T-t)} - S_t, K - S_t, 0).$$

5.5.2 考虑股息的看跌-看涨平价关系

如果欧式期权的标的资产有收益, 则将组合 A1 重新定义如下.

组合 A1: 一份欧式看涨期权多头加上价值为 $I + K\mathrm{e}^{-r(T-t)}$ 的债券多头; 结合组合 A2, 容易得出

$$c_t + I + K\mathrm{e}^{-r(T-t)} = p_t + S_t.$$

如果美式期权的标的资产有收益, 则将组合 A 重新定义如下.

组合 A: 一份美式看涨期权多头加上价值为 $I + K$ 的债券多头; 结合组合 B, 容易得出

$$C_t - P_t \geqslant S_t - I - K.$$

由于股息的存在会减少看涨期权的价值, 增加看跌期权的价值, 所以以下无收益美式期权价格的不等关系

$$C_t - P_t \leqslant S_t - Ke^{-r(T-t)}$$

依然成立. 综上我们有以下命题.

命题 5.7　任意时刻 $0 \leqslant t \leqslant T$, 股息现值为 I 的欧式和美式看跌-看涨平价关系分别为

$$c_t + I + Ke^{-r(T-t)} = p_t + S_t, \tag{5.5.1}$$

$$S_t - I - K \leqslant C_t - P_t \leqslant S_t - Ke^{-r(T-t)}. \tag{5.5.2}$$

例 5.4　假设 $S_t = 35, K = 30, r = 0.06, T - t = 2/3$, 股票在 2 个月和 6 个月后分别发放 1.0 元和 0.8 元的股息, 所有期限的利率一样, 则

$$I = 1.0e^{-0.06\times 2/12} + 0.8e^{-0.06\times 6/12} = 1.77,$$

$$S_t - I - Ke^{-r(T-t)} = 4.4,$$

这意味着理论上, $c_t - p_t = 4.4$. 如果市场中的欧式看涨、看跌期权的价格差不等于 4.4 元, 则存在套利. 比如, 市场中两者的价格差是 3 元, 则我们可以构造如表 5.5 显示的套利策略, 存在套利!

表 5.5　套利策略

套利头寸	t 时刻现金流	T 时刻现金流	
		$S_T \leqslant 30$	$S_T > 30$
买入看涨期权, 同时卖出看跌期权	-3	$S_T - 30$	$S_T - 30$
卖出股票	$+35$	$-S_T - Ie^{r(T-t)}$	$-S_T - Ie^{r(T-t)}$
买入债券	-32	$32e^{r(T-t)}$	$32e^{r(T-t)}$
净现金流	0	1.46>0	1.46>0

5.6 Python 实验

例 5.5　无股息股票上的欧式看涨期权的期限为 4 个月, 执行价格为 20 元, 股票当前价格为 26 元, 无风险利率为每年 8%. 利用 Python 编程计算期权价格的下限.

```
import numpy as np
def European_call_min(S,K,r,T):
    ft = max(S-K*np.exp(-r*T),0)
    return ft
ft = European_call_min(26,20,0.08,1/3)
print('欧式看涨期权的价格下限为',round(ft,2))
```

输出的结果: 欧式看涨期权的价格下限为 6.53.

例 5.6 无股息股票上的欧式看跌期权的期限为 4 个月, 执行价格为 28 元, 股票当前价格为 26 元, 无风险利率为每年 8%, 利用 Python 编程计算期权价格的下限.

```
import numpy as np
def European_put_min(S,K,r,T):
    ft = max(K*np.exp(-r*T)-S,0)
    return ft
ft = European_put_min(26,28,0.08,1/3)
print('欧式看跌期权的价格下限为',round(ft,2))
```

输出的结果: 欧式看跌期权的价格下限为 1.26.

例 5.7 利用 Python 编程, 通过看跌-看涨平价公式计算以下期权价格.

(1) 无股息股票上的欧式期权的期限为 4 个月, 执行价格为 31 元, 股票当前价格为 35 元, 无风险利率为每年 3%, 已知看跌期权价格为 1.15 元, 求相应的看涨期权的价格.

(2) 无股息股票上的欧式期权的期限为 4 个月, 执行价格为 30 元, 股票当前价格为 30 元, 无风险利率为每年 3%, 已知看涨期权价格为 3 元, 求相应的看跌期权的价格.

```
import numpy as np
def call_parity(p,S,K,r,T):
    return p+S-K*np.exp(-r*T)

def put_parity(c,S,K,r,T):
    return c+K*np.exp(-r*T)-S

call=call_parity(p=1.15,S=35,K=31,r=0.03,T=0.25)
put=put_parity(c=3,S=30,K=30,r=0.03,T=0.25)
print('欧式看涨期权价格为',round(call,2))
print('欧式看跌期权价格为',round(put,2))
```

输出的结果: 欧式看涨期权价格为 7.38; 欧式看跌期权价格为 2.78.

5.7 补充阅读

1. 看跌-看涨平价关系与风险管理

现代金融机构持有的金融产品头寸通常较为复杂, 当需要对部分产品的头寸进行套期保值时, 可以考虑通过关联产品对需要管理的头寸进行调整. 例如, 某机构需要对其原有的远期合约空头头寸进行对冲, 由于远期合约缺乏流动性, 该机构可以考虑采取以下策略: 买入相应的欧式看涨期权, 同时卖出相应的欧式看跌期权. 这样间接调整远期合约的头寸, 实现对冲远期合约空头风险的目的. 如果该机构本来就持有欧式看涨期权头寸, 那么只需卖出欧式看跌期权即可. 另外, 在评估公司整体风险时, 可以利用看跌-看涨平价关系在整体投资组合层面上进行风险评估.

看跌-看涨平价关系不仅可以用于市场风险的管理, 还可以用于信用风险的管理. 例如, 假设某贷款机构发放了一笔有信用风险的贷款. 这笔贷款可能面临借款人违约的风险, 进而导致机构面临资金损失. 为了管理这种信用风险, 机构可以考虑使用看跌期权. 机构可以选择购买与这笔贷款相关的看跌期权, 一旦购买了这种期权, 机构就可以获得一种保护机制, 以防止贷款违约的发生. 如果借款人违约, 看跌期权可以赋予机构赚取收益的权利, 从而部分或完全抵消违约造成的损失, 从而将原本具有信用风险的公司贷款转变为无风险贷款.

2. 外汇期权案例[①]

1) 外汇看涨期权

某企业需要在一个月后用美元支付进口货款. 为规避美元升值风险, 该客户向中国工商银行 (以下简称工行) 购买一个人民币对美元、期限为一个月、本金为 100 万美元的美元看涨期权. 假设约定的汇率为 6.6 (CNY/USD), 那么该公司则有权在将来期权到期时, 以 6.6 元人民币兑换 1 美元向工行购买约定数额的美元. 如果在期权到期时, 市场即期汇率为 6.5, 该公司可不执行期权, 因为此时按市场上即期汇率购买美元更为有利. 相反, 如果在期权到期时, 即期汇率为 6.7, 那么该公司则可决定行使期权, 要求工行以 6.6 元人民币对 1 美元的汇率将美元卖给他们, 这样, 客户每 1 美元可少支出 0.1 元人民币, 降低了购汇成本.

2) 外汇看跌期权

某企业将在一个月后收到一笔美元出口货款. 为规避美元贬值风险, 该客户向工行购买一个人民币对美元、期限为一个月、本金为 100 万美元的美元看跌期权. 假设约定的汇率为 6.6 (CNY/USD), 那么该公司则有权在将来期权到期时, 以 6.6 元人民币兑换 1 美元向工行出售约定数额的美元. 如果在期权到期时, 市场即期汇率为 6.75, 该公司可不执行期权, 因为此时按市场上即期汇率出售美元更为有利. 相反, 如果在期权到期时, 即期汇率为 6.5, 那么该公司则可决定行使期权, 要求工行以 6.6 的汇率买入 100 万美元, 这样, 客户每 1 美元可多获得 0.1 元人民币, 获得更高收益.

3) 卖出外汇看涨期权

某企业将在一个月后收到一笔美元出口货款, 为规避美元贬值风险, 该客户向工行卖出一个人民币对美元、期限为一个月、本金为 100 万美元的美元看涨期

① http://www.icbc.com.cn/ICBC/金融市场专区/产品服务/公司与机构产品/代客风险管理类/人民币外汇期权/.

权, 并收到一笔期权费. 假设约定的汇率为 6.6 (CNY/USD), 如果在期权到期时, 市场即期汇率为 6.5, 银行可以放弃行权, 客户按 6.5 结汇, 客户期初收到的期权费可以用来改善结汇价格; 相反, 如果在期权到期时, 即期汇率为 6.7, 银行可以选择行权, 客户按照约定的汇率 6.6 结汇.

4) 卖出外汇看跌期权

某企业需要在一个月后用美元支付进口货款, 为规避美元升值风险, 该客户向工行卖出一个人民币对美元、期限为一个月、本金为 100 万美元的美元看跌期权, 并收到一笔期权费. 假设约定的汇率为 6.6 (CNY/USD), 如果在期权到期时, 市场即期汇率为 6.5, 银行可以选择行权, 客户按 6.6 购汇. 相反, 如果在期权到期时, 即期汇率为 6.7, 银行可以放弃行权, 客户按照即期价格购汇, 客户期初收到的期权费可以用来改善购汇价格.

习　题

1. 简述期权合约与期货合约的区别.

2. 列举几个在国外上市交易的期权产品.

3. 列举国内上市交易的期权产品.

4. 列举几个场外期权产品.

5. 列举影响期权价格的几个因素.

6. 上证 50ETF 的市场价格为 3.1053 元, 认购 (看涨) 期权合约的行权价为 3.1000 元, 期权金为 0.0376 元, 则内在价值和时间价值分别是多少?

7. 假设沪深 300 指数目前为 4100 点, 判断以下情形下, 相应的沪深 300 指数看涨期权是实值、平值还是虚值期权, 同时计算期权的时间价值.

(1) 行权价格为 4000 点, 期权金为 220 点;

(2) 行权价格为 4300 点, 期权金为 30 点;

(3) 行权价格为 4100 点, 期权金为 60 点.

8. 不支付红利股票的看涨期权的期限为 4 个月, 执行价格为 20 元, 股票的当前价格为 26 元, 如风险利率为每年 4%, 则期权价格的上下限分别是多少?

9. 上题中, 如果是看跌期权, 其他条件不变, 则期权价格的上下限分别是多少?

10. 某股票看跌期权的有效期为 4 个月, 执行价格为 65 元, 标的股票的现价为 60 元, 股票在近半年内不付红利, 无风险年利率为 6%. 如果该看跌期权的市场价格为 2 元, 请问是否有套利机会? 如果有, 应该如何进行套利?

11. 不付红利股票现价为 31 元, 无风险年利率为 10%, 一个基于该股票、执行价格都为 30 元的欧式看涨期权价格和欧式看跌期权价格的价格差为 0.75 元, 都将于 3 个月后到期, 是否存在套利机会? 如果有, 应该如何进行套利?

12. 不付红利股票现价为 50 元, 无风险年利率为 3%, 一个基于该股票、执行价格都为 40 元的欧式看涨期权价格比欧式看跌期权价格高 7 元, 都将于 6 个月后到期. 是否存在套利机会? 如果有, 应该如何进行套利?

13. 股票现价为 36 元, 1 个月和 4 个月后分别派发每股 1.2 元和 1 元的股利, 无风险年利率为 3%, 一个基于该股票、执行价格为 30 元、6 个月后到期的欧式看涨期权的价格为 3 元, 是否存在套利机会? 如果有, 应该如何进行套利?

14. 投资者以 7 元的价格买入一份看跌期权, 期权的执行价格是 100 元, 则他在到期时的盈亏平衡点是多少 (使得净利润为 0 的标的资产价格, 假设无风险利率为 0)?

15. 请解释 "提前执行美式看跌期权是在货币的时间价值与看跌期权的保险价值之间的权衡".

第 6 章　期权定价-离散模型

1973 年, 布莱克 (Black) 和斯科尔斯 (Scholes) 发表了 “The Pricing of Options and Corporate Liabilities” (《期权定价和公司债务》) 一文[4], 在这篇文章中, 他们建立了期权定价模型, 即著名的 Black-Scholes 模型, 并由默顿 (Merton) 进一步完善, 所以该模型又称 Black-Scholes-Merton 模型, 这是一个连续时间的金融数学模型, 下一章将重点介绍这一模型.

1979 年, 考克斯 (Cox)、罗斯 (Ross) 和鲁宾斯坦 (Rubinstein) 发表了 “Option Pricing: A Simplified Approach” (《期权定价: 一种被简化的模型》) 一文 [6], 提出了一种对离散时间的期权定价方法, 称为 Cox-Ross-Rubinstein 二叉树模型, 简称二叉树模型或二项式模型 (binomial model), 伦德尔曼 (Rendleman) 和巴特 (Bartter) 于 1979 年进一步推广了这一模型, 阐述并证明了离散的二叉树模型和连续的 Black-Scholes 模型之间的内在联系, 以及它在处理美式期权和奇异期权定价方面的独特优势, 从而被广泛应用.

本章将系统介绍这一离散模型的方法和原理, 并引申出衍生品定价领域非常重要的风险中性定价原理.

6.1　单步二叉树模型

6.1.1　问题提出

在这一节, 我们将建立一个简单的单期 (单步) 二叉树模型, 介绍衍生品定价的基本原理和定价公式.

首先介绍一下单期二叉树模型, 模型中存在两个时刻, 即 0 时刻和 1 时刻. 0 时刻代表当前时刻, 1 时刻代表未来时刻 (时间间隔记为 Δt). 市场上存在股票和无风险债券.

在 0 时刻, 股票的价格为 S_0, 在中间过程中, 股票价格可能上升到 uS_0, 也可能下降到 dS_0, 其中 u 代表上涨 (up) 的幅度, d 代表下降 (down) 的幅度. 股价上升和下降的概率分别是 p 和 $1-p$. 为了保证股价为正, 需要假定 $d>0$, 为了保证市场在股票和债券中不存在套利机会, 需要假设 $d<\mathrm{e}^{r\Delta t}<u$, 综合起来就是 $0<d<\mathrm{e}^{r\Delta t}<u$[27]. 债券的无风险利率为 r (连续复利). 在这个市场上还存在一种衍生品, 衍生品在 1 时刻 up 状态价格为 f_u, 在 1 时刻的 down 状态价格为 f_d,

我们的目标是求得衍生品在 0 时刻的价格 f_0, 表 6.1 显示了 1 时刻的股票、债券和衍生品的价格, 0 时刻和 1 时刻的股票和衍生品价格可由二叉树图 6.1 呈现.

表 6.1　1 时刻股票、债券与衍生品价格的变化

股票	债券	衍生品
uS_0	$e^{r\Delta t}$	f_u
dS_0	$e^{r\Delta t}$	f_d

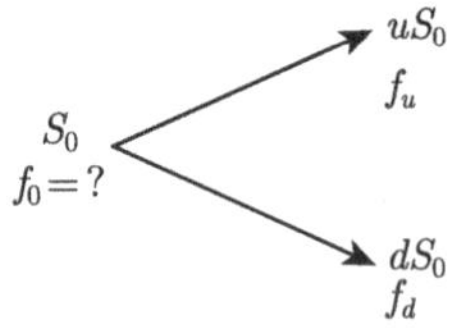

图 6.1　单步二叉树中的股票价格与衍生品价格

注　(1) 此处不用 S_0 加上一个变化因子比如 S_0+d 表示股价上涨或下跌后的价格, 首先是因为, 在加法因子中, 想要表示股价下跌, 就需要假设 $d<0$, 这样的话, 股价有可能变成负数, 不符合实际. 在乘法变化因子中, 只要假设 $d>0$, 股价的变化就是正数. 其次在现实生活中, 股价高的股票, 波动幅度更大, 这种波动幅度随着价格上升而上升的性质, 只能用乘法变化因子来表现.

(2) 如果衍生品是执行价格为 K、1 时刻到期的欧式看涨期权, 那么

$$f_u = \max(uS_0 - K, 0),$$
$$f_d = \max(dS_0 - K, 0).$$

图 6.1 即是所谓的 "二叉树", 下面通过一个简化的例子来说明如何利用二叉树对期权定价.

例 6.1　假设一种股票当前价格为 20 元, 3 个月后的价格将可能为 22 元或 18 元. 假设股票 3 个月内不付红利, 有效期为 3 个月的欧式看涨期权执行价格为 21 元. 如何对该期权进行估值? (假设无风险利率为 6%.)

为了方便解决此问题, 首先需要做一些理想化的假设:

(1) 无交易费用并且股票在合约有效期内不产生红利或股息;

(2) 投资者能够以相同的无风险利率 r 借入和贷出资金或市场中存在收益率为 r 的无风险债券 (连续复利);

(3) 债券、股票、期权可以自由买卖, 份额无限可分;

(4) 市场不存在套利;

(5) 没有违约风险;

(6) 允许卖空.

以上假设, 第 (4) 条是核心, 除此之外的假设都可以取消或放宽. 6.1.2 节使用的方法类似于在远期和期货定价中使用的 “无套利定价法”.

6.1.2 无套利定价法

无套利定价法的基本思路为: 构建两个投资组合, 如果它们的期末价值相等, 则期初价值也一定相等.

由于期权的复杂性, 需要构造的投资组合尽管是衍生品、股票和债券的组合, 但头寸的大小不好直接确定. 下面将通过三种投资组合的构造方式说明如何计算头寸的大小, 并确定上述期权的价格.

方式一 构建如下两个投资组合:

组合 A: 一份看涨期权多头加上价值为 x 的债券多头.

组合 B: Δ 份股票多头.

由二叉树可知, 当股票价格从 20 上升到 22 时, 组合 A 的总价值为 $1+x\mathrm{e}^{0.06\times0.25}$; 当股票价格从 20 下降到 18 时, 组合 A 的总价值为 $x\mathrm{e}^{0.06\times0.25}$; 而组合 B 的期末总价值为 22Δ 或 18Δ.

令两个组合的期末价值相等, 即

$$1+x\mathrm{e}^{0.06\times0.25}=22\Delta,$$

$$x\mathrm{e}^{0.06\times0.25}=18\Delta,$$

则

$$\Delta=0.25,\quad x=4.433,$$

即当 $\Delta=0.25$, $x=4.433$ 时, 组合 A 和组合 B 的期末价值相等; 这意味着一份看涨期权多头和价值为 4.433 的债券多头组合的价值等价于 0.25 份股票多头的价值.

由无套利定价原理, 它们的期初价值也一定相等, 所以,

$$f_0+x=20\Delta,$$

即

$$f_0=20\Delta-x=0.567;$$

否则就一定存在套利机会.

若 $f_0=0.7>0.567$, 则可以构造套利策略如表 6.2, 存在套利!

表 6.2 套利策略

套利头寸	0 时刻现金流	T 时刻现金流	
		$S_T = 22$	$S_T = 18$
卖出一份期权	+0.7	−1	0
买入 0.25 份股票	−5	+5.5	+4.5
卖出价值为 4.3 的债券	+4.3	$-4.3e^{0.06\times0.25} = -4.365$	−4.365
净现金流	0	$+0.135 > 0$	$+0.135 > 0$

若 $f_0 = 0.5 < 0.567$, 则套利策略如表 6.3, 存在套利!

表 6.3 套利策略

套利头寸	0 时刻现金流	T 时刻现金流	
		$S_T = 22$	$S_T = 18$
买入一份期权	−0.5	+1	0
卖空 0.25 份股票	+5	−5.5	−4.5
买入价值为 4.5 的债券	−4.5	+4.568	+4.568
净现金流	0	$+0.068 > 0$	$+0.068 > 0$

除了通过方式一中投资组合的构造实现期权无套利价格的确定, 还有另外两种等价方式.

方式二 构建如下两个投资组合:

组合 A: 一份看涨期权多头.

组合 B: Δ 份股票多头加上价值为 y 的债券多头.

由二叉树可知, 当股票价格从 20 上升到 22 时, 组合 A 的总价值为 1; 当股票价格从 20 下降到 18 时, 组合 A 的总价值为 0; 而组合 B 的期末总价值为 $22\Delta + ye^{0.06\times0.25}$ 或 $18\Delta + ye^{0.06\times0.25}$.

令两个组合的期末价值相等, 即

$$1 = 22\Delta + ye^{0.06\times0.25},$$

$$0 = 18\Delta + ye^{0.06\times0.25},$$

则

$$\Delta = 0.25, \quad y = -4.433,$$

即当 $\Delta = 0.25$, $y = -4.433$ 时, 组合 A 和组合 B 的期末价值相等 (这也意味着 0.25 份股票多头和价值为 4.433 的债券空头组合的价值等价于一份看涨期权多头的价值); 由无套利定价原理, 它们的期初价值也一定相等, 所以 $f_0 = 20\Delta + y$, 即 $f_0 = 0.567$.

方式三 (详见文献 [16]).

根据期权的特性, 可以用二叉树图来描述股票和期权的价格运动. 如果能够用这种股票和期权构造一个组合, 使得在三个月末该组合的价值是确定的, 那么, 根据该组合的收益率等于无风险收益率 (无套利假设), 可以得到构造该组合所需成本 (现值), 而组合中股票的价格是已知的, 于是可以得出期权的价格.

构造一个证券组合, 该组合包含一个 Δ 份股票多头头寸和一个看涨期权的空头头寸. 由二叉树可知, 当股票价格从 20 上升到 22 时, 该证券组合的总价值为 $22\Delta-1$; 当股票价格从 20 下降到 18 时, 该证券组合的总价值为 18Δ. 完全可以选取某个 Δ 值, 使得该组合的期末价值在上述两种情况下是相等的. 这样, 该组合就是一个无风险组合.

由

$$22\Delta-1=18\Delta,$$

可得

$$\Delta=0.25,$$

因此, 一个无风险的组合由 0.25 份股票和一份期权空头构成. 通过计算可知, 无论股票价格是上升还是下降, 在期权有效期的末尾, 该组合的价值总是 4.5.

在无套利假设下, 无风险证券组合的收益率必定为无风险利率. 由于无风险利率为年利率 6%, 所以该组合的现值应为

$$4.5\mathrm{e}^{-0.06\times0.25}=4.433,$$

股票现在的价格已知为 20. 因此, 由 $20\times0.25-f_0=4.433$, 得 $f_0=0.567$, 如果期权价格偏离 0.567, 则将存在套利机会.

6.1.3 一般结论

考虑一个无红利支付的股票, 当前股票价格为 S_0, 期末 T 时刻, 可能上涨到 S_0u 或下跌到 S_0d $(0<d<1<u)$, 相应地基于该股票的某个欧式型衍生品的价值分别为 f_u 或 f_d . 衍生品的当前价格记为 f_0 (待求) .

一个证券组合由 Δ 份的股票多头和一份衍生品空头构成. 如果股票价格上升, 在有效期末该组合的价值为

$$S_0u\Delta-f_u;$$

如果股票价格下降, 在有效期末该组合的价值为

$$S_0d\Delta-f_d.$$

当两个价值相等时

$$S_0u\Delta-f_u=S_0d\Delta-f_d,$$

即

$$\Delta = \frac{f_u - f_d}{S_0 u - S_0 d}. \tag{6.1.1}$$

该组合是无风险的, 收益率等于无风险利率; Δ 是衍生品价格变化与股票价格变化之比.

用 r 表示无风险利率, 该组合的现值应为

$$(S_0 u\Delta - f_u)\mathrm{e}^{-rT},$$

而构造该组合的成本是 $S_0\Delta - f_0$. 因此

$$S_0\Delta - f_0 = (S_0 u\Delta - f_u)\mathrm{e}^{-rT},$$

将 Δ 表达式代入上式, 即可得到定价公式

$$f_0 = \mathrm{e}^{-rT}[p^* f_u + (1-p^*) f_d], \tag{6.1.2}$$

其中,

$$p^* = \frac{\mathrm{e}^{rT} - d}{u - d}. \tag{6.1.3}$$

运用单步二叉树图方法, 以上两式就可为欧式的衍生品定价.

可以看出定价的结果跟标的股票上涨或下跌的概率没有关系, 比如当股票价格上涨的概率为 0.1 时的期权价格与上涨的概率为 0.9 时的期权价格一样, 似乎与我们的直觉不符. 这是公认的一个令人苦恼并且表面上是不合逻辑的结果.

这一现象的出现可以理解为由于我们并不是在完全的条件下为期权估值, 而只是根据标的股票的价格估计期权的价值. 未来上升和下降的概率已经包含在股票的价格中. 它说明, 当根据股票价格为期权估值时, 我们不需要股票价格上涨或下跌的概率.

这一发现意义重大, 由此引出的风险中性定价理论现已成为衍生品定价理论的核心, 是现代金融的重要理论之一.

例 6.2 股票的当前价格为 30 元, 在 3 个月后股票价格可能上涨 10% 或下跌 10%, 无风险利率为每年 5%, 计算执行价格为 29 元、期限为 3 个月的欧式看跌期权的价格.

解 根据题意: $S_0 = 30, K = 29, u = 1.1, d = 0.9, r = 0.05, T = 1/4$, 由式 (6.1.3)

$$p^* = \frac{\mathrm{e}^{rT} - d}{u - d} = 0.5629.$$

另外, 当股票价格上涨到 $30 \times 1.1 = 33$ 时, 对应的看跌期权的价格为 $f_u = 0$; 当股票价格下跌到 $30 \times 0.9 = 27$ 时, 看跌期权的价格为 $f_d = 2$, 相关数值代入式 (6.1.2), 可得看跌期权的价格为

$$f_0 = \mathrm{e}^{-rT}[p^* f_u + (1 - p^*) f_d] = 0.8633.$$

进一步观察式 (6.1.3) 和 (6.1.2), 可以发现方括号中的部分, 像是在给衍生品的支付求数学期望, 其中, 股票价格上涨 (下跌) 或期权价格上涨 (下跌) 的 "概率" 均为 p^* 或 $1-p^*$, 即是所谓的风险中性概率, 并且在我们的结果中可以发现, 股票价格上涨的真实概率 p 并不在定价公式中. 这将引出以下风险中性定价法.

6.1.4 风险中性定价法

风险中性定价 (risk-neutral pricing) 是衍生品定价中十分重要并且非常简洁的一种方法. 首先理解 "风险中性" 的意思, 风险中性是指投资者进行风险投资时, 不需要额外的风险补偿, 也就是说不需要额外的超额收益, 风险中性的投资者会用资产未来收益的期望值按无风险利率折现进行资产定价. 在衍生品定价的过程中, 假设投资者是风险中性的, 所有投资人都是风险中性的世界叫作风险中性世界. 当然, 我们生活的世界不是风险中性的, 投资人承受的风险越大, 他们所要求的回报也会越高. 有意思的是, 我们在风险中性世界确定的衍生品价格, 不仅在风险中性世界中是正确的, 在现实世界中也是正确的. 这种定价方式神奇地避开了对投资者风险厌恶程度的考量, 回避了对标的资产期望收益率的度量. 理论上, 将一种风险偏好转换到另一组风险偏好的数学技术称为测度变换 (change of measure), 结合吉尔萨诺夫定理 (Girsanov's theorem) 保证了风险中性定价法的科学性. 技术细节参见文献 [10], [17].

风险中性世界的两个特点可以对衍生品定价进行简化:

(1) 股票 (或任何投资) 的期望收益率等于无风险利率;

(2) 期权 (或其他衍生品) 的期望收益率等于无风险利率.

在风险中性世界中, 需要对股票上涨和下跌的概率重新计算, 一般与实际情况下的 p 和 $1-p$ 不同.

在风险中性世界, 假设股票上涨和下跌的概率分别为 $\hat{p}$ 和 $1-\hat{p}$, 因期望收益率等于无风险利率, 即

$$S_0 = \mathrm{e}^{-rT}\left[\hat{p} u S_0 + (1-\hat{p}) d S_0\right], \tag{6.1.4}$$

从中解出

$$\hat{p} = \frac{\mathrm{e}^{rT} - d}{u - d}, \tag{6.1.5}$$

这里的 $\hat{p}$ 就是风险中性世界中股价上涨的概率, 称为风险中性概率. 有了这个概率, 便可以求出衍生品的价格应该等于未来期望支付的贴现值:

$$\begin{aligned} f_0 &= \mathrm{e}^{-rT}\left[\hat{p}f_u + (1-\hat{p})f_d\right] \\ &= \mathrm{e}^{-rT}\left[\frac{\mathrm{e}^{rT}-d}{u-d}f_u + \frac{u-\mathrm{e}^{rT}}{u-d}f_d\right]. \end{aligned} \tag{6.1.6}$$

注意到式 (6.1.5) 与 (6.1.3) 相同, 最终得到的定价结果和前面的无套利定价法相同.

注　(1) 最终得到的定价公式中均不包含真实世界中股价上涨和下跌的概率, 这意味着真实世界中股价的未来期望涨幅并不影响衍生品的价格. 这与我们的直觉略有不同, 以看涨期权为例, 未来股价越高, 买入期权的价值越大, 期权的当前价格应该也越高. 但简而言之, 真实世界概率的影响已体现在当前和未来的股价之中. 也就是说, 0 时刻的股价之所以是 S_0 而不是其他的数, 是因为 1 时刻股价变成 uS_0 的概率为 p, 变成 dS_0 的概率为 $1-p$. 如果股价在真实世界中上涨的概率不再是 p , 那 0 时刻的股价也不再会是 S_0. 从这个角度来说, 前面给出的定价方程其实隐含了真实世界的概率 p.

(2) 如果当前时刻是 t $(0<t<T)$ 时刻, 股票价格为 S_t, 期末 T 时刻, 可能上涨到 uS_t 或下跌到 dS_t, 相应的基于该股票的某个欧式型衍生品的期末价值仍然记为 f_u 或 f_d, 则定价公式 (6.1.2) 更新为

$$f_t = \mathrm{e}^{-r(T-t)}[p^* f_u + (1-p^*)f_d], \tag{6.1.7}$$

其中,

$$p^* = \frac{\mathrm{e}^{r(T-t)}-d}{u-d}. \tag{6.1.8}$$

(3) 在构造无风险投资组合的过程中用到了 Δ 这个变量, 卖出一份期权需要持有的股票数量即为 Δ, 称为 Delta (Δ) 对冲, 由式 (6.1.1) 可以看出, 它是期权价格变化与标的股票价格变化之比. 看涨期权的 Delta 为正, 看跌期权的 Delta 为负. 第 8 章将展开详细讨论.

例 6.2 中的 $\Delta = \dfrac{f_u - f_d}{S_0 u - S_0 d} = -\dfrac{1}{3}$.

6.2　多步二叉树模型

6.2.1　两步二叉树

二叉树模型简单、直观, 但是对于单步二叉树而言, 标的资产到期价格只有两种可能, 不太符合实际情况, 因此实际应用中, 一般考虑多步二叉树模型, 比如, 考

虑 30 个或更多的时间步, 在每一个时间步里, 股票价格的变动由单个二叉树表达, 共有 31 个终端股票价格, 有 2^{30}, 约 10 亿种可能的价格路径. 我们以两步二叉树为例, 推导相关的定价公式, 三步及以上二叉树的定价结果以此类推.

考虑一个无红利支付的股票, 当前股票价格为 S_0, 在每个时间步, 可能上涨到前一期的 u 倍或下跌到前一期的 d 倍, 无风险利率为 r, 每个时间步长为 Δt, 相应的基于该股票的某个欧式型衍生品在每个节点的价值分别为 f_u, f_d, f_{uu}, f_{ud}, f_{dd}, 如图 6.2所示, 欧式期权的当前价格记为 f_0 (待求).

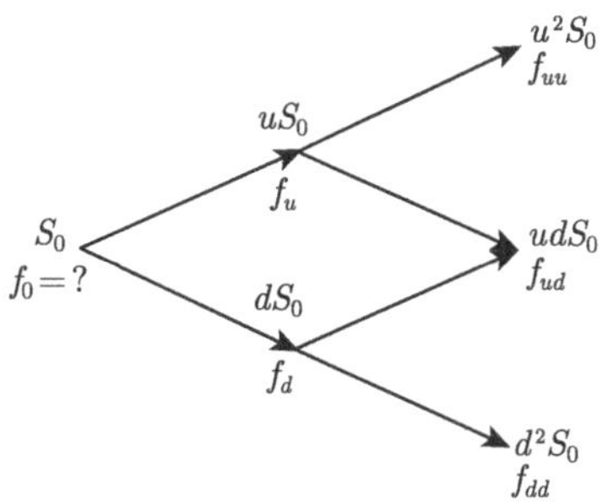

图 6.2 两步二叉树中的股票价格与衍生品价格

利用单步二叉树定价结果, 结合公式 (6.1.4)和(6.1.5), 可以分别得到

$$f_u = \mathrm{e}^{-r\Delta t}[\hat{p}f_{uu} + (1-\hat{p})f_{ud}],$$

$$f_d = \mathrm{e}^{-r\Delta t}[\hat{p}f_{ud} + (1-\hat{p})f_{dd}],$$

其中,

$$\hat{p} = \frac{\mathrm{e}^{r\Delta t} - d}{u-d}, \tag{6.2.1}$$

从而

$$\begin{aligned} f_0 &= \mathrm{e}^{-r\Delta t}[\hat{p}f_u + (1-\hat{p})f_d] \\ &= \mathrm{e}^{-2r\Delta t}\left[\hat{p}^2 f_{uu} + 2\hat{p}(1-\hat{p})f_{ud} + (1-\hat{p})^2 f_{dd}\right]. \end{aligned} \tag{6.2.2}$$

由于 $\hat{p}^2, 2\hat{p}(1-\hat{p}), (1-\hat{p})^2$ 分别对应于终端股票价格取上、中、下三个节点值的风险中性概率, 所以期权价格等于其在风险中性世界里的终端期望以无风险利率进行贴现后的现值. 这一结论与前面提到的风险中性定价理论的结论一致.

例 6.3 如图 6.3 所示, 考虑一个步长为 1 年的两步二叉树, 设股票初始价格 $S_0 = 100$ 元, 每一步上涨或下跌 10%, 即 $u = 1.1$, $d = 0.9$, 无风险利率 $r = 3\%$, 计算以此股票为标的资产、执行价格 $K = 101$ 元的欧式看跌期权的价格.

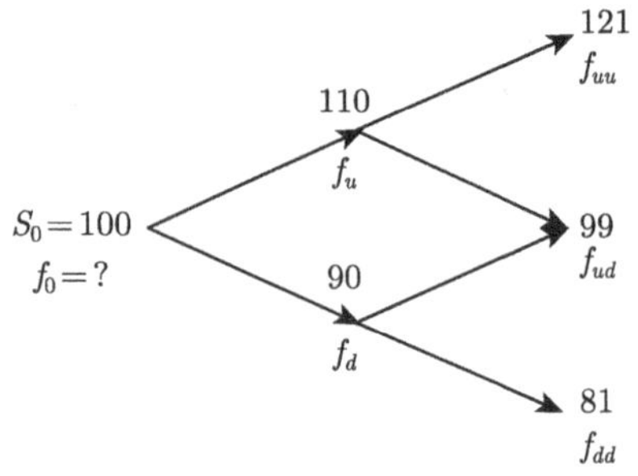

图 6.3 两步二叉树

解 由 $u=1.1, d=0.9, r=0.03, \Delta t=1$, 可知风险中性概率

$$\hat{p}=\frac{e^{r\Delta t}-d}{u-d}=\frac{e^{0.03}-0.9}{1.1-0.9}=0.6523,$$

终端股票价格分别为 121 元、99 元、81 元, 所以相应的终端看跌期权的价格分别为 $f_{uu}=0, f_{ud}=2, f_{dd}=20$, 从而

$$f_u=e^{-r\Delta t}[\hat{p}f_{uu}+(1-\hat{p})f_{ud}]=0.6748,$$

$$f_d=e^{-r\Delta t}[\hat{p}f_{ud}+(1-\hat{p})f_{dd}]=8.0145,$$

所以

$$f_0=e^{-r\Delta t}[\hat{p}f_u+(1-\hat{p})f_d]=3.1315,$$

或者由式 (6.2.2), 直接可得

$$f_0=e^{-2r\Delta t}\left[\hat{p}^2f_{uu}+2\hat{p}(1-\hat{p})f_{ud}+(1-\hat{p})^2f_{dd}\right]=3.1315.$$

注 本例中, 运用公式 (6.1.1), 可知, 第 1 步的 Δ 值为

$$\Delta=\frac{f_u-f_d}{S_0u-S_0d}=\frac{0.6748-8.0145}{110-90}=-0.367.$$

如果在第 1 步后股票价上涨, 则在第 2 步的 Δ 值为

$$\Delta=\frac{f_{uu}-f_{ud}}{S_0u^2-S_0ud}=\frac{0-2}{121-99}=-0.0909;$$

如果在第 1 步后股票价下跌, 则在第 2 步的 Δ 值为

$$\Delta=\frac{f_{ud}-f_{dd}}{S_0ud-S_0d^2}=\frac{2-20}{99-81}=-1.$$

可以看出, 构造股票和期权的无风险组合时, 每一步的 Δ 值可能不同, 即需要不断调整股票的数量.

6.2.2 美式看跌期权

到目前为止, 我们考虑的都是欧式期权的定价问题, 对于美式期权的定价问题, 因为美式看跌期权有提前执行的可能性, 所以它的定价过程跟欧式期权有些区别, 需要在中间的每一个节点判断提前执行是否最优, 也即要比较在每一节点提前执行的收益和由定价公式算出的价值的大小关系. 我们以一个例子来说明整个计算过程.

例 6.4 接上例, 计算相应的美式看跌期权的价格.

解 由 $u = 1.1, d = 0.9, r = 0.03, \Delta t = 1$, 可知风险中性概率

$$\hat{p} = \frac{\mathrm{e}^{r\Delta t} - d}{u - d} = \frac{\mathrm{e}^{0.03} - 0.9}{1.1 - 0.9} = 0.6523,$$

终端股票价格分别为 121 元、99 元、81 元, 所以相应的终端看跌期权的价格分别为 $f_{uu} = 0, f_{ud} = 2, f_{dd} = 20$, 从而

$$f_u = \mathrm{e}^{-r\Delta t}[\hat{p} f_{uu} + (1 - \hat{p}) f_{ud}] = 0.6748,$$

$$f_d = \mathrm{e}^{-r\Delta t}[\hat{p} f_{ud} + (1 - \hat{p}) f_{dd}] = 8.0145.$$

容易看出, 在股票上涨到 110 元的节点, 期权提前执行实现的收益为 $101 - 110 = -9$(元), 所以在这一点提前执行不明智; 而在股票下跌到 90 元的节点, 期权提前执行能够实现 $101 - 90 = 11$(元) 的收益, 并且大于这一点的理论价格 8.0145 元, 因此在该节点期权价值为 11 元. 所以

$$f_0 = \mathrm{e}^{-0.03}[0.6523 \times 0.6748 + 0.3477 \times 11] = 4.1388.$$

6.2.3 上涨/下跌比例与波动率关系

在实际应用中, 当我们构造二叉树来表示股票价格变化时, 需要选取恰当的上涨/下跌比例 u 和 d 使得股票价格变化的波动率与 σ 吻合, 详细讨论参见 [16]. 有关波动率的知识在第 7 章还会介绍.

股票价格波动率 σ 是指使得 $\sigma\sqrt{\Delta t}$ 为股票价格在一个长度为 Δt 的时间区间上收益率的标准差, 对应的方差为 $\sigma^2 \Delta t$.

假定股票的期望收益率为 μ, 在每一个步长为 Δt 的区间内, 上涨和下跌的真实概率分别为 $p, 1 - p$, 则①

$$S_0 \mathrm{e}^{\mu\Delta t} = p S_0 u + (1 - p) S_0 d,$$

① 也可考虑在风险中性情形下, 股票的期望收益率为 r, 此时股票价格上涨的风险中性概率为

$$\hat{p} = \frac{\mathrm{e}^{r\Delta t} - d}{u - d}.$$

从而

$$p=\frac{e^{\mu\Delta t}-d}{u-d}.$$

又由于 Δt 区间的股票收益率方差为

$$p(u-1)^2+(1-p)(d-1)^2-[p(u-1)+(1-p)(d-1)]^2,$$

令上式等于 $\sigma^2\Delta t$, 并将 p 的表达式代入, 简化后得到

$$e^{\mu\Delta t}(u+d)-ud-e^{2\mu\Delta t}=\sigma^2\Delta t,$$

忽略 Δt^2 和 Δt 的更高阶项后, 并令 $ud=1$, 上述方程的解为

$$u=e^{\sigma\sqrt{\Delta t}},\quad d=e^{-\sigma\sqrt{\Delta t}}. \tag{6.2.3}$$

式 (6.2.3) 关于 u 和 d 的构造依赖于 $ud=1$ 的设定, 如果换成其他的设定, 则 u 和 d 的构造会有些差异, 不过可以证明, 当步数越多, 即时间分割越细时, 不同构造下的二叉树期权价格均收敛到连续时间的期权价格.

例 6.5 考虑一个两步二叉树模型, $\Delta t=1$, 某股票的现价为 $S_0=50$ 元, 以此股票为标的的欧式看涨期权的执行价格为 52 元 ($K=52$ 元), 已知无风险年利率为 5%, 波动率为 30%, 计算定价公式 (6.1.5) 中的 $u,d,\hat{p}$ 以及每一步的 Delta.

解 运用公式 (6.2.3) 和 (6.2.1), 可得

$$u=e^{0.3\times 1}=1.3499,$$

$$d=e^{-0.3\times 1}=0.7408,$$

$$\hat{p}=\frac{e^{r\Delta t}-d}{u-d}=\frac{e^{0.05\times 1}-d}{u-d}=0.5097.$$

另外, 类似例 6.3 的讨论, 由于终端股票价格分别为 91.1115 元、50 元、27.439 元, 所以相应的终端看涨期权的价格分别为 $f_{uu}=39.1115, f_{ud}=0, f_{dd}=0$, 从而

$$f_u=e^{-r\Delta t}[\hat{p}f_{uu}+(1-\hat{p})f_{ud}]=18.963,$$

$$f_d=e^{-r\Delta t}[\hat{p}f_{ud}+(1-\hat{p})f_{dd}]=0,$$

所以, 第 1 步的 Δ 值为

$$\Delta=\frac{f_u-f_d}{S_0u-S_0d}=\frac{18.963-0}{67.495-37.04}=0.6227.$$

如果在第 1 步后股票价上涨, 则在第 2 步的 Δ 值为

$$\Delta = \frac{f_{uu} - f_{ud}}{S_0u^2 - S_0ud} = \frac{39.1115 - 0}{91.1115 - 50} = 0.9514;$$

如果在第 1 步后股票价下跌, 则在第 2 步的 Δ 值为

$$\Delta = \frac{f_{ud} - f_{dd}}{S_0ud - S_0d^2} = \frac{0 - 0}{50 - 27.439} = 0.$$

6.3 Python 实验

例 6.6 假设 $S_0 = 100, n = 2, \Delta t = 0.5, u = 1.05, d = 0.96, K = 100, r = 0.01$, 利用 Python 编程实现两步二叉树的欧式看涨期权价格的确定.

```
import numpy as np
import scipy.stats as stats
def CRRcall(S0,n,Dt,u,d,K,r):
    p=(np.exp(r*Dt)-d)/(u-d)
    print('%.4f' % p)
    i=np.arange(n+1)
    ST=S0*u**i*d**(n-i)
    prob=[stats.binom.pmf(x,n,p) for x in i]
    return np.exp(-n*Dt*r)*np.sum(((ST-K)>0)*(ST-K)*prob)
print('%.4f' % CRRcall(100,2,0.5,1.05,0.96,100,0.01))
```

输出的结果: 0.5001, 2.9344 (分别对应风险中性概率和期权价格).

例 6.7 接上例, 其他参数不变, 增加步数, 假设 $n = 12, \Delta t = 1/12$, 类似于上例中的计算, 可以获得更复杂的 12 步二叉树的欧式看涨期权价格:

```
print('%.4f' % CRRcall(100,12,1/12,1.05,0.96,100,0.01))
```

输出的结果: 0.4537, 6.7220.

例 6.8 假设 $S_0 = 100, n = 2, \Delta t = 1, u = 1.1, d = 0.90, K = 101, r = 0.03$, 利用 Python 编程实现两步二叉树的美式看跌期权价格的确定.

```
import numpy as np
def CRRput(S0,n,Dt,K,r,u,d):
    p = (np.exp(r*Dt)-d)/(u-d)
    print('%.4f' % p)
    q=1-p
    V=np.zeros(n+1)
    S_T=np.array([(S0*u**j*d**(n-j)) for j in range(n+1)])
    V[:]=np.maximum(K-S_T, 0.0)
    for i in range(n-1, -1, -1):
        V[:-1]=np.exp(-r*Dt)*(p*V[1:]+q*V[:-1])
```

```
        S_T=S_T*(1/d)
        V = np.maximum(V,K-S_T )
    return V[0]
print('%.4f' % CRRput(100,2,1,101,0.03,1.1,0.9))
```

输出的结果: 0.6523, 4.1392.

例 6.9 假设 $S_0 = 100, n = 2, \Delta t = 0.5, K = 100, r = 0.01, \sigma = 0.2$, 利用 Python 编程实现两步二叉树的美式看跌期权价格的确定.

```
import numpy as np
def CRRput(S0,n,Dt,K,r,sigma):
    u = np.exp(sigma*np.sqrt(Dt))
    d = 1.0/u
    p = (np.exp(r*Dt)-d)/(u-d)
    print('%.4f' % p)
    q=1-p
    V=np.zeros(n+1)
    S_T=np.array([(S0*u**j*d**(n-j)) for j in range(n+1)])
    V[:]=np.maximum(K-S_T, 0.0)
    for i in range(n-1, -1, -1):
        V[:-1]=np.exp(-r*Dt)*(p*V[1:]+q*V[:-1])
        S_T=S_T*u
        V = np.maximum(V,K-S_T )
    return V[0]
print('%.4f' % CRRput(100,2,1/2,100,0.01,0.2))
```

输出的结果: 0.4824, 6.7923.

6.4 补充阅读

二叉树与随机游走

随机漫步 (random walk), 也称随机游走, 在金融领域, 通常指股票价格的变动是随机且不可预测的, 像一个在广场上漫无目的行走的人一样, 价格的下一步将往哪里走, 是没有规律的.

随机漫步理论认为: 大多数人都是精明人士, 愚昧者只占少数. 每一个人都懂得分析, 而且资料也都是公开的, 大家都知道并无秘密可言. 既然你知我知, 股票价格就反映了供求关系, 或者与本身价值相差不会太远. 如果一只股票资产值十元, 断不会在市场中突然变到值一百元或者一元. 现时股票的市价已代表了大部分人士的看法, 构成一个合理价位, 市价会围绕内在价值而上下波动.

1900 年, 法国数学家巴舍利耶首次提出用数学工具描述股票价格变动过程, 并假设股票价格服从布朗运动 (物理学中分子微粒所做的一种无休止的无序运动), 并研究了期权定价问题, 这成为随机漫步理论和有效市场假说共同的源头. 但巴舍利耶的工作直到诺贝尔经济学奖获得者保罗 • 萨谬尔森 (Paul A. Samuelson) 在文章中提出用几何布朗运动替代布朗运动来描述股票价格的变动, 连续时间金融数学模型的大厦才正式建立, 详见严加安[27] 的介绍.

随机漫步最简单的模型即是"二叉树" 模型, 这一模型可以被设想为一个在一条直线上横行的醉汉的运动轨迹, 他在每一时刻都可能向左或向右走, 在 N 时刻, 存在 2^N 种可能的轨迹. 将这种思想用数学语言描述出来, 就可将随机漫步看作一个随机序列, 随机序列的每一项对应醉汉到达的目标.

习　题

1. 描述二叉树定价模型中的 Δ 的含义.

2. 二叉树定价模型中对冲一单位欧式看跌期权多头的风险需要持有的股票数量是多少?

3. 阐述现实世界和风险中性世界的区别和联系.

4. 若二叉树的每一步的无风险利率均为 r, 复利频率与步长 Δt 一致, 推导相应的风险中性概率的表达式.

5. 利用单步二叉树定价结果, 分别确定欧式看涨、看跌期权的价格, 并验证满足看跌-看涨平价关系.

6. 股票的当前价格为 50 元, 在 3 个月后股票价格可能上涨 20%或下跌 20%, 无风险利率为每年 3%, 计算执行价格为 48 元、期限为 3 个月的欧式看涨期权的价格, 验证无套利定价法和风险中性定价法所得的结果一致.

7. 股票的当前价格为 20 元, 在 3 个月后股票价格可能上涨 10%或下跌 10%, 无风险利率为每年 5%, 计算执行价格为 19 元、期限为 3 个月的欧式看涨期权的价格.

8. 条件同上题, 计算执行价格为 19 元、期限为 3 个月的欧式看跌期权的价格, 验证所得结果满足看跌-看涨平价关系.

9. 考虑一个两步二叉树模型 (一年为一期), 某股票的现价为 $S_0 = 50$ 元, 每年价格上涨 20%或下跌 20% ($u = 1.2, d = 0.8$), 以此股票为标的的欧式看涨期权的执行价格为 K=52 元, 已知无风险年利率为 5%, 计算它的价格.

10. 条件同上题, 如果是美式看跌期权, 则价格为多少?

11. 某股票的现价为 30 元, 有两个时间步, 每个时间步的步长为两个月, 每个单步二叉树的股价或者上涨 10%或者下跌 10%, 无风险年利率为 5%. 股票的期末价格记为 S_T, 某衍生品的期末收益为 S_T^2, 计算它现在的价格.

12. 某股票的现价为 40 元, 波动率为每年 30%, 以此股票为标的的欧式看涨期权的执行价格为 40 元, 期限为 6 个月, 已知无风险利率为 4%, 计算两步二叉树中的 u, d 和 p.

第 7 章 期权定价-连续模型

本章将介绍连续时间期权定价模型的方法和原理, 由于连续时间模型中, 资产价格可以用特殊的随机过程刻画, 所以在介绍定价模型之前, 先回顾随机过程的相关概念, 讨论标的股票价格的行为模式和分布特性; 然后简要介绍伊藤微积分和伊藤引理, 运用这一工具, 推导出 Black-Scholes 微分方程, 同时引申出类似离散模型中的风险中性定价原理, 通过概率论技术, 得出经典的 Black-Scholes 期权定价公式; 最后介绍有关波动率的知识以及美式期权的 BAW 定价模型.

7.1 维纳过程和伊藤引理

20 世纪 70 年代, 尤金·法玛提出了著名的有效市场假说 (efficient market hypothesis, EMH). 该假说认为证券价格变动的历史不包含任何对预测证券价格未来变动有用的信息, 即股票的未来价格跟股票的历史价格没有关系, 只跟股票的现在价格有关, 这种性质被称为股票价格的马尔可夫性. 有效市场假说的研究起源于巴舍利耶的研究, 他从随机过程角度研究了布朗运动以及股价变化的随机性, 并且他认识到市场在信息方面的有效性: 过去、现在的事件, 甚至将来事件的贴现值反映在市场价格中. 有效市场假说的三种形态: 弱式、半强式和强式.

弱式有效市场假说认为, 证券价格变动的历史不包含任何对预测证券价格未来变动有用的信息, 也就是说投资者不能通过技术分析获得高于市场平均收益率的超额收益, 但依旧可以通过基本面分析帮助投资者获得超额利润.

半强式有效市场假说认为, 证券价格会迅速、准确地根据可获得的所有公开信息调整, 因此以往的价格和成交量等技术面信息以及已公布的基本面信息都无助于挑选价格被高估或低估的证券, 即基本面分析失去作用, 内幕交易可以获得超额利润.

强式有效市场假说认为, 不仅已公布的信息, 而且可能获得的有关信息都已反映在股价中, 因此任何信息 (包括 “内幕信息”) 对挑选证券都没有用处.

有效市场假说认为在法律健全、功能良好、透明度高、竞争充分的股票市场, 一切有价值的信息已经及时、准确、充分地反映在股价走势当中, 其中包括企业当前和未来的价值, 除非存在市场操纵, 否则投资者不可能通过分析以往价格获得高于市场平均水平的超额利润, 实际上也意味着 “天下没有免费的午餐”, 世界上没有唾手可得之物. 在一个正常的有效的市场上, 每个人都别指望发意外之财 (没有人可以凭借信息优势, 获得超额收益).

7.1.1 随机过程

如果某变量的值以某种不确定的方式随时间变化, 则称该变量遵循某种随机过程 (stochastic process). 假设 $\Omega = \{\omega\}$ 是随机试验的样本空间, T 是一个指标集 (通常是时间), 如果对于每一个 $t \in T$, 都有随机变量 $X(\omega, t) \in \mathbb{R}$ 与之对应, 则称依赖于 t 的一族随机变量 $X(\omega, t)$ 为随机过程, 也称随机函数. 通俗地讲, 随机过程可以看成两个自变量——状态和时间的函数, 和普通的确定性函数不同的是, 第一个变量本身是随机的, 即对应一个样本随机试验的结果. 对固定的 t, $X(\cdot, t)$ 是一个普通的随机变量. 对固定的 ω, $X(\omega, \cdot)$ 是关于时间的函数. 有时我们把随机过程 X 记为 $\{X(t), t \in T\}$ 或 $\{X_t, t \in T\}$.

随机过程可分为离散时间 (discrete time) 和连续时间 (continuous time) 两类. 一个离散时间随机过程是指标集中的变量值只能在某些确定的时间点上变化的过程 (时间序列). 一个连续时间随机过程是指标集中的变量值的变化可以在任何时刻发生的过程. 股票价格即是一个随机过程, 在 Black-Scholes 模型中, 将其看成是一个特殊的连续时间随机过程.

1. 马尔可夫过程

弱式效率市场假说可用马尔可夫过程 (Markov process) 来表述. 马尔可夫过程是一种特殊类型的随机过程. 这个过程说明只有变量的当前值与未来的预测有关, 变量过去的历史和变量从过去到现在的演变方式则与未来的预测不相关. 离散的马尔可夫过程满足以下特性:

$$\mathbb{E}(X_{t+1}|X_t, X_{t-1}, \cdots) = \mathbb{E}(X_{t+1}|X_t).$$

弱式市场有效性 (the weak form of market efficiency) 说明: 一种股票的现价已经包含了所有信息, 当然包括了所有过去的价格记录, 所以股价的马尔可夫性质与弱式市场有效性相一致. 如果弱式市场有效性正确的话, 技术分析师通过分析股价的过去历史数据图表获得高于平均收益率的收益是不可能的, 市场竞争保证了弱式市场有效性成立.

2. 维纳过程 (布朗运动)

布朗运动起源于物理学中对完全浸没于液体或气体中的小粒子运动的描述, 以发现这种现象的英国植物学家罗伯特 • 布朗 (Robert Brown) 命名. 描述布朗运动的随机过程的定义是维纳 (Wiener) 给出的, 因此布朗运动又称维纳过程.

定义 7.1 定义在概率空间 $(\Omega, \mathcal{F}, P)$ 上的随机过程 $W = \{W_t : t \geqslant 0\}$ 称为标准维纳过程, 若它满足:

(1) (独立增量) 任意 $t > s \geqslant 0$, $W_t - W_s$ 独立于 $W_u, 0 \leqslant u \leqslant s$;

(2) (正态增量) 任意 $t > s \geqslant 0$, $W_t - W_s$ 服从均值为 0、方差为 $t-s$ 的正态分布;

(3) $W_0 = 0$;

(4) W_t 关于 t 的连续性.

注　(i) 满足条件 (1) 的过程称为独立增量过程, 此时也满足马氏条件;

(ii) 对几乎所有的 ω, $W(\omega, t)$ 作为 t 的函数处处不可微;

(iii) 由条件 (2) 和 (3),

$$W_t = W_t - W_0 \sim N(0, t),$$

即

$$\Delta W_t = W_{t+\Delta t} - W_t \sim N(0, \Delta t).$$

令 $\Delta W_t := \epsilon\sqrt{\Delta t}$, 其中 $\epsilon \sim N(0,1)$, 或形式上记为 $\mathrm{d}W_t = \epsilon\sqrt{\mathrm{d}t}$.

根据图 7.1~ 图 7.3 可以看出, 所取的时间区间越大, 标准维纳过程的路径就会呈现出锯齿状, 图形看起来不光滑. 这是因为时间区间越来越小时, $\sqrt{\Delta t} > \Delta t$, 随机过程中的随机性被放大.

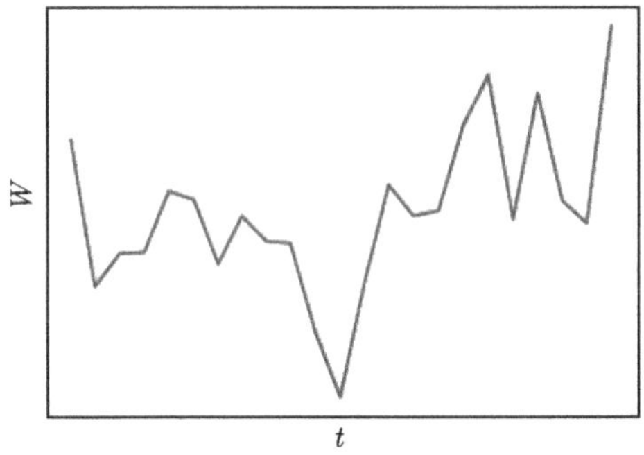

图 7.1　Δt 值较大

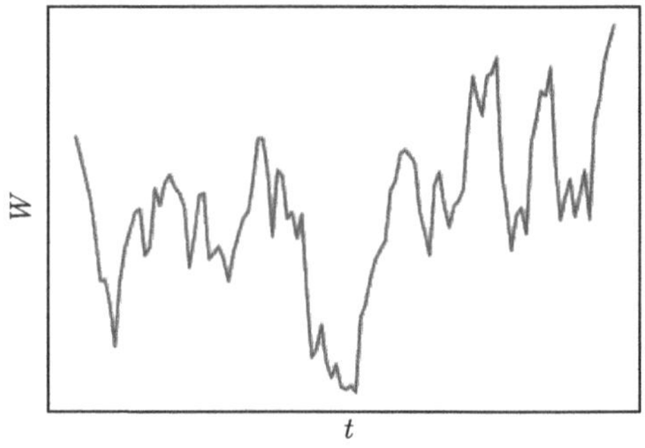

图 7.2　Δt 值较小

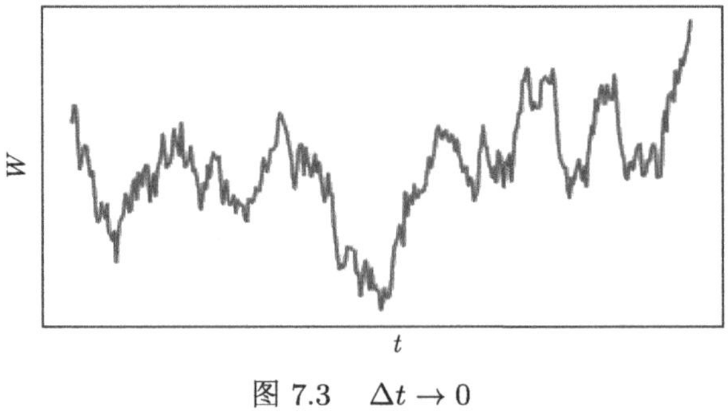

图 7.3　$\Delta t \to 0$

3. 带漂移的布朗运动

设 $\{W_t : t \geqslant 0\}$ 为标准维纳过程, 记 $X_t = \mu t + W_t$, μ 为常数, 称 $\{X_t : t \geqslant 0\}$ 是带有漂移系数 (率) μ 的维纳过程.

微分形式: $\mathrm{d}X_t = \mu\mathrm{d}t + \mathrm{d}W_t$.

推广 1: $\mathrm{d}(X_t) = \mu\mathrm{d}t + \sigma\mathrm{d}W_t$, σ 称为扩散系数 (σ^2 称为方差率);

推广 2: $\mathrm{d}(X_t) = \mu(t, X_t)\mathrm{d}t + \sigma(t, X_t)\mathrm{d}W_t$.

4. 几何 (指数) 布朗运动

设 $\{W_t : t \geqslant 0\}$ 为布朗运动, 令 $X_t = \mathrm{e}^{W_t}$, 称 $\{X_t : t \geqslant 0\}$ 是几何布朗运动.

推广:

$$X_t = X_0 \mathrm{e}^{(\mu - \frac{\sigma^2}{2})t} \mathrm{e}^{\sigma W_t}.$$

根据 7.1.4 节的伊藤 (Itô) 公式可知上式的微分形式为

$$\mathrm{d}(X_t) = \mu X_t \mathrm{d}t + \sigma X_t \mathrm{d}W_t.$$

图 7.4 显示了布朗运动及其扩展的路径.

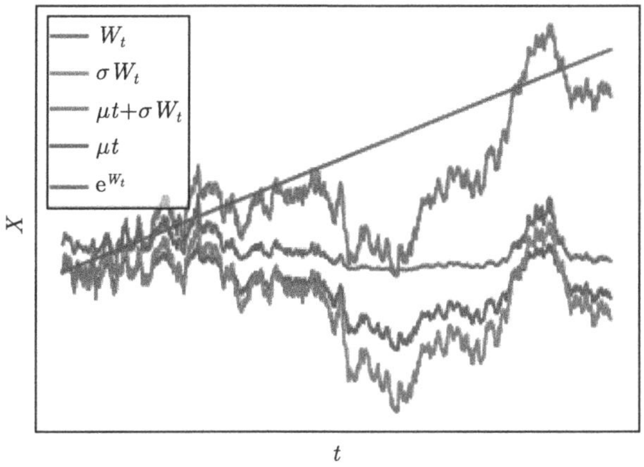

图7.4彩图

图 7.4 布朗运动及其扩展的路径

7.1.2 股票价格过程

1. 假定股票价格遵循普通布朗运动是否合理

以 S_t 代表 t 时刻的股票价格, 假定

$$\mathrm{d}S_t = \mu\mathrm{d}t + \sigma\mathrm{d}W_t,$$

这种假定表明股票价格运动具有不变的漂移率和方差率, 则 t 到 $t+\Delta t$ 时间段股价的变化为 $\Delta S_t := S_{t+\Delta t} - S_t$, 其均值为 $\mu\Delta t$, 方差为 $\sigma^2\Delta t$. 此时 $\mu\Delta t/S_t$ 代表股票的期望收益率. 这表明承担相同风险的情况下, 股价高的获得的收益率低, 股价低的获得的收益率高. 这与投资者要求来自股票的期望收益率与普通股票价格无关的现实不一致. 所以, 假定股票价格遵循普通布朗运动不合理.

2. 假定股票价格变化率遵循几何布朗运动是否合理

假定

$$\frac{\mathrm{d}S_t}{S_t} = \mu\mathrm{d}t + \sigma\mathrm{d}W_t.$$

(1) 若方差率恒为 0, 则模型即为

$$\frac{\mathrm{d}S_t}{S_t} = \mu\mathrm{d}t \iff S_t = S_0\mathrm{e}^{\mu t},$$

其差分形式为

$$\frac{\Delta S_t}{S_t} = \mu\Delta t,$$

以上方程说明了当方差率恒为 0 时, 股票价格以单位时间 (年) 收益率为 μ 的连续复利增长.

(2) 方差率不恒为 0.

实际上, 股票价格确实存在着波动. 一个合理假设是: 无论股票价格如何, 短时间 Δt 后的百分比收益率的方差保持不变. 即不管股票价格为 50 元还是 10 元, 投资者认为它们的收益率的不确定性是相同的.

记 $\sigma^2\Delta t$ 为 Δt 时间后股票价格百分比收益率的方差, $\sigma^2 S_t^2\Delta t$ 是经过 Δt 时间后股票价格的实际变化 (actual change) 的方差. 因此, S_t 的瞬时方差率 (instantaneous variance rate) 为 $\sigma^2 S_t^2$. 此时可以假定

$$\frac{\Delta S_t}{S_t} = \mu\Delta t + \sigma\epsilon\sqrt{\Delta t}.$$

从而股票价格可以由以下过程刻画:

$$\frac{\mathrm{d}S_t}{S_t} = \mu\mathrm{d}t + \sigma\mathrm{d}W_t,$$

即

$$\mathrm{d}S_t = \mu S_t\mathrm{d}t + \sigma S_t\mathrm{d}W_t.$$

此式说明股票价格过程可以由几何布朗运动过程描述, 目前, 几何布朗运动是描述股票价格行为最广泛使用的模型之一.

变量 σ 通常被称为股票价格波动率 (stock price volatility), 即单位时间股票收益率的标准差. σ^2 表示单位时间股票收益率的方差. 变量 μ 为股票在单位时间内以连续复利表示的股票价格的预期收益率 (rate of prospective yield), 这两个参数假设为常数. $\mathrm{d}W_t$ 表示标准布朗运动的增量.

在短时间 Δt 后, 股票价格的变化率为

$$\frac{\Delta S_t}{S_t} = \mu\Delta t + \sigma\epsilon\sqrt{\Delta t},$$

从而

$$\frac{\Delta S_t}{S_t} \sim N(\mu\Delta t, \sigma^2\Delta t).$$

3. 参数的讨论

1) 时间参数

在几何布朗运动中, 涉及两个符号: μ 和 σ, 其大小取决于时间的计量单位. 若无特别说明, 通常以年为时间的计量单位.

2) μ

根据资本资产定价原理, μ 的值取决于:

(1) 该证券的系统性风险;

(2) 无风险利率水平 (利率水平越高, 投资者要求任一种股票的预期收益率就越高);

(3) 市场的风险收益偏好 (多数投资者认为, 如果承担更大的风险, 将要求获得更高的预期收益率. 所以 μ 值应当取决于股票收益的风险).

由于后者涉及主观因素, 因此 μ 的决定本身就较复杂. 然而幸运的是衍生证券的定价与标的资产的预期收益率 (μ) 是无关的. 因为依附于某种股票的衍生证券的价值一般是独立于 μ 的.

3) σ

证券价格的波动率 σ 对于衍生品的定价则是相当重要的. 它可理解为证券价格的 "脾气", 我们可以通过历史数据来观察各种证券 "脾气" 的大小, 然后通过几何布朗运动来确定其未来价格的概率分布. 几何布朗运动把 σ 当作常数, 实际上, 证券价格的 "脾气" (σ) 会随时间变化而变化.

例 7.1 设一种不付红利股票的价格过程遵循几何布朗运动, 其波动率为每年 18%, 预期收益率以连续复利计为每年 20%, 其目前的市价为 100 元, 求一周后该股票价格变化值的概率分布.

解　μ=0.20, σ=0.18, 其股价过程为

$$\frac{\mathrm{d}S_t}{S_t} = 0.20\mathrm{d}t + 0.18\mathrm{d}W_t,$$

在随后短时间间隔后的股价变化为

$$\frac{\Delta S_t}{S_t} = 0.2\Delta t + 0.18\epsilon\sqrt{\Delta t},$$

由于 1 周约等于 0.0192 年 (一年按 365 天计算), 因此

$$\Delta S_t = 100(0.00384 + 0.0249\epsilon) = 0.384 + 2.49\epsilon,$$

上式表明一周后股价的增加值是均值为 0.384 元、标准差为 2.49 元的正态分布的随机抽样值.

7.1.3　伊藤微积分

形如 $\int_a^b X_t \mathrm{d}W_t$ 的积分称为伊藤 (Itô) 积分, 其中 X_t 是二阶矩过程, W_t 是标准维纳过程, 其不定积分形式为 $Y_t = \int_a^t X_s \mathrm{d}W_s$.

特殊例子:

(1) $\int_a^b \mathrm{d}W_t = W_b - W_a$;

(2) $\int_a^b W_t \mathrm{d}W_t = \frac{1}{2}[W_b^2 - W_a^2] - \frac{1}{2}(b-a)$.

对过程 X_t 的以下形式

$$X_t = X_a + \int_a^t \alpha_s \mathrm{d}s + \int_a^t \beta_s \mathrm{d}W_s,$$

约定:

$$\mathrm{d}X_t = \alpha_t \mathrm{d}t + \beta_t \mathrm{d}W_t,$$

称其为随机过程 X_t 的伊藤微分或随机微分.

形式上,

$$\int_a^t \alpha_s \mathrm{d}s + \int_a^t \beta_s \mathrm{d}W_s = \int_a^t [\alpha_s \mathrm{d}s + \beta_s \mathrm{d}W_s],$$

即 $\int_a^t \mathrm{d}X_s = X_t - X_a$ 为随机形式的牛顿-莱布尼茨 (Newton-Leibniz) 公式.

7.1.4 伊藤引理及其应用

1. 伊藤过程和伊藤引理

1) 伊藤过程

设随机过程 X_t 满足如下过程:

$$\mathrm{d}X_t = a(X_t,t)\mathrm{d}t + b(X_t,t)\mathrm{d}W_t,$$

其中, 参数 $a(X_t,t), b(X_t,t)$ 是关于 X_t 和 t 的函数, W_t 为布朗运动, 则称 X_t 为伊藤过程. 显然, 几何布朗运动是伊藤过程.

2) 伊藤引理

日本数学家伊藤 (Itô) 在 1951 年发现, 若变量 X_t 遵循伊藤过程, 则变量 X_t 和 t 的函数 $G = G(X_t,t)$ 将遵循如下过程:

$$\begin{aligned}\mathrm{d}G &= \frac{\partial G}{\partial t}\mathrm{d}t + \frac{\partial G}{\partial X_t}\mathrm{d}X_t + \frac{1}{2}\frac{\partial^2 G}{\partial X_t^2}b^2\mathrm{d}t \\ &= \left(\frac{\partial G}{\partial X_t}a + \frac{\partial G}{\partial t} + \frac{1}{2}\frac{\partial^2 G}{\partial X_t^2}b^2\right)\mathrm{d}t + \frac{\partial G}{\partial X_t}b\mathrm{d}W_t. \end{aligned} \tag{7.1.1}$$

此定理也表明, Itô 过程的函数仍是伊藤过程, 公式 (7.1.1) 即是关于 $G = G(X_t,t)$ 的伊藤公式, 细节参见文献 [16], [17].

2. 在远期合约中的应用

考虑某个无红利支付股票的远期合约, 假设无风险利率为常数, 且对于所有的到期日, 它都等于 r. S_t 为 t 时刻的股票价格, 定义 F_t 为相应的远期价格, 由远期合约定价公式,

$$F_t = S_t\mathrm{e}^{r(T-t)} := G(S_t,t).$$

假设 S_t 满足

$$\mathrm{d}S_t = \mu S_t\mathrm{d}t + \sigma S_t\mathrm{d}W_t,$$

由于

$$\frac{\partial F_t}{\partial S_t} = \mathrm{e}^{r(T-t)}, \quad \frac{\partial^2 F_t}{\partial S_t^2} = 0, \quad \frac{\partial F_t}{\partial t} = -rS_t\mathrm{e}^{r(T-t)},$$

利用伊藤公式,

$$\mathrm{d}F_t = [\mathrm{e}^{r(T-t)}\mu S_t - rS_t\mathrm{e}^{r(T-t)}]\mathrm{d}t + \mathrm{e}^{r(T-t)}\sigma S_t\mathrm{d}W_t,$$

从而

$$\mathrm{d}F_t = (\mu - r)F_t\mathrm{d}t + \sigma F_t\mathrm{d}W_t.$$

能够看出, F_t 遵循几何布朗运动, 它的期望增长率为 $\mu - r$ 而不是 μ. 这是由于购买股票需要投入金钱, 它的收益率应该包括风险报酬和投入金钱的无风险利率 r (或者说时间成本), 而购买远期合约不包括投入金钱的时间成本, 因此其期望增长率为 $\mu - r$ 而不是 μ.

3. 应用于股票价格对数变化

假设 S_t 满足

$$\mathrm{d}S_t = \mu S_t \mathrm{d}t + \sigma S_t \mathrm{d}W_t,$$

令 $G = G(S_t) = \ln S_t$,

$$\frac{\partial G}{\partial S_t} = \frac{1}{S_t}, \quad \frac{\partial^2 G}{\partial S_t^2} = -\frac{1}{S_t^2}, \quad \frac{\partial G}{\partial t} = 0;$$

$$\mathrm{d}G = \left(\mu - \frac{\sigma^2}{2}\right)\mathrm{d}t + \sigma \mathrm{d}W_t.$$

则 G 遵循普通布朗运动, 且 (假定初始时刻为 t)

$$\ln S_T - \ln S_t = \left(\mu - \frac{\sigma^2}{2}\right)(T-t) + \sigma(W_T - W_t), \tag{7.1.2}$$

从而

$$\ln S_T - \ln S_t \sim N\left(\left(\mu - \frac{\sigma^2}{2}\right)(T-t), \sigma^2(T-t)\right), \tag{7.1.3}$$

因此

$$\ln \frac{S_T}{S_t} \sim N\left(\left(\mu - \frac{\sigma^2}{2}\right)(T-t), \sigma^2(T-t)\right), \tag{7.1.4}$$

或

$$\ln S_T \sim N\left(\ln S_t + \left(\mu - \frac{\sigma^2}{2}\right)(T-t), \sigma^2(T-t)\right).$$

7.2 欧式期权的 Black-Scholes 定价模型

上一章提到布莱克、斯科尔斯和默顿创立的期权定价模型, 在学术界和实务界引起了强烈的反响, 这是有史以来第一个成熟的期权定价理论, 这一理论被誉为: 迄今为止最正确、最经典、应用最广、成就最高、最走在实践前面的里程碑式的金融理论. 斯科尔斯和默顿凭借该模型的创建获得 1997 年诺贝尔经济学奖 (布莱克于 1995 年去世, 未等到这一奖项的颁发).

布莱克和斯科尔斯最初就曾将阐述该模型的论文试投到最终发表了该论文的《政治经济学杂志》，可是当时的主编根本未给评审们审读就退回了该稿件, 其理由是金融内容太多、经济学内容太少! 然后, 他们又将该论文试投《经济学和统计学评论》杂志, 这一回他们的退稿信里甚至连审读报告都没有. 最后, 当《政治经济学杂志》更换了主编, 他们又通过芝加哥大学著名金融经济学家法玛和米勒向《政治经济学杂志》主编推荐, 这篇论文才被再次试投到《政治经济学杂志》，并于 1973 年得以最终发表. 由于这些延误, 《金融学杂志》上发表的有关他们的公式的实证测验文章反倒赶在了《政治经济学杂志》发表这一公式之前. 当时恐怕谁也不会料到, 正是这样一篇一波三折才发表的稿件却在后来让其著作者获得了 1997 年诺贝尔经济学奖. 就在这一模型问世前 1 个月, 芝加哥期权交易所正式允许股票期权挂牌交易. 不久, 德州仪器公司就在《华尔街日报》上刊登广告称: “你现在可以用我们的计算器来计算 Black-Scholes 值了. ”

7.2.1 股票价格的对数正态分布特性

股票价格遵循: $\mathrm{d}S_t = \mu S_t \mathrm{d}t + \sigma S_t \mathrm{d}W_t$, 意味着

$$\mathrm{d}\ln S_t = \left(\mu - \frac{\sigma^2}{2}\right)\mathrm{d}t + \sigma \mathrm{d}W_t;$$

注意,

$$\mathrm{d}\ln S_t \neq \frac{\mathrm{d}S_t}{S_t}.$$

T 时刻的股票价格的对数可由式 (7.1.2) 刻画. 从而, T 时刻的股票价格为

$$S_T = S_t \mathrm{e}^{\left(\mu - \frac{\sigma^2}{2}\right)(T-t) + \sigma(W_T - W_t)},$$

同时, 由式(7.1.3) 和式 (7.1.4), S_T 服从对数正态分布, 由经典概率论的结论, 其均值和方差 (严格来说是已知到时刻 t 为止的股价信息 ($\mathcal{F}_t$) 条件下的条件期望和方差) 分别为

$$\mathbb{E}_t(S_T) = S_t \mathrm{e}^{\mu(T-t)},$$

$$\mathbb{D}_t(S_T) = S_t^2 \mathrm{e}^{2\mu(T-t)}(\mathrm{e}^{\sigma^2(T-t)} - 1),$$

其中, $\mathbb{E}_t(\cdot) := \mathbb{E}(\cdot|\mathcal{F}_t)$, 方差的相关符号类似定义. 另外, 注意 μ 和 $\mu - \dfrac{\sigma^2}{2}$ 所代表的含义.

例 7.2 设某股票 A 的当前价格为 50 元, 预期收益率为每年 18%, 波动率为每年 20%, 假设该股票价格遵循几何布朗运动且该股票在 6 个月内不付红利. 请

问该股票 6 个月后的价格 S_T 的概率分布如何? 股票在 6 个月后价格的期望值和方差分别是多少?

解 由题意知 $S_t = 50$ 元, $\mu = 0.18, \sigma = 0.2, T-t = 0.5$ 年, 因此, 由式(7.1.3) 和式 (7.1.4), 6 个月后 S_T 的概率分布为

$$\ln S_T \sim N\left[\ln 50 + \left(0.18 - \frac{0.04}{2}\right) \times 0.5, 0.2^2 \times 0.5\right],$$

即 $\ln S_T \sim N(3.992, 0.02)$. 半年后, 该股票价格的均值和方差分别为

$$\mathbb{E}_t(S_T) = 50\mathrm{e}^{0.18\times 0.5} = 54.71,$$

$$\mathbb{D}_t(S_T) = 2500\mathrm{e}^{2\times 0.18\times 0.5} \times (\mathrm{e}^{0.04\times 0.5} - 1) = 60.46.$$

7.2.2 Black-Scholes 微分方程的基本概念

1. 基本思想

思路: 由于衍生证券价格和标的证券价格都受同一种不确定性 ($\mathrm{d}W_t$) 影响, 若匹配适当的话, 这种不确定性就可以相互抵消. 因此可以建立起一个包括一单位衍生证券空头和若干单位标的证券多头的投资组合. 若数量适当的话, 标的证券多头盈利 (或亏损) 总是会与衍生证券空头的亏损 (或盈利) 相抵消, 因此在短时间内该投资组合是无风险的. 那么, 在无套利机会的情况下, 该投资组合在短期内的收益率一定等于无风险利率.

2. 一些假设

(1) 股票价格遵循几何布朗运动.
(2) 允许使用全部所得卖空衍生证券.
(3) 没有交易费用或税收, 所有证券都是高度可分的.
(4) 在衍生证券的有效期内没有红利支付.
(5) 不存在无风险套利机会.
(6) 证券交易是连续的.
(7) 无风险利率 r 为常数且对所有到期日都相同.

7.2.3 Black-Scholes 微分方程的推导

假设 S_t 遵循 $\mathrm{d}S_t = \mu S_t \mathrm{d}t + \sigma S_t \mathrm{d}W_t$, f_t 是依赖于 S_t 的衍生品的价格, $f_t := f(S_t, t)$, 由伊藤公式,

$$\mathrm{d}f = \left(\frac{\partial f}{\partial S_t}\mu S_t + \frac{\partial f}{\partial t} + \frac{1}{2}\frac{\partial^2 f}{\partial S_t^2}\sigma^2 S_t^2\right)\mathrm{d}t + \frac{\partial f}{\partial S_t}\sigma S_t \mathrm{d}W_t,$$

将上边两式离散化:

$$\Delta S_t = \mu S_t \Delta t + \sigma S_t \Delta W_t;$$

$$\Delta f = \left(\frac{\partial f}{\partial S_t}\mu S_t + \frac{\partial f}{\partial t} + \frac{1}{2}\frac{\partial^2 f}{\partial S_t^2}\sigma^2 S_t^2\right)\Delta t + \frac{\partial f}{\partial S_t}\sigma S_t \Delta W_t.$$

为了消除 ΔW_t, 可以构建一个包括一单位衍生证券空头和 $\frac{\partial f}{\partial S_t}$ 单位标的证券多头的组合. 令 Π 代表该投资组合的价值, 则

$$\Pi = -f + \frac{\partial f}{\partial S_t} S_t,$$

在 Δt 时间后,

$$\Delta \Pi = -\Delta f + \frac{\partial f}{\partial S_t}\Delta S_t.$$

将 $\Delta f, \Delta S_t$ 表达式代入,

$$\Delta \Pi = \left(-\frac{\partial f}{\partial t} - \frac{1}{2}\frac{\partial^2 f}{\partial S_t^2}\sigma^2 S_t^2\right)\Delta t.$$

在没有套利机会的条件下, 该投资组合的收益率为无风险收益率 r. 因为如果该组合的收益率高于无风险收益率, 套利者可以通过借入资金买入组合而获取无风险套利; 如果低于无风险收益率, 则套利者可以通过卖空组合同时买入无风险债券来获取无风险收益. 所以,

$$\Delta \Pi = r\Pi \Delta t,$$

从而

$$\frac{\partial f}{\partial t} + rS_t\frac{\partial f}{\partial S_t} + \frac{1}{2}\sigma^2 S_t^2 \frac{\partial^2 f}{\partial S_t^2} = rf, \tag{7.2.1}$$

这就是著名的 **Black-Scholes 微分方程**, 简称 B-S 微分方程, 它事实上适用于其价格取决于标的证券价格 S_t 的所有衍生品的定价.

解微分方程时, 通常都要给出边界条件, 不同的边界条件得到的方程的解是不同的.

对于远期合约, 边界条件 (终端条件) 为

$$f_t = f(S_t, t) = S_t - K, \quad 当\ t = T\ 时;$$

对于欧式看涨期权, 边界条件 (终端条件) 为

$$f_t = f(S_t, t) = \max(S_t - K, 0), \quad 当\ t = T\ 时;$$

对于欧式看跌期权, 边界条件为

$$f_t = f(S_t, t) = \max(K - S_t, 0), \quad \text{当 } t = T \text{ 时}.$$

7.2.4 Black-Scholes 微分方程的重要结论———风险中性定价原理

从 Black-Scholes 微分方程中我们可以发现: 衍生证券的价值决定公式中出现的变量为标的证券当前市价 (S_t)、时间 (t)、证券价格的波动率 (σ) 和无风险利率 r, 它们全都是客观变量, 独立于主观变量——风险偏好. 而受制于主观的风险偏好的标的证券预期收益率 μ 并未包括在衍生证券的价值决定公式中. 由此可以利用 Black-Scholes 公式得到的结论, 作出一个可以大大简化我们的工作的风险中性假设: 在对衍生证券定价时, 所有投资者都是风险中性的.

在所有投资者都是风险中性的条件下 (有时我们称之为进入了一个 "风险中性世界"): 所有证券的预期收益率都等于无风险利率 r, 因为风险中性的投资者并不需要额外的收益来吸引他们承担风险. 同样, 在风险中性条件下, 所有现金流都应该使用无风险利率进行贴现求得现值, 这就是风险中性定价原理.

在风险中性的世界里,

$$\hat{\mathbb{E}}_t(S_T) = S_t \mathrm{e}^{r(T-t)},$$

即

$$S_t = \mathrm{e}^{-r(T-t)} \hat{\mathbb{E}}_t(S_T),$$

其中, $\hat{\mathbb{E}}_t(\cdot) := \hat{\mathbb{E}}(\cdot|\mathcal{F}_t)$ 表示风险中性世界里的条件期望.

相应地, 在风险中性世界里, 股票价格用以下几何布朗运动刻画:

$$\mathrm{d}S_t = rS_t\mathrm{d}t + \sigma S_t \mathrm{d}\hat{W}_t,$$

其中, $\hat{W}_t$ 是风险中性情形下的标准布朗运动.

例 7.3　将以上定价原理应用于股票远期合约价值的确定.

考虑一个期限为 T、交割价格为 K 的远期合约多头, 则到期日远期合约的价值为 $S_T - K$, 将远期合约在 t 时刻的价值记为 f_t, 根据风险中性定价法,

$$\begin{aligned} f_t &= \mathrm{e}^{-r(T-t)} \hat{\mathbb{E}}_t(S_T - K) \\ &= \mathrm{e}^{-r(T-t)} \hat{\mathbb{E}}_t(S_T) - \mathrm{e}^{-r(T-t)} K. \end{aligned}$$

由于

$$\hat{\mathbb{E}}_t(S_T) = S_t \mathrm{e}^{r(T-t)},$$

代入上式后得到

$$f_t = S_t - K\mathrm{e}^{-r(T-t)}.$$

这和我们前面章节得到的结果是一致的, 可以验证它满足 Black-Scholes 微分方程 (7.2.1) (请自行验证).

7.2.5 欧式期权定价公式

1. 无收益资产欧式看涨期权的定价公式

定理 7.1 已知股票价格服从扩散系数为 μ、波动率为 σ 的几何布朗运动, 以此股票为标的资产, 到期期限为 T、执行价格为 K、无风险利率为 r (连续复利) 的欧式看涨期权在任意 t $(0 \leqslant t \leqslant T)$ 时刻的价格为

$$c_t = S_t \Phi(d_1) - K\mathrm{e}^{-r(T-t)}\Phi(d_2), \tag{7.2.2}$$

其中,

$$\begin{aligned} d_1 &= \frac{\ln\left(\dfrac{S_t}{K}\right) + \left(r + \dfrac{\sigma^2}{2}\right)(T-t)}{\sigma\sqrt{T-t}}, \\ d_2 &= \frac{\ln\left(\dfrac{S_t}{K}\right) + \left(r - \dfrac{\sigma^2}{2}\right)(T-t)}{\sigma\sqrt{T-t}} \\ &= d_1 - \sigma\sqrt{T-t}. \end{aligned}$$

公式 (7.2.2) 即是著名的 Black-Scholes-Merton **期权定价公式**, 简称 B-S-M 或 B-S 公式, 下面给出一个简单的证明.

证明 根据风险中性定价法, 欧式看涨期权到期日的期望价值为

$$\hat{E}_t[\max(S_T - K, 0)],$$

则

$$c_t = \mathrm{e}^{-r(T-t)}\hat{\mathbb{E}}_t[\max(S_T - K, 0)], \tag{7.2.3}$$

注意到 (在风险中性世界里, 随机变量服从某一分布时, 用 $\hat{\sim}$ 表示),

$$\ln S_T \hat{\sim} N\left(\ln S_t + \left(r - \frac{\sigma^2}{2}\right)(T-t), \sigma^2(T-t)\right).$$

令

$$Z = \frac{\ln S_T - m}{n},$$

其中,

$$m=\hat{\mathbb{E}}_t(\ln(S_T))=\ln S_t+\left(r-\frac{\sigma^2}{2}\right)(T-t),$$

$$n=\sqrt{\hat{\mathbb{D}}_t(\ln S_T)}=\sigma\sqrt{T-t},$$

显然, $Z\sim N(0,1)$, 其密度函数为 $\phi(z)=\dfrac{1}{\sqrt{2\pi}}\mathrm{e}^{-\frac{z^2}{2}}$.

$$\begin{aligned}
&\hat{\mathbb{E}}_t[\max(S_T-K,0)]\\
=&\int_{-\infty}^{\infty}\max(s-K,0)f(s)\mathrm{d}s\\
=&\int_K^{\infty}sf(s)\mathrm{d}s-\int_K^{\infty}Kf(s)\mathrm{d}s\\
=&\int_{\frac{\ln K-m}{n}}^{\infty}\mathrm{e}^{nz+m}\phi(z)\mathrm{d}z-\int_{\frac{\ln K-m}{n}}^{\infty}K\phi(z)\mathrm{d}z\\
=&\int_{\frac{\ln K-m}{n}}^{\infty}\mathrm{e}^{nz+m}\frac{1}{\sqrt{2\pi}}\mathrm{e}^{-\frac{z^2}{2}}\mathrm{d}z-\int_{\frac{\ln K-m}{n}}^{\infty}K\phi(z)\mathrm{d}z\\
=&\int_{\frac{\ln K-m}{n}}^{\infty}\mathrm{e}^{\frac{n^2}{2}+m}\frac{1}{\sqrt{2\pi}}\mathrm{e}^{-\frac{(z-n)^2}{2}}\mathrm{d}z-K\Phi\left(\frac{m-\ln K}{n}\right)\\
=&\int_{\frac{\ln K-m}{n}}^{\infty}\mathrm{e}^{\frac{n^2}{2}+m}\phi(z-n)\mathrm{d}z-K\Phi\left(\frac{\ln\left(\frac{S_t}{K}\right)+\left(r-\frac{\sigma^2}{2}\right)(T-t)}{\sigma\sqrt{T-t}}\right)\\
=&\hat{\mathbb{E}}_t(S_T)\Phi\left(\frac{\ln\left(\frac{S_t}{K}\right)+\left(r+\frac{\sigma^2}{2}\right)(T-t)}{\sigma\sqrt{T-t}}\right)\\
&-K\Phi\left(\frac{\ln\left(\frac{S_t}{K}\right)+\left(r-\frac{\sigma^2}{2}\right)(T-t)}{\sigma\sqrt{T-t}}\right),
\end{aligned}$$

代入

$$c_t=\mathrm{e}^{-r(T-t)}\hat{\mathbb{E}}_t[\max(S_T-K,0)],$$

结论得证.

注 (1) 对公式的理解.

$\Phi(d_2)$ 是在风险中性世界中 S_T 大于 K 的概率, 即欧式看涨期权被执行的概率, 因此 $K\mathrm{e}^{-r(T-t)}\Phi(d_2)$ 可以看成预期执行期权所需支付的现值. 而 $\mathrm{e}^{r(T-t)}S_t\Phi(d_1)=\hat{\mathbb{E}}_t(S_T)\Phi\ (d_1)$ 则是在风险中性世界里, 一个如果 $S_T>K$ 就等于 S_T, 否则就等于 0 的变量的期望值, $S_t\Phi(d_1)$ 则是这个值的贴现值, 可以看成期权持有者预期执行期权所得收入的现值. 因此, 整个看涨期权定价公式就是在风险中性世界里期权在未来期望回报的现值.

(2) 可以用股票和债券复制期权.

可以证明, $\Phi(d_1)=\dfrac{\partial f}{\partial S_t}$, 它是构造无风险组合 Π 时的 Δ, 是复制投资组合中股票的数量, $S_t\Phi(d_1)$ 就是股票的市值. 而 $K\mathrm{e}^{-r(T-t)}\Phi(d_2)$ 则是复制交易策略中债券的价值.

由于主要参数都是时变的, 因此这种复制策略是动态复制策略, 必须不断调整相关头寸数量.

2. 无收益资产欧式看跌期权的定价公式

类似于定理 7.1 结论的推导, 可以得到无收益资产欧式看跌期权的定价公式

$$p_t=K\mathrm{e}^{-r(T-t)}\Phi(-d_2)-S_t\Phi(-d_1). \tag{7.2.4}$$

可以验证, 公式 (7.2.2)和 (7.2.4) 的看涨、看跌期权价格 c_t 和 p_t 满足看跌-看涨平价关系 (5.4.1).

3. 无收益资产美式看涨期权的定价公式

在标的资产无收益情况下, $C_t=c_t$, 因此无收益资产美式看涨期权的定价公式同样是

$$C_t=S_t\Phi(d_1)-K\mathrm{e}^{-r(T-t)}\Phi(d_2),$$

由于美式看跌期权和看涨期权之间不存在严密的平价关系, 因此美式看跌期权的定价无法得到一个精确的解析公式, 可以通过数值方法来求解.

4. 有收益资产欧式期权的定价公式

在收益已知的情况下, 可以把标的证券的价格分解成两部分: 期权有效期内已知收益的现值部分和一个有风险部分. 在期权到期之前, 收益现值部分将由于标的资产支付收益而抵消.

当标的证券已知收益的现值为 I 时, 用 (S_t-I) 代替 S_t.

当标的证券的收益为按连续复利计算的收益率为 q 时, 用 $S_t\mathrm{e}^{-q(T-t)}$ 代替 S_t.

一般来说, 期货期权、股指期权和外汇期权都可以看作标的资产支付连续复利收益率的期权. 欧式期货期权可以看作一个支付连续红利率为 r 的资产的欧式期权; 股指期权则是以市场平均股利支付率为收益率; 外汇期权标的资产的连续收益率为该外汇在所在国的无风险利率. 详细讨论参见文献 [16].

例 7.4　假设当前股票价格为 50 元, 无股息, 波动率为 35%, 无风险连续复利年利率为 5%, 求 1 年期执行价格为 50 元的欧式看涨和看跌期权价格.

解　根据题意, $S_t = 50$ 元, $K = 50$ 元, $r = 0.05, \sigma = 0.35, T - t = 1$, 利用公式(7.2.2), 可求出期权价格

$$c_t = 50 \times \Phi(d_1) - 50 \times \mathrm{e}^{-0.05\times 1}\Phi(d_2),$$

其中,

$$\begin{aligned} d_1 &= \frac{\ln\left(\dfrac{S_t}{K}\right) + \left(r + \dfrac{\sigma^2}{2}\right)(T-t)}{\sigma\sqrt{T-t}} = 0.3179, \\ d_2 &= \frac{\ln\left(\dfrac{S_t}{K}\right) + \left(r - \dfrac{\sigma^2}{2}\right)(T-t)}{\sigma\sqrt{T-t}} = -0.0321. \end{aligned}$$

从而, 进一步可计算出 $c_t = 8.9642$; 同理, 利用公式 (7.2.4), 可计算出 $p_t = 5.6257$.

例 7.5　假设市场上正在交易一种英镑外汇欧式看涨期权, 期限为 6 个月, 执行价格为 8.5 (CNY/GBP), 当前英镑对人民币的即期汇率为 9.0 (CNY/GBP), 人民币的无风险利率为 3%, 英镑的无风险利率为 5%, 英镑汇率遵循几何布朗运动, 波动率为 10%, 求期权价格.

解　由于英镑会产生无风险收益, 现在的 1 英镑等于 6 个月后的 $\mathrm{e}^{0.05\times 0.5}$ 英镑, 而现在的 $\mathrm{e}^{-0.05\times 0.5}$ 英镑等于 6 个月后的 1 英镑, 因此可令 $S_t = 9.0\times\mathrm{e}^{-0.05\times 0.5}$, 并代入期权定价公式, 可求出期权价格:

$$\begin{aligned} c_t &= 9.0 \times \mathrm{e}^{-0.05\times 0.5}\Phi(d_1) - 8.5\mathrm{e}^{-0.03\times 0.5}\Phi(d_2) \\ &= 8.7778\Phi(d_1) - 8.3735\Phi(d_2), \end{aligned}$$

其中,

$$\begin{aligned} d_1 &= \frac{\ln(9.0 \times \mathrm{e}^{-0.05\times 0.5}/8.5) + (0.03 + 0.01/2) \times 0.5}{0.1 \times \sqrt{0.5}} = 0.7024, \\ d_2 &= d_1 - \sigma\sqrt{T-t} = 0.6316. \end{aligned}$$

从而, 进一步可计算出 $c_t = 8.7778 \times 0.7588 - 8.3735 \times 0.7362 = 0.496$. 因此, 6 个月期英镑欧式看涨期权价格为 0.496.

7.2.6 历史波动率与隐含波动率

通过观察定价公式 (7.2.2), 我们可以看出决定期权价格的变量包括 S_t, K, T, r, σ, 其中, 不能直接观测到的变量是反映资产价格随机波动情况的波动率 σ, 即股票价格 1 年连续复利收益率的标准差. 在金融理论中, 波动率是常用的一种风险度量指标. 我们可以通过股票的历史价格来估计波动率, 称为历史波动率 (historical volatility), 它是通过回溯并分析历史上已经出现的价格而得到, 也称为回望波动率 (backward looking volatility). 在实际中, 交易员通常使用所谓的隐含波动率 (implied volatility), 即由期权的市场价格, 运用 Black-Scholes 公式反推出来的波动率, 也称为前瞻波动率 (forward looking volatility).

1. *历史波动率*

人们通常从标的资产的历史数据估计得到历史波动率, 再相应外推得到未来波动率的预测值. 最常见的历史波动率估计法是标准差法, 在计算波动率时, 通常使用交易的天数, 而不是日历天数.

假设股票价格有 $n+1$ 天的观测, 价格序列记为 $S_i, i=0,\cdots,n$, 日对数收益率序列记为

$$u_i=\ln\left(\frac{S_i}{S_{i-1}}\right),\quad i=1,\cdots,n,$$

它的修正后的样本标准差为

$$s=\sqrt{\frac{1}{n-1}\sum_{i=1}^{n}(u_i-\bar{u})^2},$$

其中, $\bar{u}$ 为对数收益率序列的均值, s 即是股票日对数收益率标准差的矩估计.

根据 7.1.1节中关于几何布朗运动的结论,

$$\ln\frac{S_T}{S_t}\sim N\left(\left(\mu-\frac{\sigma^2}{2}\right)(T-t),\sigma^2(T-t)\right),$$

可知,

$$\mathbb{D}_t\left(\ln\frac{S_T}{S_t}\right)=\sigma^2(T-t).$$

在我国, 一年大约有 250 个交易日, 一天相当于 1/250 年, 所以可以令 $T-t=1/250$, 在研究国外衍生品时通常令 $T-t=1/252$.

所以 σ 的估计为

$$\hat{\sigma}=\frac{s}{\sqrt{T-t}}=\frac{s}{\sqrt{1/250}},$$

或

$$\hat{\sigma} = \frac{s}{\sqrt{T-t}} = \frac{s}{\sqrt{1/252}}.$$

如果观测的是股票价格的月度数据, 得到的 s 是股票月对数收益率标准差的矩估计, 则相应的波动率 σ 估计表达式中的 $T-t=1/12$; 如果是季度数据等, 以此类推.

以上分析中假设股票不付股息, 如果考虑支付股息的股票, 对应于一个包含除息日的时间区间, 股票的对数收益率为

$$u_i = \ln\left(\frac{S_i + D}{S_{i-1}}\right),$$

其中, D 为股息的数量, 在其他时间区间, 股票的对数收益率仍为

$$u_i = \ln\left(\frac{S_i}{S_{i-1}}\right).$$

不过, 由于税收因素可能会对收益率在除息日附近的计算带来一定的影响, 所以当我们用每日或每周数据进行计算时, 最好是使用除去包含除息日在内的时间区间里的数据.

例 7.6　表 7.1 给出了 2018 年 2 月 22 日 ~ 3 月 22 日, 一共 21 个交易日的上证 50ETF 日收盘价格序列, 这时 $n=20$, 容易计算出日收益率标准差的估计值为

$$\begin{aligned} s &= \sqrt{\frac{1}{n-1}\sum_{i=1}^{n}(u_i-\bar{u})^2} \\ &= \sqrt{\frac{1}{n-1}\sum_{i=1}^{n}\left(\ln\left(\frac{S_i}{S_{i-1}}\right) - \frac{\sum_{i=1}^{n}\left(\ln\frac{S_i}{S_{i-1}}\right)}{n}\right)^2} \\ &= 0.008861, \end{aligned}$$

表 7.1　2018 年 2 月 22 日 ~ 3 月 22 日上证 50ETF 日收盘价数据

天数	收盘价/元	天数	收盘价/元	天数	收盘价/元
0	2.925	7	2.856	14	2.863
1	2.955	8	2.888	15	2.890
2	2.965	9	2.871	16	2.862
3	2.920	10	2.893	17	2.892
4	2.871	11	2.903	18	2.895
5	2.884	12	2.905	19	2.884
6	2.856	13	2.873	20	2.857

从而波动率的估计值为 $0.008861\sqrt{250} = 0.1401$, 即每年 14.01%.

2. 隐含波动率

如果知道了期权的市场价格以及其他可观察的参数, 剩下的唯一未知的参数就是波动率. 这时, 将期权的市场价格和波动率以外的参数代入期权定价模型 (最常见的就是 B-S 模型), 倒求出期权价格对应的波动率. 这样得到的波动率隐含着期权市场对未来波动率的预期, 称为隐含波动率.

由公式 (7.2.2), 我们知道 c 是 $S_t, K, T-t, r, \sigma$ 的函数, 即

$$c_t = S_t\Phi(d_1) - K\mathrm{e}^{-r(T-t)}\Phi(d_2) = f(S_t, K, T-t, r, \sigma),$$

从而, 欧式看涨期权的隐含波动率是 f (除波动率外, 其他变量看成常数) 的逆, 即

$$\sigma = f^{-1}(S_t, K, T-t, r, c_t). \tag{7.2.5}$$

通常式 (7.2.5)没有显式解, 需要借助数值方法近似求解, 比较经典的是二分法或牛顿-拉弗森 (Newton-Raphson) 法.

注 (1) B-S 期权定价公式的精确度评价.

B-S 期权定价公式在定价方面存在一定偏差, 但它依然是迄今为止解释期权价格动态的最佳模型之一, 应用广泛, 影响深远. B-S 期权定价与市场价格存在差异的主要原因在于:

(i) 期权市场价格偏离均衡;

(ii) 使用错误的参数;

(iii) B-S 期权定价公式建立在众多假设的基础上.

(2) B-S 期权定价公式的缺陷与拓展.

许多学者致力于在各个方面放松假设, 拓展模型. 主要包括以下几个方面 (参见文献 [8], [9] 以及专著 [3], [22]):

(i) 无交易成本假设的放松;

(ii) 常数波动率假设的放松;

(iii) 波动率以外, 其他参数假设的放松;

(iv) 资产价格连续变动假设的放松.

另外, B-S 期权定价公式的完美建立, 取决于金融市场的完全性 [18,27], 非完全市场下的定价问题的建模与求解也有很多研究工作, 比如文献 [5], [7], [12], [13].

(3) B-S 微分方程的求解.

解微分方程时, 通常都要给出边界条件. 对于欧式看涨期权, 边界条件为

$$f_t = \max(S_t - K, 0), \quad 当\ t = T\ 时,$$

此偏微分方程可以转化为数学物理中经典的热传导方程 (heat conduction equation), 可以完美地求出显式解. 以下是简略的推导过程, 由于欧式看涨期权满足的偏微分方程为

$$\begin{cases} \dfrac{\partial f}{\partial t}+rS_t\dfrac{\partial f}{\partial S_t}+\dfrac{1}{2}\sigma^2S_t^2\dfrac{\partial^2 f}{\partial S_t^2}=rf, \\ f_T=(S_T-K)^+. \end{cases} \tag{7.2.6}$$

令 $x=\ln S_t$, 则

$$\frac{\partial f}{\partial S_t}=\frac{\partial f}{\partial x}\frac{1}{S_t},$$

$$\frac{\partial^2 f}{\partial S_t^2}=\frac{\partial^2 f}{\partial x^2}\frac{1}{S_t^2}-\frac{\partial f}{\partial x}\frac{1}{S_t^2}.$$

式 (7.2.6) 中的偏微分方程变为

$$\frac{\partial f}{\partial t}+\left(r-\frac{1}{2}\sigma^2\right)\frac{\partial f}{\partial x}+\frac{1}{2}\sigma^2\frac{\partial^2 f}{\partial x^2}=rf.$$

再令 $t=T-\dfrac{2}{\sigma^2}\tau$, 并引进常数 $k=\dfrac{2r}{\sigma^2}$, 得到新的方程

$$\frac{\partial f}{\partial \tau}=(k-1)\frac{\partial f}{\partial x}+\frac{\partial^2 f}{\partial x^2}-kf,$$

再引进一个新的函数 $u(x,\tau)$ 使得

$$f(x,\tau)=\mathrm{e}^{\alpha x+\beta\tau}u(x,\tau),$$

则

$$\frac{\partial u}{\partial \tau}=(-\beta+\alpha(k-1)-k+\alpha^2)u+(k-1+2\alpha)\frac{\partial u}{\partial x}+\frac{\partial^2 x}{\partial x^2},$$

令

$$\begin{cases} -\beta+\alpha(k-1)-k+\alpha^2=0, \\ k-1+2\alpha=0, \end{cases}$$

可解得

$$\begin{cases} \alpha=-\dfrac{k-1}{2}, \\ \beta=-\dfrac{(k+1)^4}{4}, \end{cases}$$

从而得到热传导方程: $\dfrac{\partial u}{\partial \tau}=\dfrac{\partial^2 u}{\partial x^2}$, 原 f 的解与 u 的关系可以表示为

$$f_t=\mathrm{e}^{\alpha\ln S_t+\beta(T-t)\frac{\sigma^2}{2}}u\left(\ln S_t,(T-t)\frac{\sigma^2}{2}\right).$$

另外, 由随机分析中的费曼-卡茨 (Feynman-Kac) 定理 (参见文献 [17]), 可以直接验证风险中性期望表达式 (7.2.3) 正是偏微分方程 (7.2.6) 的解.

*7.3 美式期权的 BAW 定价模型

2017 年 3 月 31, 我国第一只商品期权品种——豆粕期权在大连商品交易所上市交易, 在此之后, 玉米期权、豆油期权等品种陆续推出, 和上证 50ETF 期权、中证 1000 股指期权不同的是, 按国际通行的做法, 商品期权的行权方式通常是美式的, 我国的商品期权通常利用 BAW 美式期权定价模型确定商品期权合约的挂牌基准价.

7.3.1 BAW 定价模型原理

和欧式期权不同, 美式期权不能得到解的精确表达式, 所以对美式期权的定价方法的研究主要集中在数值解、近似解析解以及解本身的一些性质上. 其中最为著名的一个美式期权定价近似解模型是 Barone-Adesi 和 Whaley[1] 提出的 BAW 模型. BAW 模型是通过找到美式期权行权时的临界股票价格来得到期权价格的近似解析解. BAW 模型的优势在于它的快速、准确和计算成本低.

由于美式期权可以在到期日之前的任意时间行权, 相比欧式期权, 自由行权的权利使得持有人拥有更多获利机会. 除了无红利支付的看涨期权不应该提前行权之外, 一般情况下, 相比欧式期权, 美式期权更贵一些. BAW 期权定价模型正是基于这样一个原理. 按照金融意义, 美式期权可以分解为两部分, 一部分是欧式期权, 另一部分是由于合约增加提前实施条款而需要增付的权利金.

7.3.2 BAW 定价模型分析

考虑一个红利率为 q 的支付连续红利的股票期权, 令 $e(S_t,t)$ 表示美式期权和欧式期权的价格之差, 即提前行权需要多付的部分.

$$f_A(S_t,t)=f_E(S_t,t)+e(S_t,t),$$

其中, f_A 为美式期权价格, f_E 为欧式期权价格. 由于 f_A 和 f_E 都满足 Black-Scholes 微分方程, 即

$$\frac{\partial f_A}{\partial t}+(r-q)S_t\frac{\partial f_A}{\partial S_t}+\frac{1}{2}\sigma^2S_t^2\frac{\partial^2 f_A}{\partial S_t^2}=rf_A,$$

$$\frac{\partial f_E}{\partial t}+(r-q)S_t\frac{\partial f_E}{\partial S_t}+\frac{1}{2}\sigma^2S_t^2\frac{\partial^2 f_E}{\partial S_t^2}=rf_E,$$

因此 $e(S_t,t)$ 也必须满足 Black-Scholes 微分方程, 即

$$\frac{\partial e}{\partial t}+(r-q)S_t\frac{\partial e}{\partial S_t}+\frac{1}{2}\sigma^2S_t^2\frac{\partial^2 e}{\partial S_t^2}=re.$$

对于欧式看涨期权和美式看涨期权而言, 需要满足边界条件

$$f_A(S_T,T)=\max(S_T-K,0)=f_E(S_T,T),$$

所以 $e(S_T,T)$ 需要满足下面两个条件:

$$e(S_T,T)=0,\quad \lim_{t\to T}e(S_t,t)=0.$$

令 $X_t=1-\mathrm{e}^{-r(T-t)}$, $M=\dfrac{2r}{\sigma^2}$, $L=\dfrac{2(r-q)}{\sigma^2}$, 假设 e 具有这样的形式: $e(S_t,X_t)=X_tf(S_t,X_t)$, 则可以满足边界条件. 通过变量替换, 可以得出

$$S_t^2\frac{\partial^2 f}{\partial S_t^2}+LS_t\frac{\partial f}{\partial S_t}-\frac{M}{X_t}f-(1-X_t)M\frac{\partial f}{\partial X_t}=0.$$

Barone-Adesi 和 Whaley 在这里假设最后一项为 0, 即令 $(1-X_t)M\dfrac{\partial f}{\partial X_t}=0$, 可得

$$S_t^2\frac{\partial^2 f}{\partial S_t^2}+LS_t\frac{\partial f}{\partial S_t}-\frac{M}{X_t}f=0,$$

这是一个二阶的常微分方程, 其通解为

$$f(S_t,X_t)=a_1S_t^{\gamma_1}+a_2S_t^{\gamma_2},$$

其中,

$$\gamma_1=[-(L-1)-\sqrt{(L-1)^2+4M/X_t}]/2<0;$$

$$\gamma_2=[-(L-1)+\sqrt{(L-1)^2+4M/X_t}]/2>0;$$

a_1,a_2 是待定的常数, 当期权是美式看涨期权时, $a_1=0$. 因为, 若 a_1 是非零常数的话, 当股票价格 S_t 趋近 0 时, f 趋于 ∞, 这显然不符合美式看涨期权的实际物理含义. 同理, 当期权是美式看跌期权时, $a_2=0$.

令 $C(S_t)$, $P(S_t)$ 分别表示时刻 t 美式看涨期权和看跌期权的价格, 相应的欧式看涨期权和看跌期权的价格分别用 $c(S_t)$, $p(S_t)$ 表示. 则

$$C(S_t) = c(S_t) + X_t a_2 S_t^{\gamma_2}, \tag{7.3.1}$$

式 (7.3.1) 应该与提前行权在某个时刻 $t \leqslant s \leqslant T$ 的取值 $S_s - K$ 一致, 并且价格曲线在这一点的斜率为 1, 这一时刻的股票价格记为 S^*. 在 S^* 处的价格应该满足以下条件:

$$S^* - K = c(S^*) + X_t a_2 S^{*\gamma_2},$$

$$1 = \mathrm{e}^{-q(T-t)}\Phi(d_1(S^*)) + X_t q_2 a_2 S^{*\gamma_2 - 1},$$

其中, $d_1(x) = \dfrac{\ln(x/K) + (r - q + \sigma^2/2)(T-t)}{\sigma\sqrt{T-t}}$. 因此, 可得

$$a_2 = \frac{1 - \mathrm{e}^{-q(T-t)}\Phi(d_1(S^*))}{X_t \gamma_2 S^{*\gamma_2 - 1}},$$

代入以上满足的条件, 可知 S^* 满足

$$S^* - K = c(S^*) + \{1 - \mathrm{e}^{-q(T-t)}\Phi(d_1(S^*))\}S^*/\gamma_2.$$

通过结合美式期权的边界条件, 可得到 BAW 美式看涨期权定价公式:

$$C(S_t) = \begin{cases} c(S_t) + A_2(S_t/S^*)^{\gamma_2}, & S_t < S^*, \\ S_t - K, & S_t \geqslant S^*. \end{cases}$$

同理, 对于看跌期权, 有

$$P(S_t) = \begin{cases} p(S_t) + A_1(S_t/S^{**})^{\gamma_1}, & S_t > S^{**}, \\ K - S_t, & S_t \leqslant S^{**}, \end{cases}$$

其中, S^{**} 是看跌期权定价中的临界股票价格, 满足下式:

$$K - S^{**} = p(S^{**}) - \{1 - \mathrm{e}^{-q(T-t)}\Phi(-d_1(S^{**}))\}S^{**}/\gamma_1,$$

当股票价格低于它时, 看跌期权被提前执行. 上面定价公式中, A_1, A_2, d_1 分别为

$$A_1 = -(S^{**}/\gamma_1)\{1 - \mathrm{e}^{-q(T-t)}\Phi(-d_1(S^{**}))\},$$

$$A_2 = (S^*/\gamma_2)\{1 - \mathrm{e}^{-q(T-t)}\Phi(d_1(S^*))\},$$

$$d_1(x) = \frac{\ln(x/K) + (r - q + \sigma^2/2)(T - t)}{\sigma\sqrt{T - t}}.$$

在 BAW 模型中, 假设 e 具有这样的形式

$$e(S_t, X_t) = X_t f(S_t, X_t), \qquad X_t = 1 - \mathrm{e}^{-r(T-t)}.$$

但这种假设并不是唯一的, 在满足边界条件的前提下, 选取其他 e 的形式也可以得到美式期权的近似显式解.

在 BAW 模型中, Barone-Adesi 和 Whaley 通过令 $(1 - X_t)M\dfrac{\partial f}{\partial X_t} = 0$, 得到了下面的近似方程:

$$S_t^2 \frac{\partial^2 f}{\partial S_t^2} + LS_t \frac{\partial f}{\partial S_t} - \frac{M}{X_t} f = 0.$$

实际上, 当距离期权到期时间足够短或足够长时, 有

$$\lim_{T-t\to 0} \frac{\partial f}{\partial X_t} = \lim_{T-t\to\infty} \frac{\partial(e(S, X_t)/X_t)}{\partial X_t} = 0,$$

$$\lim_{T-t\to\infty} X_t = \lim_{T-t\to\infty} (1 - \mathrm{e}^{-r(T-t)}) = 1 \Rightarrow \lim_{T-t\to\infty} (1 - X_t) = 0.$$

这时, $(1 - X_t)M\dfrac{\partial f}{\partial X_t} = 0$ 这一假设是合理的, BAW 模型计算的期权价格最为准确有效. 而当距离期权到期时间在这两种情况之间时, 比如在 1 年到 5 年之间, 利用 BAW 模型进行美式期权定价将会产生较大的误差.

7.4 Python 实验

例 7.7 利用 Python 编程实现例 7.6 中波动率的计算.

```
from numpy import *
ETF=array([2.925,2.955,2.965,2.92,2.871,2.884,2.856,2.855,2.888,2.871,
           2.893,2.903,2.905,2.873,2.863,2.89,2.862,2.892,2.895,2.884,2.857])
logreturns=diff(log(ETF))
var=std(logreturns,ddof= 1)
volatility=var*sqrt(250)
print('%.4f' %var, '%.4f' %volatility)
```

输出的日对数收益率修正后的标准差和波动率分别为 0.0089 和 0.1401.

例 7.8 假设 $S_0 = 100, K = 100, T = 1, r = 0.05, \sigma = 0.03$, 利用 Python 编程实现基于 B-S 公式的欧式看涨期权价格的确定.

```
import numpy as np
from scipy.stats import norm
def BS_option(S0, K, T, r, sigma, option):
    d1=(np.log(S0/K)+(r+0.5*sigma**2)*T)/(sigma*np.sqrt(T))
    d2=d1-sigma*np.sqrt(T)
    if option == 'call':
     f=S0*norm.cdf(d1)-K*np.exp(-r*T)*norm.cdf(d2)
    elif option == 'put':
     f=K*np.exp(-r*T)*norm.cdf(-d2)-S0*norm.cdf(-d1)
    else:
     return None
    return f
print('%.4f' % BS_option(100, 100, 1, 0.05, 0.03, option='call'))
```

输出的欧式看涨期权价格: 4.9351.

例 7.9 假设 $S_0 = 50, T = 2, r = 0.03, \sigma = 0.5$, 利用 Python 分别绘制基于 B-S 公式的欧式看涨、看跌期权价格与执行价格的关系图 (K 的范围设定为 20~80).

```
import matplotlib.pyplot as plt
import numpy as np
from scipy.stats import norm

def option_analysis(S0,K,T,r,sigma,option):
    d1=(np.log(S0/K)+(r+0.5*sigma**2)*T)/(sigma*np.sqrt(T))
    d2=d1-sigma*np.sqrt(T)
    if option == 'call':
     f=S0*norm.cdf(d1)-K*np.exp(-r*T)*norm.cdf(d2)
    elif option == 'put':
     f=K*np.exp(-r*T)*norm.cdf(-d2)-S0*norm.cdf(-d1)
    else:
     return None
    return f
K=np.arange(20,80,1)

plt.rcParams['font.sans-serif']=['SimHei']
plt.rcParams['axes.unicode_minus'] = False
plt.subplot(1,2,1)
BS_price_call=option_analysis(50,K,2,0.03,0.5,option='call')
plt.plot(K,BS_price_call)
plt.xlabel("执行价格, K")
plt.ylabel("欧式看涨期权价格, c")
plt.gca().spines['right'].set_visible(False)
plt.gca().spines['top'].set_visible(False)

plt.subplot(1,2,2)
BS_price_put=option_analysis(50,K,2,0.03,0.5,option='put')
```

```
plt.plot(K,BS_price_put)
plt.xlabel("执行价格，K")
plt.ylabel("欧式看跌期权价格，p")
plt.gca().spines['right'].set_visible(False)
plt.gca().spines['top'].set_visible(False)
```

输出的图形如图 7.5.

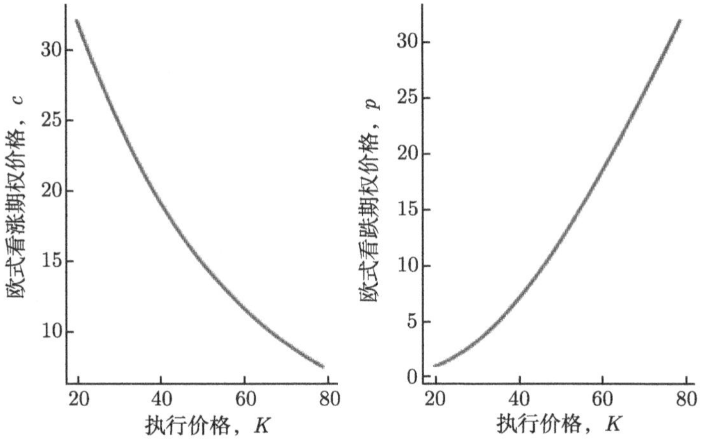

图 7.5　期权价格与执行价格关系图

类似的程序, 可以分别得到期权价格与标的资产价格、无风险利率、到期期限、标的资产波动率的关系 (图 7.6～图 7.9).

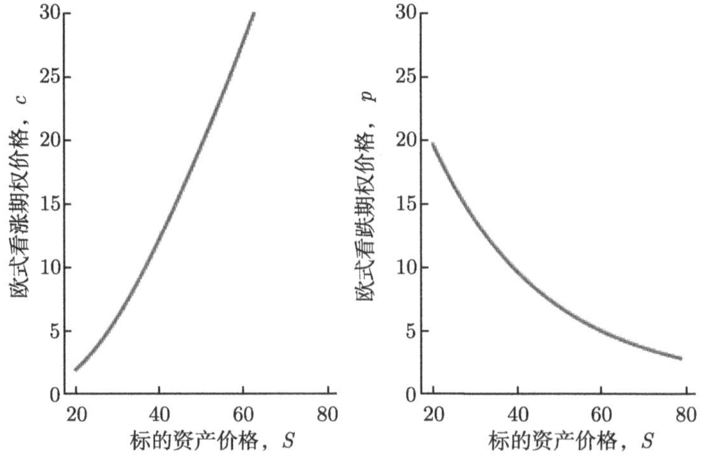

图 7.6　期权价格与标的资产价格关系图 ($K = 40, T = 2, r = 0.03, \sigma = 0.5$)

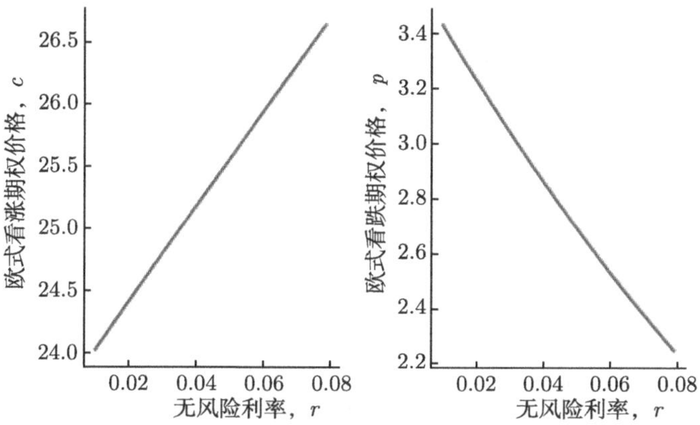

图 7.7 期权价格与无风险利率关系图 ($S_0 = 50, K = 30, T = 2, \sigma = 0.5$)

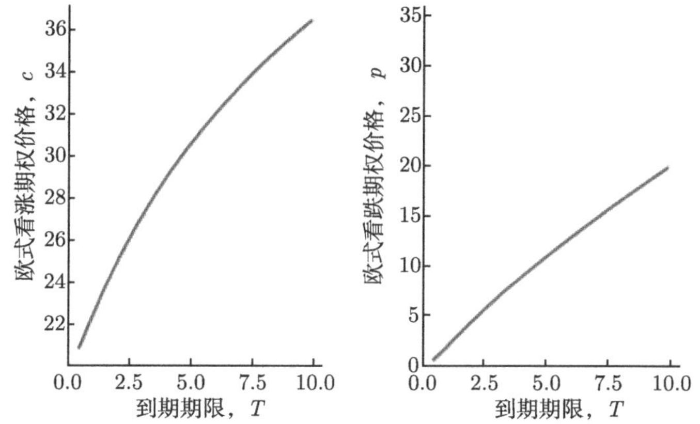

图 7.8 期权价格与到期期限关系图 ($S_0 = 50, K = 30, r = 0.03, \sigma = 0.5$)

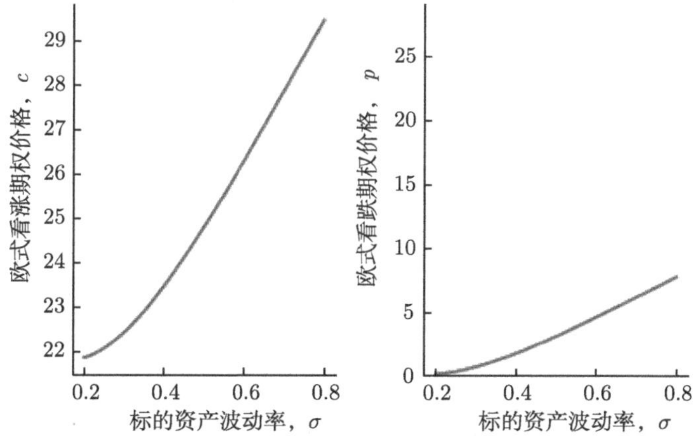

图 7.9 期权价格与标的资产波动率关系图 ($S_0 = 50, K = 30, T = 2, r = 0.03$)

例 7.10 假设 $S_0 = 100, K = 100, T = 2, r = 0.01, \sigma = 0.25$, 利用 Python 计算基于 B-S 公式的欧式看涨期权的价格, 并在这样的价格基础上, 利用牛顿迭代法计算隐含波动率.

```
import numpy as np
from scipy.stats import norm
#N = norm.cdf
def BS_call(S0, K, T, r, sigma):
    d1 = (np.log(S0/K) + (r + 0.5*sigma**2)*T) / (sigma*np.sqrt(T))
    d2 = d1-sigma * np.sqrt(T)
    return S0 * norm.cdf(d1)-np.exp(-r * T) * K * norm.cdf(d2)
def BS_vega(S0, K, T, r, sigma):
    d1 = (np.log(S0 / K) + (r + 0.5 * sigma ** 2) * T) / (sigma * np.sqrt(T))
    return S0 * norm.pdf(d1) * np.sqrt(T)
def vol(target_value, S0, K, T, r, *args):
    MAX_ITERATIONS = 200
    PRECISION = 1.0e-5
    sigma = 0.5
    for i in range(0, MAX_ITERATIONS):
        price = BS_call(S0, K, T, r, sigma)
        vega = BS_vega(S0, K, T, r, sigma)
        diff = target_value-price
        if (abs(diff) < PRECISION):
            return sigma
        sigma = sigma + diff/vega
    return sigma
BS_value =BS_call(100,100,2,0.01,0.25)
implied_vol=vol(BS_value,100,100,2,0.01)
print ('看涨期权价格= %.2f' % BS_value)
print ('隐含波动率=%.2f' % (implied_vol))
```

输出的结果: 看涨期权价格 = 14.90; 隐含波动率 = 0.25.

例 7.11 考虑一个红利率为 q 的支付连续红利的美式看涨期权, $S_0 = 40, K = 30, T = 1, r = 0.02, q = 0.01, \sigma = 0.3$, 利用 Python 编程实现基于 BAW 模型的期权价格的确定.

```
import numpy as np
from scipy.stats import norm

def BS_option(S,K,T,r,q,sigma,optype):
    d1=(np.log(S/K)+(r-q+sigma**2/2)*T)/(sigma*np.sqrt(T))
    d2=d1-sigma*np.sqrt(T)
    if optype == 'call':
        f=S*np.exp(-q*T)*norm.cdf(d1)-K*np.exp(-r*T)*norm.cdf(d2)
    elif optype == 'put':
        f=K*np.exp(-r*T)*norm.cdf(-d2)-S*np.exp(-q*T)*norm.cdf(-d1)
    else:
```

```
            return None
        return f
#利用 Newton-Raphson 方法求解边界股票价格 S*
def Kc(K,T,r,q,sigma):
    n=2*(r-q)/sigma**2
    m=2*r/sigma**2
    k=1-np.exp(-r*T)

    q2u=(1-n+((n-1)**2+4*m)**0.5)/2
    su=K/(1-1/q2u)
    h2=-1*((r-q)*T+2*sigma*T**0.5)*K/(su-K)
    Si=K+(su-K)*(1-np.exp(h2))

    q2=(1-n+((n-1)**2+4*m/k)**0.5)/2
    d1=(np.log(Si/K)+(r-q+(sigma**2)/2)*T)/(sigma*(T**0.5))
    LHS=Si-K
    RHS=BS_option(Si,K,T,r,q,sigma,optype='call')+(1-np.exp(-q*T)
                                    *norm.cdf(d1))*Si/q2
    bi=np.exp(-q*T)*norm.cdf(d1)*(1-1/q2)+(1-np.exp(-q*T)*norm.pdf(d1)/
                                    (sigma*T**0.5))/q2

    while np.abs(LHS-RHS)/K>1e-3:
        Si = (K+RHS-bi*Si)/(1-bi)
        d1=(np.log(Si/K)+(r-q+sigma**2/2)*T)/(sigma*np.sqrt(T))
        LHS = Si-K
        RHS = BS_option(Si,K,T,r,q,sigma,optype='call')+(1-np.exp(-q*T)*
                                    norm.cdf(d1))*Si/q2
        bi= np.exp(-q*T)*norm.cdf(d1)*(1-1/q2)+(1-np.exp(-q*T)*norm.
                                    pdf(d1)/(sigma*T**0.5))/q2
    return Si

def BAW_call(S,K,T,r,q,sigma):
    n=2*(r-q)/sigma**2
    m=2*r/sigma**2
    k=1-np.exp(-r*T)
    S_star=Kc(K,T,r,q,sigma)
    if (S>=S_star):
        C=S-K
    else:
        q2=(1-n+((n-1)**2+4*m/k)**0.5)/2
        d1=(np.log(S/K)+(r-q+(sigma**2)/2)*T)/(sigma*(T**0.5))
        A2 = (S/q2)*(1-np.exp(-q*T)*norm.cdf(d1))
        C=BS_option(S,K,T,r,q,sigma,optype='call')+A2*(S/S_star)**q2
    return C

print('%.4f'% BAW_call(40,30,1.0,0.02,0.01,0.30))
```

输出的结果为 11.1023.

7.5 补充阅读

B-S 公式与倒向随机微分方程——中国学者的贡献

1. B-S 公式的另一种推导 (参见文献 [20], [21])

用 f_t 来表示 t 时刻的期权价格, 再用这个期权和价格为 S_t 的标的资产 (股票) 构造一个无风险资产组合, 其价值为

$$X_t = f_t - \Delta_t S_t,$$

其中 Δ_t 是持有股票的份数, 由无套利假设, 这个资产一定满足

$$\mathrm{d}X_t = rX_t\mathrm{d}t,$$

再由股票满足的随机微分方程

$$\mathrm{d}S_t = \mu S_t\mathrm{d}t + \sigma S_t\mathrm{d}W_t,$$

可以得到期权价格满足的随机微分方程

$$\mathrm{d}f_t = (rf_t + (\mu - r)\pi_t)\mathrm{d}t + \sigma\pi_t\mathrm{d}W_t, \tag{7.5.1}$$

其中, $\pi_t = \Delta_t S_t$ 是组合中股票部分的资产价值, 对于看涨期权, 它在到期日的价格是确定的, 即

$$f_T = (S_T - K)^+, \tag{7.5.2}$$

式 (7.5.1) 和式 (7.5.2) 即是看涨期权价格所满足的倒向随机微分方程 (backward stochastic differential equation, BSDE), 由这一方程出发可以得到 B-S 公式 (7.2.2).

2. 中国学者的贡献

可以看出, 式 (7.5.1) 和式 (7.5.2) 是下面 BSDE 的特殊情形[19,20]:

$$\begin{cases} \mathrm{d}y_t = f(t, y_t, z_t)\mathrm{d}t + z_t\mathrm{d}W_t, \\ y_T = \eta. \end{cases} \tag{7.5.3}$$

我国著名数学家彭实戈在这一类问题的研究中作出了杰出、原创的贡献, 他和巴赫杜 (Pardoux) 于 1990 年发表的论文[14] 被认为是 BSDE 理论的奠基性工作, 他们说明了在适当条件下, 式 (7.5.3) 存在着唯一的一对解 (y_t, z_t), 这项工作开创了一个重要的研究领域, 其中既有深刻的数学理论, 又有在金融中的重要应用. 也因此, 彭实戈被誉为"中国金融数学第一人", 他曾受邀在第 26 届国际数学家大会上作一小时报告; 2020 年未来科学大奖得主公布, 彭实戈获数学与计算机科学奖. 该大奖对彭实戈的评语是, 表彰他在倒向随机微分方程、非线性 Feynman-Kac 公式和非线性数学期望领域中作出了奠基性和开创性贡献.

习　题

1. 已知 $\mathrm{d}S_t = \mu S_t \mathrm{d}t + \sigma S_t \mathrm{d}W_t$, 计算 T 时刻的条件期望和条件方差, 即 $\mathbb{E}_t[S_T]$ 和 $\mathbb{D}_t[S_T]$.

2. 接上题, 若股票的现价为 50 元, 预期收益率为每年 18%, 波动率为每年 30%, 求两年后股票价格的概率分布.

3. 已知 $\mathrm{d}S_t = \mu S_t \mathrm{d}t + \sigma S_t \mathrm{d}W_t$, 利用 Itô 公式计算 S_t^2 的微分.

4. 接上题, 证明 S_t^n (n 为大于 1 的自然数) 是几何布朗运动过程.

5. 已知在风险中性世界, $\mathrm{d}S_t = rS_t \mathrm{d}t + \sigma S_t \mathrm{d}\hat{W}_t$, 利用 Itô 公式计算 $\mathrm{e}^{-rt} S_t$ 的微分.

6. 已知 R_t 满足 $\mathrm{d}R_t = (\alpha - \beta R_t)\mathrm{d}t + \sigma \mathrm{d}W_t$, 利用 Itô 公式计算 $\mathrm{e}^{\beta t} R_t$ 的微分.

7. 条件同例 7.8, 计算相应的看跌期权价格, 并验证满足看跌-看涨平价关系.

8. 条件同例 7.8, 计算对冲一单位看涨期权空头风险需要持有股票的数量.

9. 已知标的资产的现价为 52 元, 波动率为每年 30%, 无风险利率为每年 4%, 求期限还剩 3 个月、执行价格为 50 元的欧式看涨期权的价格.

10. 已知标的资产的现价为 69 元, 波动率为每年 35%, 无风险利率为每年 5%, 求期限还剩 6 个月、执行价格为 70 元的欧式看跌期权的价格.

11. 假设某个无红利支付股票价格服从期望收益率为 μ、波动率为 σ 的几何布朗运动. 基于该股票的某种证券在 T 时刻收益 (payoff) 为 $S_T - \ln S_T$, 其中 S_t 是 t 时刻该股票的价格, r 为无风险年利率.

(1) 利用风险中性定价原理, 计算在 t 时刻此种衍生品的价格 (用 t 时刻的股票价格 S_t 和时间 t 来表示);

(2) 证明所得价格满足相应的 B-M 微分方程.

12. 接第 4 题, 考虑一个在 T 时刻提供收益为 S_T^n 的衍生品.

(1) 利用风险中性定价原理, 计算在 t 时刻此种衍生品的价格 (表示成 t 的确定性函数 $g(t)$ 和 S_t^n 乘积 $g(t)S_t^n$ 的形式);

(2) 推导 $g(t)$ 满足的微分方程;

(3) $g(t)$ 满足的边界条件是什么?

第 8 章　期权价格的敏感性

本章将讨论期权价格的敏感性，也即介绍影响期权价格的一些因素对期权价格的影响程度，这些影响程度的度量指标用几个特殊的 "希腊字母" 表示.

8.1　希 腊 字 母

金融机构在场外市场向客户卖出期权后会面临风险管理的问题. 如果出售的期权正好与交易所内交易的期权相同，那么这家金融机构可以从交易所买入同样的期权来对冲其风险敞口. 但是，如果所卖出的期权是为了满足客户的特殊需要而构造的，那么这一期权与交易所内交易的标准化期权产品会有所不同，这时对冲这一期权的风险就会比较困难. 多数交易员所使用的对冲方法涉及计算一些像 Delta, Gamma 以及 Vega 等这样的测度. 这些测度统称为希腊字母 (Greeks letters) 或希腊值 (Greeks). 每一个希腊值都是用来度量期权头寸的某种特定风险，为了将风险保持在可以接受的范围之内，交易员的目标就是管理这些希腊值. 在本章中，我们将讨论其中一些最重要的希腊值的性质.

希腊字母直观地衡量了期权的风险情况，具体来说它们分别展示了 "方向"、"加速度"、"波动率"、"时间" 和 "利率" 对期权金 (也可称为期权价格) 的影响. 因此，期权交易属于多维度交易，正是这种多维交易方式，才使期权交易者具有了精细化风险管理能力. 对于我们比较熟悉的期货而言，在头寸不变的前提下，只有一个因素会导致账户盈亏的变化，那就是标的资产价格的变化 "方向". 例如，1 手豆粕期货多单 (10 吨/手)，当盘面涨 1 元，账户将会盈利 10 元. 但期权有 5 个因素，这 5 个因素同时在影响账户的盈亏. 也就是说如果有 1 张豆粕认购期权，但只知道盘面上涨了 1 元，可没办法得知账户盈亏产生的具体原因是什么，还得了解波动率变化了多少、涨上来用了多少时间以及利率有无变化等因素才能给出一个准确的答案. 为了计算希腊值，我们需要假定一种期权定价模型. 对欧式期权，交易员通常假定期权定价模型为 B-S 模型，而对美式期权，则假定为二叉树模型. 在计算希腊值时，交易员通常使用目前的隐含波动率. 当波动率假设成隐含波动率时，模型在某一时刻所给出的期权价格是关于标的资产价格、隐含波动率、利率以及股息率的函数值. 在一短短时间内，只有当其中一个变量的值变化时，期权价格才会改变. 当所有这些变量变化的风险都得到有效对冲时，交易员才会感到放心.

首先考虑无股息股票上的欧式期权希腊值的计算, 然后考虑有关其他欧式期权的结果. 本章相关结论的获得主要基于 0 时刻欧式看涨期权定价公式:

$$c_0 = S_0\Phi(d_1) - K\mathrm{e}^{-rT}\Phi(d_2), \tag{8.1.1}$$

其中,

$$d_1 = \frac{\ln\left(\dfrac{S_0}{K}\right) + \left(r + \dfrac{\sigma^2}{2}\right)T}{\sigma\sqrt{T}},$$

$$d_2 = \frac{\ln\left(\dfrac{S_0}{K}\right) + \left(r - \dfrac{\sigma^2}{2}\right)T}{\sigma\sqrt{T}} = d_1 - \sigma\sqrt{T}.$$

8.1.1 Delta (Δ)

期权 Delta (Δ) 定义为期权价格变动与其标的资产价格变动的比率. 它是期权价格与标的资产价格之间关系曲线的斜率, 描述的是 “方向” 上的影响. 假定某看涨期权 Delta 为 0.6, 这意味着当股票价格变化一个很小的数量时, 相应的期权价值变化大约等于股票价值变化的 60%. 一般来讲

$$\Delta = \frac{\partial c_0}{\partial S_0},$$

其中, c_0 是看涨期权的价格, S_0 是股票的价格.

假设某股票价格为 100 元, 以此股票为标的的看涨期权价格为 10 元. 如果交易员卖出了有权购买 2000 股股票的看涨期权, 则可以通过购买 $0.6 \times 2000 = 1200$ 股股票来对冲期权头寸风险. 期权头寸所对应的盈利 (亏损) 可由股票头寸上的亏损 (盈利) 来抵消. 比如, 如果股票价格上涨 1 元 (买入的股票会升值 1200 元), 期权价格将会上涨大约 $0.6 \times 1 = 0.6$ 元 (卖出期权会带来损失 1200 元); 如果股票价格下跌 1 元 (买入股票会损失 1200 元), 期权价格将会下跌大约 0.6 元 (卖出期权会带来收益 1200 元).

在本例中, 交易员的 2000 个期权空头的 Delta 为

$$0.6 \times (-2000) = -1200,$$

这意味着当股票上涨 ΔS 时, 交易员在期权空头上就会损失 $1200\Delta S$. 1 股股票本身的 Delta 为 1.0, 于是持有 1200 股股票的 Delta 值为 +1200, 因此, 投资者整体头寸的 Delta 为 0, 即股票头寸的 Delta 与期权头寸的 Delta 会相互抵消. Delta 为 0 的头寸称为 Delta 中性 (Delta neutral).

我们应当认识到由于 Delta 会变动, 投资者的 Delta 对冲状态 (或 Delta 中性状态) 只能维持在一段较短的时间里, 所以对冲策略要不断地调整. 这种调整过程称为再平衡 (rebalance). 在我们的例子中, 在 3 天后的股票价格也许会升到 110 元. 股票价格上涨时会使 Delta 变大, 假设 Delta 从 0.6 增加为 0.65, 如果仍要保持 Delta 中性, 投资者需要再买入 $0.05 \times 2000 = 100$ 股股票. 当对冲头寸需要不断调整时, 这种策略叫作动态对冲 (dynamic hedge). 这与静态对冲 (Static hedge) 策略形成了对比: 静态对冲在最初设定后无须再进行调整. 静态对冲有时也称为 "保完即忘" (hedge-and-forget) 策略.

Delta 对冲与 B-S 模型密切相关. 通过由股票期权和标的股票建立的无风险交易组合, 我们可以推导出 B-S 微分方程. 以 Δ 表示组合中股票的份额, 所建立的交易组合为

$$\begin{cases} -1: \text{期权}; \\ +\Delta: \text{股票}. \end{cases}$$

采用新的术语, 可以将这种方法描述如下: 在建立 Delta 中性的头寸后, 可以通过论证该交易组合的收益率等于 (瞬时) 无风险利率来为期权定价.

对于无股息股票看涨期权多头的 Delta, 可以证明

$$\Delta(\text{看涨}) = \Phi(d_1), \tag{8.1.2}$$

其中,

$$d_1 = \frac{\ln(S_0/K) + (r + \sigma^2/2)T}{\sigma\sqrt{T}},$$

以上公式为一个欧式看涨期权多头的 Delta. 欧式看涨期权空头的 Delta 为 $-\Phi(d_1)$. 对一个看涨期权空头做对冲时, 对卖出的每个期权, 需要维持拥有 $\Phi(d_1)$ 只股票的多头. 类似地, 对一个看涨期权多头做对冲时, 对买进的每个期权, 需要维持拥有 $\Phi(d_1)$ 只股票的空头.

无股息股票上看跌期权的 Delta 为

$$\Delta(\text{看跌}) = \Phi(d_1) - 1,$$

这里的 Delta 为负值, 这意味着看跌期权的多头应该由标的股票的多头来对冲, 而看跌期权的空头应该由标的股票的空头来对冲. 图 8.1 显示了 Delta 与股票价格之间的变化关系.

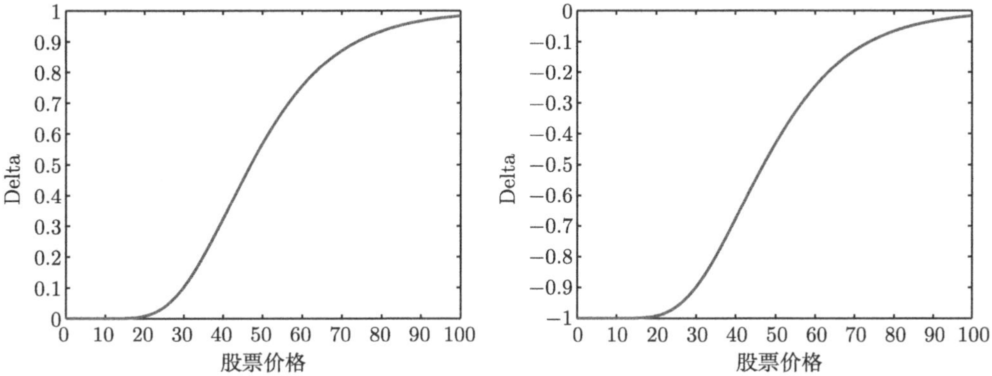

图 8.1 无股息股票看涨期权和看跌期权的 Delta 与股票价格之间的变化关系 ($K=50, r=0, \sigma=25\%, T=2$)

例 8.1 再次考虑例 7.4, 由于 $d_1=0.3179$, 所以看涨期权的 Delta 为 $\Phi(d_1)=0.6247$, 看跌期权的 Delta 为 $\Phi(d_1)-1=-0.3753$. 即当股票价格上涨 1 元时, 看涨和看跌期权的价格分别上涨 0.6247 元和下跌 0.3753 元.

平值看涨期权的 Delta 在 0.5 附近; 实值看涨期权的 Delta 为 0.5~1, 越是深度实值越接近 1; 虚值看涨期权的 Delta 为 0~0.5, 越是深度虚值, 越接近 0; 即将到期的实值看涨期权的 Delta 都接近 1, 虚值看涨期权的 Delta 都接近 0. 类似地, 平值看跌期权的 Delta 一般为 −0.5 左右, 实值看跌期权的 Delta 一般为 −1~−0.5, 虚值看跌期权的 Delta 一般为 −0.5~0. 图 8.2 显示了实值、平值和虚值期权的 Delta 与到期期限之间的变化关系.

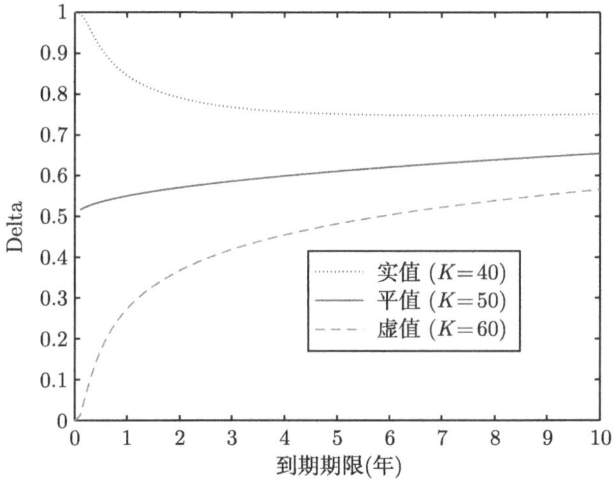

图 8.2 看涨期权的 Delta 与期权期限之间的变化关系 ($S_0=50, r=0, \sigma=25\%$)

和期权的 Delta 定义类似, 以某单一资产为标的资产的期权或其他衍生品投资组合的 Delta 定义为

$$\frac{\partial \Pi}{\partial S},$$

其中, Π 为投资组合的价值. 投资组合的 Delta 可以从投资组合内各个期权的 Delta 来计算. 如果一个交易组合由数量为 w_i 的期权 $i\,(1 \leqslant i \leqslant n)$ 组成, 那么投资组合的 Delta 为

$$\Delta = \sum_{i=1}^{n} w_i \Delta_i,$$

其中, Δ_i 为第 i 个期权的 Delta. 该公式可以用来计算使投资组合的 Delta 为零而需要持有的标的资产头寸. 当持有这个头寸时, 我们称投资组合为 Delta 中性.

8.1.2 Theta (Θ)

期权组合 Theta (Θ) 定义为其他条件不变时, 投资组合价值变化与时间变化的比率. Theta 有时称为组合的时间损耗 (time decay), 描述的是 "时间" 上的影响. 对于一个无股息股票上的欧式看涨期权, Theta 的计算可以从 B-S 公式 (7.2.2) 得出

$$\Theta = \left.\frac{\partial c_t}{\partial t}\right|_{t=0} = -\frac{S_0 \Phi'(d_1)\sigma}{2\sqrt{T}} - rK\mathrm{e}^{-rT}\Phi(d_2), \tag{8.1.3}$$

其中

$$d_1 = \frac{\ln(S_0/K) + (r + \sigma^2/2)T}{\sigma\sqrt{T}},$$

$$d_2 = \frac{\ln(S_0/K) + (r - \sigma^2/2)T}{\sigma\sqrt{T}} = d_1 - \sigma\sqrt{T},$$

$\Phi'(x) = \phi(x) = \dfrac{1}{\sqrt{2\pi}}\mathrm{e}^{-\frac{x^2}{2}}$ 为标准正态分布的密度函数. 对于股票上的欧式看跌期权, 计算 Theta 的公式为

$$\Theta = -\frac{S_0 \Phi'(d_1)\sigma}{2\sqrt{T}} + rK\mathrm{e}^{-rT}\Phi(-d_2),$$

因为 $\Phi(-d_2) = 1 - \Phi(d_2)$, 看跌期权的 Theta 比相应看涨期权的 Theta 高出 $rK\mathrm{e}^{-rT}$.

这些公式中的时间是以年为单位. 而通常在计算 Theta 时的时间是以天为单位, 所以 Theta 为在其他变量不变时, 在 1 天过后交易组合价值的变化, 我们可以计算“每日历天”的 Theta 或“每交易日”的 Theta. 为了计算每日历天的 Theta, 上面的公式需除以 365, 为了计算每交易日的 Theta, 需除以交易天数.

例 8.2 考虑一个期限为 20 周 (约 0.3846 年) 的无股息股票上的欧式看涨期权, 其中, $S_0 = 49, K = 50, r = 0.05, \sigma = 0.2, T = 0.3846$, 代入式 (8.1.3), 可得 $\Theta = -4.31$, 因此, 每日历天的 Theta 为 $-4.31/365 = -0.0118$.

例 8.3 假设今天某期权的价格为 2, (每日历天的) Theta 为 -0.3, 则第二天 (假设市场没出现任何变化) 价格将降为 1.7.

需要注意的是, Theta 的数值并不是每天都一样的, 需要留意它的变化. 延伸开来, 如果作为期权的买方, 那就天然地要与时间为敌了, 因为时间无时无刻在偷走买方的权利金, 但如果作为期权的卖方, 那就是时间的朋友了, 时间的流逝会给卖方带来利润, 但别忘记, 卖方理论风险可以是无限的. 而此时 Theta 带来的利润就变得微不足道了.

期权的 Theta 一般是负的, 这是因为在其他条件不变的情况下, 随着期限的减小, 期权价值会降低. 当股票价格很低时, Theta 接近于零. 对于一个平值看涨期权, Theta 很大而且是负值. 当股票价格很高时, Theta 接近于 $-rKe^{-rT}$. 图 8.3 和图 8.4 分别显示了欧式看涨期权的 Theta 与股票价格和到期期限之间的变化关系. 作为对冲参数, Theta 和 Delta 属于不同类型. 这是因为未来股票的价格有很大的不定性, 但时间走向没有不定性. 通过对冲来消除交易组合关于标的资产价格变化的风险很有意义, 但对冲交易组合对于时间的变化就毫无意义. 即使如此, 许多交易员仍把 Theta 作为对交易组合有用的一种描述.

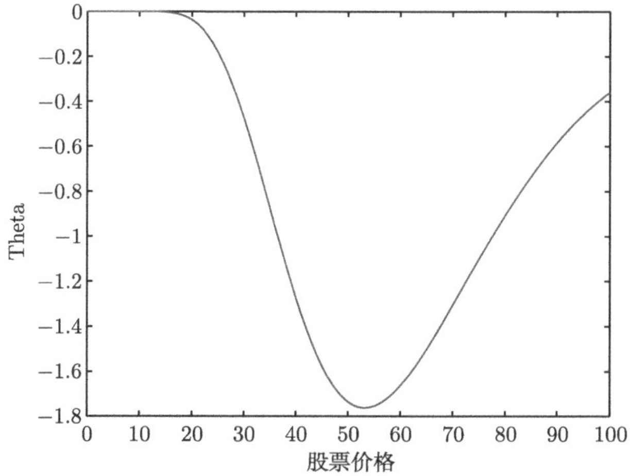

图 8.3 欧式看涨期权的 Theta 与股票价格之间的变化关系 ($K = 50, r = 0, \sigma = 25\%, T = 2$)

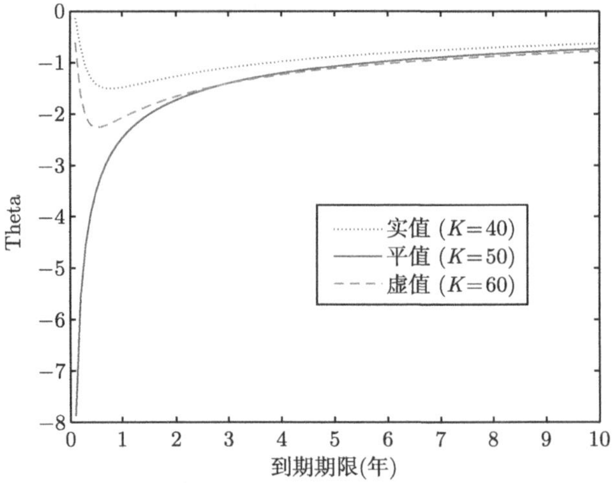

图 8.4　欧式看涨期权的 Theta 与到期期限之间的变化关系 ($S_0 = 50, r = 0, \sigma = 25\%$)

8.1.3 Gamma (Γ)

一个期权交易组合的 Gamma (Γ) 是指交易组合 Delta 的变化与标的资产价格变化的比率. 这是交易组合价值关于标的资产价格的二阶偏导数

$$\Gamma = \frac{\partial^2 \Pi}{\partial S_0^2},$$

它描述的是"加速度"上的影响. 当 Gamma 很小时, Delta 变化缓慢, 这时为保证 Delta 中性并不需要做太频繁的调整. 但是当 Gamma 的值很大 (正值或负值) 时, Delta 对标的资产价格的变动就会很敏感, 此时在一段时间内不对一个 Delta 中性的投资组合做调整都将会是非常危险的. Gamma 值是对期权价格与标的资产价格关系的凸性的度量.

假定 ΔS 为在很短时间区间 Δt 内股票价格的变化, $\Delta \Pi$ 为相应的投资组合价格变化. 对于 Delta 中性的交易组合, 当忽略高阶项后,

$$\Delta \Pi = \Theta \Delta t + \frac{1}{2} \Gamma \Delta S^2,$$

其中 Θ 为投资组合的 Theta. 当 Gamma 为正时, Θ 往往是负值. 这时如果 S 没有什么变化, 交易组合的价值将会下降. 但如果标的资产价格 S 变化幅度较大, 交易组合的价值将会上升; 当 Gamma 为负时, Θ 往往为正值, 这时会有与上面相反的结论: 当标的资产价格 S 不变时, 组合价值上升, 而当标的资产价格 S 变化很大时, 组合价值将会下降. 当 Gamma 的绝对值增加时, 组合价值对于 S 的敏感性会相应增大.

标的资产的 Gamma 总是为 0, 因此不能用来改变交易组合的 Gamma. 改变交易组合的 Gamma 必须采用价格与标的资产价格呈非线性关系的产品, 例如期权.

假如一个 Delta 中性交易组合的 Gamma 为 Γ, 而一种正在交易的期权的 Gamma 为 Γ_T. 如果决定将 ω_T 数量的期权加入交易组合中, 此时交易组合的 Gamma 为

$$\omega_T\Gamma_T + \Gamma.$$

因此要使交易组合为 Gamma 中性, 期权头寸应为 $\omega_T = -\Gamma/\Gamma_T$. 引入新的期权很可能会改变交易组合的 Delta, 因此必须调整标的资产数量以便保证新的交易组合 Delta 中性. 值得注意的是交易组合仅仅在较短时间内能做到 Gamma 中性, 随着时间的变化, 只有不断调整期权数量以便使 $\omega_T = -\Gamma/\Gamma_T$ 成立, 这样才能保证交易组合为 Gamma 中性. Delta 中性保证了在对冲再平衡之间交易组合价值不受股票价格微小变化的影响, 而 Gamma 中性则保证了在对冲再平衡之间交易组合价值不受股票价格较大变化的影响. 假设某一交易组合为 Delta 中性, 而 Gamma 为 -3000. 某个正在交易的期权的 Delta 和 Gamma 分别为 0.62 和 1.50. 在交易组合中加入

$$\frac{3000}{1.5} = 2000$$

份期权会使得此交易组合变成 Gamma 中性. 但这时交易组合的 Delta 也从 0 变成了 $2000 \times 0.62 = 1240$. 因此, 为保证新的交易组合 Delta 中性, 必须卖出 1240 份标的资产.

例 8.4 看涨期权的例子: 标的资产价格是 100, 某看涨期权的 Delta 为 0.3, Gamma 为 0.05, 那么当标的资产价格涨至 101 的时候, 该期权的 Delta 会涨到 0.35, 标的资产价格涨到 102 的时候, 该期权的 Delta 会涨到 0.4.

例 8.5 看跌期权的例子: Delta 为 -0.5, Gamma 为 0.07, 那么标的资产价格涨至 101 的时候, 该看跌期权的 Delta 为 -0.43, 标的资产价格涨至 102 的时候, Delta 为 -0.36.

通过以上两个例子能够看出, Gamma 的大小影响到 Delta 的数值, 所以 Delta 实际不是恒定的也不是线性变化的, 这也就是我们所说的期权风险和回报率的"非线性"变化了. 同时, 也解释了上文提到的 Delta 由虚值变为实值的过程中, 为什么 Delta 会逐渐增加. 从风控的角度看, 我们可以把 Gamma 想象成一台汽车发动机的加速能力, 如果投资者手中头寸的 Gamma 不大, 那就像开着一台三轮车, 油门踩到底速度也不会增加太多. 相反, 如果投资者手中头寸的 Gamma 很大, 那就像开着一台法拉利超跑, 油门一加估计就要超速了. 尤其对于期权的卖方而言, Gamma 风险在隔夜跳空等极端行情下是能够产生巨大杀伤力的, 因此测算 Gamma 的极端行情风险是每个期权交易员的日常, 风险二字怎么提都不过分.

无股息股票欧式看涨与看跌期权的 Gamma 由以下关系式给出:

$$\Gamma = \frac{\Phi'(d_1)}{S_0\sigma\sqrt{T}},$$

多头的 Gamma 总是为正, 对于平值期权, Gamma 随期限的缩短而增大. 短期全平值期权的 Gamma 很高, 这意味着这种期权持有者的头寸价值对于股票价格变动是非常敏感的. 图 8.5 和图 8.6 分别显示了期权的 Gamma 与股票价格和到期期限之间的变化关系.

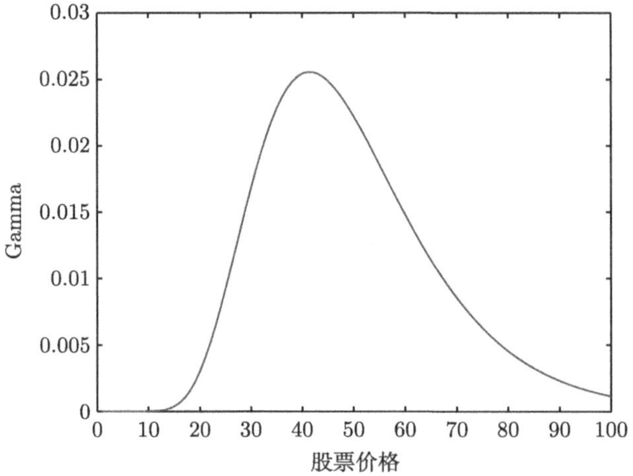

图 8.5　股票期权的 Gamma 与股票价格之间的变化关系 ($K = 50, r = 0, \sigma = 25\%, T = 2$)

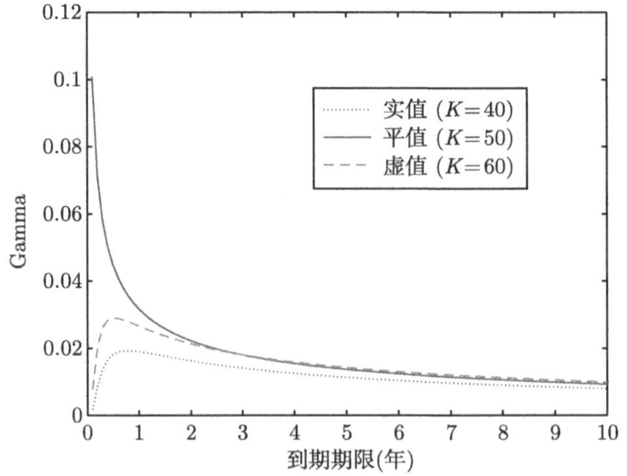

图 8.6　股票期权的 Gamma 与到期期限之间的变化关系 ($S_0 = 50, r = 0, \sigma = 25\%$)

8.1.4 Vega (v)

计算希腊值时通常将波动率设为其隐含波动率. 在 B-M 模型中, 假设期权标的资产的波动率为常数, 这意味着标的资产的所有期权的隐含波动率均为常数, 并且与隐含波动率相等. 但在实际中, 波动率会随时间变化, 这意味着衍生品价格会既随着标的资产价格与期限的变化而变化, 同时也会随着波动率的变化而变化. 期权的 Vega (v) 是指期权价值变化与标的资产波动率变化的比率, 描述的是 "波动率" 的影响, 定义为

$$v = \frac{\partial f}{\partial \sigma},$$

其中 f 为期权价格, 波动率 σ 通常取为期权的隐含波动率. 如果一个交易组合的 Vega 绝对值很大, 此交易组合的价值会对波动率的细微变化非常敏感, 当一个交易组合 Vega 接近于零时, 资产波动率的变化对交易组合价值的影响也会很小.

标的资产的头寸具有零 Vega, 因此通过改变持有标的资产的头寸并不能改变 Vega. 这一点与 Gamma 相似. 另一个使问题变得复杂的原因是组合中的不同期权具有不同的隐含波动率. 假定在一小段时间内组合里所有期权的隐含波动率都改变同样数量的话, 与 Gamma 一样, 组合的 Vega 风险可以通过持有单一期权的头寸而得到对冲. 假设某交易组合的 Vega 为 v, 正在交易的期权 Vega 为 v_T, 在交易组合中加入头寸为 $-v/v_T$ 的这个期权可以使交易组合瞬时 Vega 中性. 但不幸的是, 一个 Gamma 中性的交易组合一般不会是 Vega 中性, 反之亦然. 投资者要想使得一个交易组合同时达到 Gamma 和 Vega 中性, 通常必须至少引入与标的资产有关的两种不同衍生品才能达到目的.

例 8.6 一个期权的价格为 1, Vega 为 0.1, 那么当波动率从 12 涨到 13, 该期权的价格变为 1.1. 反之, 波动率从 12 降到 11, 该期权的价格变为 0.9.

那问题来了, 波动率到底是什么? 先把复杂的数学公式放一旁, 从我们熟悉的角度来理解一下波动率如何对期权合约产生影响. 有一个成语叫水涨船高, 水就是波动率而船则是期权金, 当水上涨的时候所有船只都会升高, 同理, 波动率上涨的时候全市场的权利金都会升高, 反之则相反. 所以波动率的高低变化直接影响全市场的权利金水平. 唯一不同的是, 每张期权合约上涨的幅度并不是一致的, 这涉及波动率结构的内容, 在此暂不讨论. 水涨船高很好理解, 但波动率这一池水又是什么呢? 它是市场的极端情绪. 当市场情绪越极端, 波动率就会越高; 当市场对未来无所期待情绪低迷, 波动率就会走低. 因此, 期权的世界是可以交易市场情绪的. 例如英国脱欧公投, 公投结果出炉的当天, 全球市场加速下跌, 市场一片悲观. 但我们可以仔细考虑一下, 脱欧与否也不是一次公投就马上执行的, 再说英国只是脱离开欧盟, 并没有离开地球. 实际上市场上大多数投资者都表现得过于悲观, 这种短时间蔓延全球的悲观情绪导致波动率大涨, 此时资深的期权交易员一定能嗅到猎物

的气味, 由事件引发的过度悲观非理性情绪往往会很快得到修复, 此时可以把手中的期权头寸调整至负 Vega 以做空波动率. 事实上, 次日全球市场就基本收复了前日的跌幅, 波动率也快速跌落. 想了解更多, 读者可以查阅一下为什么波动率指数 (volatility index, VIX) 被称为恐慌指数, 以及 VIX 相关的小故事.

无股息股票上欧式看涨期权或看跌期权的 Vega 由以下公式给出:

$$v = S_0\sqrt{T}\Phi'(d_1),$$

欧式与美式期权多头的 Vega 总为正. 图 8.7 显示了期权的 Vega 与股票价格之间的变化关系.

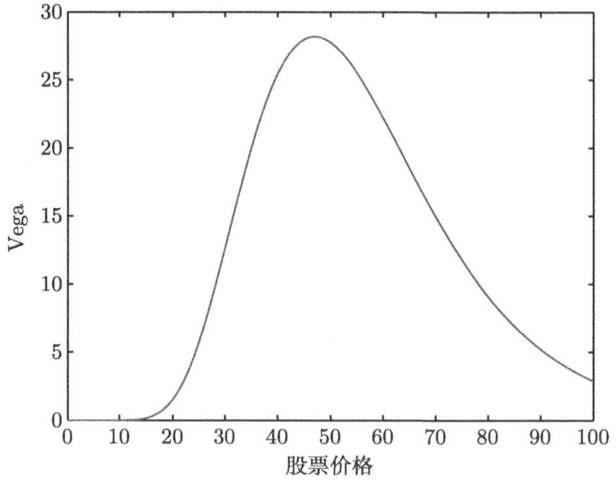

图 8.7 期权的 Vega 与股票价格之间的变化关系 ($K = 50, r = 0, \sigma = 25\%, T = 2$)

由 B-S 模型及其推广形式来计算 Vega 看起来有些奇怪, 因为这个模型的一个基本假设就是波动率为常数. 从理论上讲, 由一个假定波动率为随机变量的模型来计算 Vega 更为合理. 然而交易员更喜欢测量由于 B-S 模型隐含波动率变化而得 Gamma 的简单处理方式.

Gamma 中性保证了在重新平衡对冲交易之间, 交易组合价值不会因为标的资产大幅度的变动而产生很大变动, 而 Vega 中性则保证当 σ 变动时, 交易组合的价值会得到保护. 就像所期望的那样, 采用正在交易的期权来做 Vega 和 Gamma 对冲是不是最好的选择将取决于对冲的再平衡时间间隔以及波动率的波动率.

当波动率变化时, 短期限期权隐含波动率的变化要比长期限期权的隐含波动率要大, 因此在计算组合的 Vega 时, 长期限期权波动率改变的幅度常常比短期限期权波动率改变幅度要小.

8.1.5 Rho (ρ)

期权交易组合的 Rho 为交易组合价值变化与利率变化的比率, 描述的是“利率”的影响, 定义为

$$\rho = \frac{\partial f}{\partial r},$$

这一测度用于衡量当其他变量保持不变时, 交易组合价值对于利率变化的敏感性. 在实际中 (至少对欧式期权) r 通常取为对应于期权期限的无风险利率. 这意味着当组合中的期权有不同期限时, 交易员对整个利率期限结构具有风险敞口. 对于无股息股票上的欧式看涨期权, Rho 由以下公式给出:

$$\rho(\text{看涨}) = KT\mathrm{e}^{-rT}\Phi(d_2);$$

对于欧式看跌期权,

$$\rho(\text{看跌}) = -KT\mathrm{e}^{-rT}\Phi(-d_2).$$

因此, 当利率上升时, 看涨期权的价格上涨, 看跌期权的价格下跌.

假设投资者购买了 1 张 3 个月后到期、行权价为 3.20 元的上证 50ETF 认购期权. 如果投资者行权的话, 需要在到期日, 也就是 3 个月后, 支付 3.20 元乘以 10000, 也就是用 32000 元的期权金去购买 10000 份上证 50ETF. 假设 3 个月的无风险利率是 1%, 32000 元期权金的现值也就是投资者行权的资金成本是 31638.2 元. 如果 3 个月无风险利率上升到 1.5%, 投资者行权的资金成本就会下降为 31527.1 元. 无风险利率的上升, 使得认购期权买方行权的资金成本下降, 认购期权对期权买方而言变得更有价值, 因此认购期权的价格上升.

8.2 Δ, Θ, Γ 之间的关系

由于任意 t 时刻, 无股息股票上单个衍生品的价格必须满足微分方程

$$\frac{\partial f}{\partial t} + rS\frac{\partial f}{\partial S} + \frac{1}{2}\sigma^2 S^2 \frac{\partial^2 f}{\partial S^2} = rf,$$

因此, 由这些衍生品所组成的资产组合 Π 也一定满足以下微分方程:

$$\frac{\partial \Pi}{\partial t} + rS\frac{\partial \Pi}{\partial S} + \frac{1}{2}\sigma^2 S^2 \frac{\partial^2 \Pi}{\partial S^2} = r\Pi.$$

因为

$$\Theta = \frac{\partial \Pi}{\partial t}, \quad \Delta = \frac{\partial \Pi}{\partial S}, \quad \Gamma = \frac{\partial^2 \Pi}{\partial S^2},$$

所以

$$\Theta + rS\Delta + \frac{1}{2}\sigma^2 S^2 \Gamma = r\Pi. \tag{8.2.1}$$

对于 Delta 中性交易组合, $\Delta = 0$, 因此

$$\Theta + \frac{1}{2}\sigma^2 S_0^2 \Gamma = r\Pi.$$

这一公式说明当 Θ 很大并且为正时, 交易组合的 Gamma 也很大, 但为负, 这一结论反过来也成立. 这也解释了为什么对于 Delta 中性的交易组合, 我们可以将 Theta 作为 Gamma 的近似.

8.3　公式的推广

到目前为止, 我们所推导出的 Delta、Theta、Vega 与 Rho 只适用于无股息股票上的期权. 表 8.1 汇总了当标的股票支付连续股息收益率时相应希腊字母的表达式. 将 q 取为股指的股息收益率时, 可以得出欧式股指期权的希腊值; 将 q 取为外币无风险利率时 (通常记为 r_f), 可以得出欧式货币期权的希腊值; 当取 $q = r$ 时, 可以得出欧式期货期权的 Delta、Gamma 和 Vega 值. 对于外汇期权, 对于两种不同的利率有两个不同的 Rho: 国内利率的 Rho 可以由表 8.1 给出; 而欧式看涨期权对于外币利率的 Rho 是

$$\rho = -T\mathrm{e}^{-r_f T} S_0 \Phi(d_1);$$

欧式看跌期权对于外币利率的 Rho 是

$$\rho = T\mathrm{e}^{-r_f T} S_0 \Phi(-d_1).$$

表 8.1　股息收益率为 q 的资产上期权的希腊值

希腊值	看涨期权	看跌期权
Delta	$\mathrm{e}^{-qT}\Phi(d_1)$	$\mathrm{e}^{-qT}[\Phi(d_1) - 1]$
Gamma	$\dfrac{\Phi'(d_1)\mathrm{e}^{-qT}}{S_0\sigma\sqrt{T}}$	$\dfrac{\Phi'(d_1)\mathrm{e}^{-qT}}{S_0\sigma\sqrt{T}}$
Theta	$\dfrac{-S_0\Phi'(d_1)\sigma\mathrm{e}^{-qT}}{2\sqrt{T}} + qS_0\Phi(d_1)\mathrm{e}^{-qT}$ $-rK\mathrm{e}^{-r_f T}\Phi(d_2)$	$\dfrac{-S_0\Phi'(d_1)\sigma\mathrm{e}^{-qT}}{2\sqrt{T}} - qS_0\Phi(d_1)\mathrm{e}^{-qT}$ $-rK\mathrm{e}^{-r_f T}\Phi(-d_2)$
Vega	$S_0\sqrt{T}\Phi'(d_1)\mathrm{e}^{-qT}$	$S_0\sqrt{T}\Phi'(d_1)\mathrm{e}^{-qT}$
Rho	$KT\mathrm{e}^{-r_f T}\Phi(d_2)$	$-KT\mathrm{e}^{-r_f T}\Phi(-d_2)$

1. 远期合约的 Delta

Delta 的概念也适用于期权以外的其他金融产品. 考虑一个无股息股票上的远期合约, 远期合约的价值为 $S_0 - Ke^{-rT}$, 其中 K 为交割价格, T 为远期合约的期限. 在其他变量不变的情况下, 当股票价格变化为 ΔS 时, 股票上远期合约的价格变化也为 ΔS, 因此远期合约多头的 Delta 永远为 1.0. 这说明一个股票上远期合约的多头可以用 1 股股票的空头来对冲, 而远期合约的空头可以用买入 1 股股票来对冲其风险. 对于支付连续股息收益率 q 的资产, 远期合约的 Delta 为 e^{-qT}. 对于股指合约, q 等于股息收益率. 对于外汇远期合约, q 等于外汇无风险利率 r_f.

2. 期货合约的 Delta

一个无股息股票的期货价格为 $S_0e^{r_fT}$, 其中 T 为期货的期限. 这一公式说明在其他变量不变的情况下, 当股票价格变化为 ΔS 时, 期货价格为 ΔSe^{r_fT}. 因此期货价格每天都按市场价格定价, 期货合约多头的持有者几乎马上会得到 ΔSe^{r_fT} 数量的收益, 因此期货合约的 Delta 为 e^{r_fT}. 对于股息收益率为 q 的股票, 我们可以得出 Delta 为 $e^{(r-q)T}$.

我们应当注意, 合约每日结算会造成期货合约的 Delta 与远期合约的 Delta 之间的轻微差. 在利率为常数, 而且远期价格等于期货价格时, 这一结论仍成立.

有时会用期货合约来构造 Delta 中性的头寸. 定义

T: 期货合约的到期日;

H_A: Delta 对冲所需持有的资产头寸;

H_F: Delta 对冲时所需要的期货合约数量.

如果标的资产不支付股息, 上面的分析说明

$$H_F = e^{-r_fT}H_A; \tag{8.3.1}$$

如果标的资产支付的连续股息收益率为 q,

$$H_F = e^{-(r-q)T}H_A; \tag{8.3.2}$$

对于股票指数, q 等于股票指数收益率; 对于货币, q 等于外汇汇率, 因此

$$H_F = e^{-(r-r_f)T}H_A. \tag{8.3.3}$$

8.4　Python 实验

例 8.7　本例将用 Python 编程分别计算欧式期权的 Delta、Theta、Gamma、Vega、Rho 值.

```
import numpy as np
from scipy.stats import norm
def Greeks(S, K, T, r, sigma, option, position):
    d1=(np.log(S/K)+(r+0.5*sigma**2)*T)/(sigma*np.sqrt(T))
    d2=d1-sigma*np.sqrt(T)
    if option=='call':
        if position=='long':
            Delta=norm.cdf(d1)
        else:
            Delta=-norm.cdf(d1)
        Theta=-(S*sigma*np.exp(-0.5*d1**2))/(2*np.sqrt(2*np.pi*T))-
                                              r*K*np.exp(-r*T)*norm.cdf(d2)
        rho=K*T*np.exp(-r*T)*norm.cdf(d2)
    else:
        if position=='long':
            Delta=norm.cdf(d1)-1
        else:
            Delta=1-norm.cdf(d1)
        Theta=-(S*sigma*np.exp(-0.5*d1**2))/(2*np.sqrt(2*np.pi*T))+
                                             r*K*np.exp(-r*T)*norm.cdf(-d2)
        rho=-K*T*np.exp(-r*T)*norm.cdf(-d2)
    Gamma=np.exp(-0.5*d1**2)/(S*sigma*np.sqrt(2*np.pi*T))
    Vega=S*np.sqrt(T)*np.exp(-0.5*d1**2)/np.sqrt(2*np.pi)
    return Delta, Theta, Gamma, Vega, rho

print('%.4f, %.4f, %.4f, %.4f, %.4f' %Greeks(60, 50, 2, 0.05, 0.25,
                                       option='call', position='long'))
```

输出的结果表明 Delta 值为 0.8353, Theta 值为 -2.9729, Gamma 值为 0.0117, Vega 值为 21.0389, Rho 值为 66.3198.

8.5　补 充 阅 读

1. Delta 在投资中的两个简单应用

一个是对冲作用. 如果我们有着如下对冲组合: 由 Delta 份 ETF 空头和 1 份期权多头组成. 当 ETF 价格变化 0.001 元时, Delta 份 ETF 空头价格会变化 $(-0.001\times\text{Delta})$ 元, 1 份期权合约价格会变化 $(0.001\times\text{Delta})$ 元. 两者相互抵消, 对冲组合的整体价格几乎不变. 因此, 我们可以用 Delta 份 ETF 空头去对冲 1 份期权.

另一个是计算杠杆. 我们知道期权具有一定的杠杆性, 比如 ETF 价格上涨 1%, 期权价格上涨 10%, 那么期权的杠杆就是 10 倍. 通过 Delta, 我们可以计算期权的杠杆倍数. 假设目前上证 50ETF 的价格是 3.0 元, 有一份 1 个月后到期、行权价为 3.20 元的认购期权, 现在的价格是 0.10 元, Delta 为 0.33. 如果 ETF 上涨 1%, 也就是 0.03 元, 期权价格就会上涨 (0.03×Delta) 元, 等于 0.1 元. 从涨幅来看, 期权合约上涨了 10%. 因此, 期权合约的杠杆大概是 10 倍.

2. 几类与希腊字母有关的常见策略

(1) Long Delta、Short Delta.

顾名思义, Long 就是做多的意思, Short 就是做空的意思. 而 Delta 则反映了期权价格和标的资产价格之间的关系. 所谓 Long Delta 指的是策略组合的 Delta 大于零, 当标的资产价格上涨时, 组合的价格也会上涨; 而 Short Delta 是指策略组合的 Delta 小于零, 当标的资产价格下跌时, 组合价格升高.

因此, Long Delta 策略表示预期标的资产价格会上涨而构建的策略, 而 Short Delta 策略表示预期标的资产价格会下跌而构建的策略.

最常见的 Long Delta 策略有两种, 分别是买入认购期权或卖出认沽期权; 与之对应的, 最常见的 Short Delta 策略也有两种, 分别是买入认沽期权或卖出认购期权.

(2) Long Gamma、Short Gamma.

除了为投资者提供方向性的投资者机会之外, 期权非线性的支付结构还为投资者提供了交易波动率的机会. 波动率交易是一种非方向性的投资方式, 投资者不判断标的资产是上涨还是下跌, 而是通过判断波动率的变化趋势选择做多或者做空波动率并获得收益.

我们知道 Gamma 是反映期权价格与标的资产价格波动之间的关系的, 因此, 交易波动率的期权组合策略又称为 Long Gamma 或者 Short Gamma 策略.

Long Gamma 策略指的是预期标的资产价格波动加大而构建的策略, 而 Short Gamma 指的是预期标的资产价格小幅盘整而构建的策略. 常见的 Long Gamma 策略有跨式期权组合, Short Gamma 策略有蝶式期权组合.

习　题

1. 利用本章有关希腊字母的结论, 证明期权定价公式 (7.2.2) 满足 Black-Scholes 微分方程.

2. 假定一个期权组合的 Delta 等于 1000, Gamma 等于 500, 当标的股票的价格从 35 元下跌到 34 元时, 组合价值将变化多少?

3. 假设有一只期限为 3 个月、执行价格为 100 元的看涨期权, 标的股票的当前价格为 90 元, 无风险利率为 5%, 波动率为 25%, 无股息, 求该期权的 Delta.

4. 条件同前, 求该期权的 Theta. 假设现在卖出 100 张该期权合约, 1 周之后, 标的股票的价格不变, 求这期间的收益.

5. 条件同前, 求该期权的 Vega. 假设现在买入 150 张该期权合约, 标的股票的波动率由 25%上升到 30%, 求期权价值的变化.

6. 利用看跌-看涨期权的平价关系推导以下关系:

(1) 欧式看涨期权的 Delta 和欧式看跌期权的 Delta;

(2) 欧式看涨期权的 Theta 和欧式看跌期权的 Theta;

(3) 欧式看涨期权的 Gamma 和欧式看跌期权的 Gamma;

(4) 欧式看涨期权的 Vega 和欧式看跌期权的 Vega.

第 9 章　期权定价的数值方法

B-S 模型及其推广形式为欧式期权提供了解析定价公式, 但对于不存在解析解的衍生品, 这一模型失效, 但可以通过数值方法近似求解, 本章主要介绍三种基本的数值计算方法, 即二叉树法、蒙特卡罗模拟法和有限差分法.

9.1 二　叉　树

在第 6 章里, 我们介绍了二叉树模型的基本原理, 本质上是通过构造树形结构表达资产变化, 根据无套利定价原则, 确定期权的公平、合理的价格, 这一方法既可以用于欧式期权定价, 又可以运用于美式期权以及更复杂衍生品的定价. 在应用时, 通常运用由二叉树模型引出的风险中性定价原理, 对这些衍生品定价, 采用的基本步骤如下:

(1) 假定所有交易证券的期望收益率均为无风险利率 r;

(2) 计算衍生品收益的期望值, 并以无风险利率对其贴现.

9.1.1 有收益资产美式期权的二叉树定价

本节假定标的资产在期权到期日 T 前提供收益率为 q 的收入, 首先将期权的期限分成许多长度为 Δt 的很小时间区间, 并假定在每一个时间区间里股票价格从开始的价格 S 变为两个新的价格 Su 与 Sd 中的一个. 我们称 S 到 Su 的变化为价格上涨, 概率为 p; S 到 Sd 的变化为价格下跌, 概率为 $1-p$.

1. 确定资产价格的树形

在时间 0 时刻, 价格 $S=S_0$ 为已知; 在时刻 Δt 时价格有两种可能的值: S_0u 和 S_0d, 所以在一般情况下, 在时刻 $i\Delta t$, 价格有 $i+1$ 种可能取值, 它们是

$$S_i = S_0u^jd^{i-j}, \quad j=0,1,\cdots,i.$$

同时, 在计算节点上的资产价格时通常采用关系式 $u=1/d$, 故树中节点是重合的, 也就是说资产价格先上涨后下跌与先下跌后上涨所得出的值是相同的.

2. 确定 p, u 和 d

由于假定了风险中性世界, 股票的期望收益率为无风险利率 r. 由于资产提供收益率为 q 的收入, 那么资本增值部分的期望收益率必须是 $r-q$. 这意味着在时

间区间 Δt 末, 资产价格的期望值为 $Se^{(r-q)\Delta t}$, 其中 S 为资产在某个时间区间开始时的价格. 为保证二叉树和回报均值相吻合, 我们有

$$Se^{(r-q)\Delta t}=pSu+(1-p)Sd,$$

即

$$e^{(r-q)\Delta t}=pu+(1-p)d, \tag{9.1.1}$$

将资产价格在 Δt 时间内的百分比变化记为 R, 那么 $1+R$ 等于 u 的概率为 p, 等于 d 的概率为 $1-p$. 从式 (9.1.1) 可知, $1+R$ 的方差为

$$pu^2+(1-p)d^2-e^{2(r-q)\Delta t}.$$

由于任何一个变量加上一个常数并不改变该变量的方差, 所以 $1+R$ 和 R 的方差是一样的, 因此

$$pu^2+(1-p)d^2-e^{2(r-q)\Delta t}=\sigma^2\Delta t,$$

其中 σ 是股票价格的波动率.

由式 (9.1.1),

$$e^{(r-q)\Delta t}(u+d)=pu^2+(1-p)d^2+ud,$$

因此

$$e^{(r-q)\Delta t}(u+d)-ud-e^{2(r-q)\Delta t}=\sigma^2\Delta t, \tag{9.1.2}$$

此外, Cox, Ross 和 Rubinstein 选取的第三个条件为

$$u=\frac{1}{d}. \tag{9.1.3}$$

当忽略 Δt 的高阶项时, 式 (9.1.1)$\sim$(9.1.3) 的解为

$$p=\frac{a-d}{u-d}, \tag{9.1.4}$$

$$u=e^{\sigma\sqrt{\Delta t}}, \tag{9.1.5}$$

$$d=e^{-\sigma\sqrt{\Delta t}}, \tag{9.1.6}$$

其中 a 称为增长因子

$$a=e^{(r-q)\Delta t}. \tag{9.1.7}$$

3. 在树形上倒推计算

通过在终端时间 T 的期权价格由反向归纳的方式对期权定价. 由于期权在时刻 T 的价值 (损益) 是已知的, 且因为我们假定了风险中性世界, 在 $T-\Delta t$ 时刻, 每个节点上的期权价值等于将 T 时刻期权价值的期望值以无风险利率 r 贴现, 类似地, 在 $T-2\Delta t$ 时刻, 每个节点上的期权价值可以将 $T-\Delta t$ 时刻期权价值的期望值以无风险利率贴现求得, 并以此类推. 如果期权为美式, 在二叉树的每个节点上, 需要检验在这一节点行使期权是否比再继续持有 Δt 时间的期权更有利. 以倒推的形式可以最后得出期权在 0 时刻的价格.

4. 总结成定价公式

假定将一个美式期权的期限分成了 N 个长度为 Δt 的时间区间, 我们称在时间 $i\Delta t$ 的第 j 个节点为 (i,j) 节点, 其中 $0\leqslant i\leqslant N$, $0\leqslant j\leqslant i$. 令 $f_{i,j}$ 为期权在 (i,j) 节点上的值, 标的资产在 (i,j) 节点上的价格为 $S_0u^jd^{i-j}$.

如果期权是看涨期权, 它在时间 T (到期日) 的值为 $\max(S_T-K,0)$, 因此

$$f_{N,j}=\max(S_0u^jd^{N-j}-K,0),\quad j=0,1,\cdots,N;$$

如果期权是看跌期权, 它在时间 T 的值为 $\max(K-S_T,0)$, 因此

$$f_{N,j}=\max(K-S_0u^jd^{N-j},0),\quad j=0,1,\cdots,N.$$

在 $i\Delta t$ 时刻, 从 (i,j) 节点移动到在 $(i+1)\Delta t$ 时刻 $(i+1,j+1)$ 节点的概率为 p; 在 $i\Delta t$ 时刻, 从 (i,j) 节点移动到 $(i+1)\Delta t$ 时刻 $(i+1,j)$ 节点的概率为 $1-p$.

如果期权没有被提前执行, 由风险中性定价原理可以得出, 对 $0\leqslant i\leqslant N-1$ 和 $0\leqslant j\leqslant i$,

$$f_{i,j}=\mathrm{e}^{-r\Delta t}[pf_{i+1,j+1}+(1-p)f_{i+1,j}];$$

如果提前执行期权时, 这个 $f_{i,j}$ 必须同期权的内含价值进行比较.

对于美式看涨期权

$$f_{i,j}=\max\{S_0u^jd^{i-j}-K,\mathrm{e}^{-r\Delta t}[pf_{i+1,j+1}+(1-p)f_{i+1,j}]\};$$

对于美式看跌期权

$$f_{i,j}=\max\{K-S_0u^jd^{i-j},\mathrm{e}^{-r\Delta t}[pf_{i+1,j+1}+(1-p)f_{i+1,j}]\}.$$

由于定价计算从 T 时刻开始并以倒推的形式进行, 所以在 $i\Delta t$ 时刻的期权价值不仅反映了 $i\Delta t$ 时刻提前行使期权的可能性对于期权价值的影响, 而且反映了将来提前行使期权对期权价值的影响. 当 Δt 趋向于 0 时, 我们可以得到美式期权在 0 时刻价格的精确表达.

9.1.2 扩展

1. 利用二叉树对股指、货币与期货合约上的期权定价

当对股指、货币和期货上的期权定价时，我们可以将这些标的资产看成是提供的已知收益率的资产. 对于股指，收益率等于股指中股票组合的股息收益率; 对于货币，收益率等于外币无风险利率; 对于期货合约，收益率等于本国无风险利率. 当适当选取 q 值，我们便可以利用二叉树对股指、货币与期货合约上的期权定价.

2. 支付股息股票的二叉树模型

对于支付股息股票的模型，我们需要分情况讨论. 股息一词是指在除息日由于股息而导致股票价格下跌的数量.

(1) 股息收益率已知的情形.

在考虑长期限股票期权时，为了方便，假定股票支付连续收益率为 q 的股息. 对这种期权可以采用像对股指期权同样的方法定价，并且假设已知股息收益率是以离散形式支付的，股票只付一次股息，而且股息收益率 (即股息为股票价格的百分比) 是已知的. 参数 u, d 和 p 与没有股息情形下一样.

如果 $i\Delta t$ 在除息日之前，二叉树上对应这个时间的节点上股票价格为

$$S_0u^jd^{i-j},\quad j=0,1,\cdots,i;$$

如果 $i\Delta t$ 在除息日之后，那么相应节点上的股票价格为

$$S_0(1-\delta)u^jd^{i-j},\quad j=0,1,\cdots,i,$$

其中 δ 为股息收益率. 对于期权有效期内有多个已知股息收益率的情形，我们可以采用同样的办法处理. 如果 δ_i 为 0 时刻到 $i\Delta t$ 时刻之间所有除息日的总股息收益率，那么 $i\Delta t$ 时刻节点上的股票价格为

$$S_0(1-\delta_i)u^jd^{i-j},\quad j=0,1,\cdots,i.$$

(2) 股息金额数量已知的情形.

当期权期限很短时，我们应当假设已知支付的股息金额数量. 假设股票波动率 σ 为常数，此时二叉树的节点将不会重合，意味着所要估算的节点数量将会变得很大. 假设只有一次股息，而且除息日 τ 介于 $k\Delta t$ 与 $(k+1)\Delta t$ 之间，股息金额数量为 D.

当 $i\leqslant k$ 时，在 $i\Delta t$ 时刻节点上的股票价格为

$$S_0u^jd^{i-j},\quad j=0,1,\cdots,i.$$

当 $i=k+1$ 时, 在 $i\Delta t$ 时刻节点上的股票价格为

$$S_0u^jd^{i-j}-D,\quad j=0,1,\cdots,i.$$

当 $i=k+2$ 时, 在 $i\Delta t$ 时刻节点上的股票价格为

$$(S_0u^jd^{i-1-j}-D)u;\quad (S_0u^jd^{i-1-j}-D)d,\quad j=0,1,\cdots,i-1.$$

因此, 在 $i\Delta t$ 时刻总共有 $2i$ 个节点, 当 $i=k+m$ 时, 在 $i\Delta t$ 时刻总共有 $2(k+m)$ 个节点, 当在期权期限内有多个除息日时, 节点数量会增长得更快. 为解决节点泛滥的问题, 假定股票价格有两个组成部分: 一部分为不确定值, 另一部分为期权期限内股息的贴现值.

假定在期权期限内只有一个除息日 τ, 并且 $k\Delta t\leqslant\tau\leqslant(k+1)\Delta t$. 在 $i\Delta t$ 时刻, 股票的不确定部分价格 S^* 为

$$S^*=S,\quad i\Delta t>\tau,$$

以及

$$S^*=S-D\mathrm{e}^{-r(\tau-i\Delta t)},\quad i\Delta t\leqslant\tau,$$

其中 D 为股息. 令 σ^* 为 S^* 的波动率, 并且假定为常数, 此时参数 p, u 和 d 可由以下式子分别计算

$$p=\frac{a-d}{u-d},$$

$$u=\mathrm{e}^{\sigma^*\sqrt{\Delta t}},$$

$$d=\mathrm{e}^{-\sigma^*\sqrt{\Delta t}},$$

其中 a 称为增长因子

$$a=\mathrm{e}^{(r-q)\Delta t}.$$

从而, 我们可以采用通常的方法构造模拟 S^* 的二叉树, 通过将每个节点上把将来股息的贴现值加回到原来股票价格上, 我们可以将该二叉树转化成模拟原股票价格 S 的二叉树. 此时二叉树变成重合状态, 即在 $i\Delta t$ 时刻只有 $i+1$ 个节点. 假定 S_0^* 为 S^* 在时刻 0 的值, 在 $i\Delta t$ 时刻, 若 $i\Delta t\leqslant\tau$, 股票价格为

$$S_0^*u^jd^{i-j}+D\mathrm{e}^{-r(\tau-i\Delta t)},\quad j=0,1,\cdots,i;$$

若 $i\Delta t>\tau$, 股票价格为

$$S_0^*u^jd^{i-j},\quad j=0,1,\cdots,i.$$

(3) 控制变量技巧.

对美式期权定价时, 我们可以采用控制变量技巧方法提高计算精度, 使用同一个树形计算美式期权价格 f_A 以及相应的欧式期权价格 f_E. 同时也采用 B-S 模型计算欧式期权价格 f_{BS}. 假设由树形得出的欧式期权误差与树形所得出的美式期权误差是相同的. 因此, 美式期权的估计值为

$$f_A + (f_{\mathrm{BS}} - f_E).$$

控制变量技巧实际上是采用树形计算欧式与美式期权的差值, 而非美式期权本身的价格.

9.2 蒙特卡罗模拟

蒙特卡罗 (Monte Carlo) 方法, 或称计算机随机模拟方法或随机抽样方法或统计模拟方法, 是 20 世纪 40 年代中期由于科学技术的发展和电子计算机的发明, 而被提出的一种以概率统计理论为指导的一类非常重要的数值计算方法. 由概率统计的相关原理, 某事件的概率可以用大量试验中该事件发生的频率来估算, 当样本容量足够大时, 可以认为该事件的发生频率即为其概率. 因此, 可以先对影响其可靠度的随机变量进行大量的随机抽样, 用生成的随机数 (或更常见的伪随机数) 来解决很多计算问题的方法, 与它对应的是确定性算法. 把一些复杂的东西用大量的模拟实验来做, 最后得到一些结论.

蒙特卡罗方法的基本思想很早以前就被人们所发现和利用. 早在 17 世纪, 人们就知道用事件发生的 “频率” 来决定事件的 “概率”. 19 世纪人们用投针试验的方法来决定圆周率 π.

这一方法成型于美国在第二次世界大战期间研制原子弹的 “曼哈顿计划”. 该计划的主持人之一、数学家冯 • 诺伊曼用驰名世界的赌城——摩纳哥的 Monte Carlo 来命名这种方法, 为它蒙上了一层神秘色彩.

9.2.1 思想、原理和步骤

基本思想: 当所要求解的问题是某种事件出现的概率, 或者是某个随机变量的期望值时, 它们可以通过某种 “试验” 的方法, 得到这种事件出现的频率, 或者这个随机变数的平均值, 并用它们作为问题的解.

原理: 抓住事物运动的数量和几何特征, 利用数学方法来加以模拟, 即进行一种数字模拟实验. 它是以一个概率模型为基础, 按照这个模型所描绘的过程, 通过模拟实验的结果, 作为问题的近似解.

可以把蒙特卡罗方法解题归结为三个主要步骤.

(1) 构造或描述概率过程.

对于本身就具有随机性质的问题, 主要是正确描述和模拟这个概率过程, 对于本来不是随机性质的确定性问题, 比如计算定积分, 就必须事先构造一个人为的概率过程, 它的某些参量正好是所要求问题的解. 即要将不具有随机性质的问题转化为随机性质的问题.

(2) 实现从已知概率分布抽样.

构造了概率模型以后, 按照这个概率分布生成随机变量 (或随机向量) 的随机数, 这一般可以直接由软件包调用, 或通过抽取均匀分布的随机数构造 (利用 $X = F^{-1}(U)$). 这样, 就成为实现蒙特卡罗方法模拟实验的基本手段, 这也是蒙特卡罗方法被称为随机抽样的原因.

(3) 建立各种估计量.

通过随机数计算相关统计量的值作为目标的估计值, 从而得到问题的近似解.

以上步骤中最关键的是产生随机数, 这起始于区间 $(0,1)$ 上均匀分布随机数的产生. 具体理论结果由以下定理描述.

定理 9.1 令随机变量 U 服从 (0,1) 上的均匀分布, 对任意连续递增函数 $F(\cdot) : \mathbb{R} \mapsto (0,1)$, 定义随机变量

$$X = F^{-1}(U), \tag{9.2.1}$$

那么 X 的分布函数为 $F(\cdot)$.

证明 因为 $F(\cdot)$ 是递增函数, 所以任意 $a \leqslant b$, 等价于

$$F(a) \leqslant F(b).$$

因此, 对任意的 $x \in \mathbb{R}$, 由式 (9.2.1), 可知 X 的分布函数为

$$\begin{aligned} F_X(x) &= \mathbb{P}(X \leqslant x) \\ &= \mathbb{P}(F^{-1}(U) \leqslant x) \\ &= \mathbb{P}(U \leqslant F(x)) \\ &= F(x). \end{aligned}$$

这表明 X 的分布函数即为 $F(\cdot)$.

由以上定理可知, 我们只要生成均匀分布的随机数, 那么对这些随机数做目标分布函数反函数的变换, 即可得到目标随机变量的随机数. 比如, 如果要产生正态分布随机数, 通过正态分布函数的反函数即可生成相应的随机数, 很多软件有相应的命令, 可以直接调用, 表 9.1 列出了常用软件的命令.

表 9.1　一些软件生成常用随机数的命令

软件	均匀分布随机数	标准正态分布随机数
Excel	rand()	normsinv(rand())
Python	np.random.rand()	np.random.randn()
MATLAB	rand()	randn()
R	runif()	rnorm()

9.2.2 期权定价的蒙特卡罗方法

在利用蒙特卡罗模拟方法计算衍生品价格时, 通常依赖于风险中性定价的理论结果, 即衍生品的价格是衍生品期末收益在风险中性世界里的期望值按无风险利率进行贴现的值. 这个值的确定一般可以通过以下过程实现:

(1) 在风险中性世界里对标的资产价格的路径进行随机抽样;

(2) 计算衍生品在期末的收益;

(3) 重复第 1 步和第 2 步, 从而得到许多在风险中性世界中该衍生品收益的样本;

(4) 计算收益的平均值, 这是衍生品在风险中性世界中期末收益期望值的估计值;

(5) 以无风险利率对收益期望值进行贴现, 所得结果即为该衍生品价格的估计值.

下面从欧式股票期权的风险中性定价公式出发, 展示通过蒙特卡罗模拟方法的使用.

假定在风险中性世界里标的市场变量服从以下过程:

$$\mathrm{d}S_t = rS_t\mathrm{d}t + \sigma S_t\mathrm{d}W_t, \tag{9.2.2}$$

其中, r 为标的变量在风险中性世界中的期望收益率, σ 为波动率. 为了模拟变量股票价格的路径, 可以将期权的期限分割成 N 个长度为 Δt 的小区间, 并将上式近似为

$$S_{t+\Delta t} - S_t = rS_t\Delta t + \sigma S_t\varepsilon\sqrt{\Delta t}, \tag{9.2.3}$$

其中, ε 服从标准正态分布. 这可以使得我们从股票价格的初始值 S_0 出发计算出在 Δt 时的值 $S_{\Delta t}$, 并通过 Δt 时的值计算出股票价格在 $2\Delta t$ 的值, 以此类推. 每个模拟样本都需要通过对正态分布进行 N 次抽样构造股票价格的整个路径.

在实际中, 对 $\ln S_t$ 进行抽样通常比对 S_t 进行抽样要更为准确. 由伊藤引理得出, $\ln S_t$ 服从的过程为

$$\mathrm{d}\ln S_t = \left(r - \frac{\sigma^2}{2}\right)\mathrm{d}t + \sigma\mathrm{d}W_t. \tag{9.2.4}$$

因此

$$\ln S_{t+\Delta t} - \ln S_t = \left(r - \frac{\sigma^2}{2}\right)\Delta t + \sigma\varepsilon\sqrt{\Delta t}$$

等价于

$$S_{t+\Delta t} = S_t \exp\left[\left(r - \frac{\sigma^2}{2}\right)\Delta t + \sigma\varepsilon\sqrt{\Delta t}\right]. \tag{9.2.5}$$

蒙特卡罗模拟法的主要优点在于, 这一方法既可用于当收益只依赖标的资产终端值 S_T 的情形, 又可用于当收益依赖标的变量路径的情形 (例如, 该方法可用于收益依赖股票价格在 0 和 T 之间平均值的情形). 衍生品的收益可能发生在期限内的若干时间点上 (而不是只是期限的末尾). 对任何关于标的资产的随机过程均可以采用这一方法, 也可以推广到收益依赖若干标的资产的情形. 蒙特卡罗模拟法的缺点在于该方法的计算速度较慢, 并且当可以提前行使期权时, 不太容易采用这种方法.

扩展: 在实现蒙特卡罗模拟时, 除了从假设标的变量所服从的随机过程上抽取样本外, 我们还可以从 N 步二叉树上的 2^N 条可能路径产生样本, 即通过树形抽样. 假设在一个二叉树上向上变化的概率是 0.6. 通过二叉树抽取随机路径样本的步骤如下: 在每个节点上, 抽取一个 $0 \sim 1$ 的随机数. 当这个随机数小于 0.4 时, 选取向下的树枝; 如果大于 0.4, 选向上的树枝. 一旦有了从最初的节点到树形末尾的完整路径, 就可以计算收益, 这样就完成了一次抽样. 收益均值按无风险利率贴现后的值就是对衍生品价格的估计.

当衍生品涉及 3 个或更多的随机变量时, 蒙特卡罗模拟法比其他数值方法的效率更高. 因为蒙特卡罗模拟法运算量与随机变量的数量呈线性关系, 而其他数值方法的运算量与随机变量的数量呈指数关系. 蒙特卡罗模拟法的一个优点是可以给出估计值的标准误差, 另一个优点是可以处理复杂的收益形式以及复杂的随机过程, 且可以用于收益为标的变量所遵循的整个路径函数的情形.

9.3 有限差分

用蒙特卡罗模拟的方法对衍生品标的资产价格的随机过程进行模拟时, 一般需要进行很多次抽样才能将估计值达到合理的精确度. 以下几种方差缩减程序可以大大减少计算时间.

通过求解衍生品价格所满足的偏微分方程达到定价目的. 此时微分方程被转换为一组差分方程, 通过迭代的方式可以求出差分方程的解.

假定一个无收益资产美式看跌期权的期权价格满足偏微分方程

$$\frac{\partial f}{\partial t}+rS\frac{\partial f}{\partial S}+\frac{1}{2}\sigma^2S^2\frac{\partial f^2}{\partial S^2}=rf. \tag{9.3.1}$$

假设期权的期限为 T, 将期限分成 N 个等间隔、长度为 $\Delta t=T/N$ 的时间区间, 因此需要考虑 $N+1$ 个时间点

$$0,\ \Delta t,\ 2\Delta t,\ \cdots,\ T.$$

假设 $S_{\max}$ 为足够大的股票价格, 一旦股票达到这一价格时, 看跌期权的价值几乎为 0. 定义 $\Delta S=S_{\max}/M$, 并考虑 $M+1$ 个具有同样间隔的股票价格

$$0,\ \Delta S,\ 2\Delta S,\ \cdots,\ S_{\max},$$

在选取 $S_{\max}$ 时保证这些值当中有一个刚好对应于股票当前价格. 由上述假设, 选取的股票价格和时间构成了一个共有 $(M+1)\times(N+1)$ 个点的网络, 网络上的点 (i,j) 所对应的时间为 $i\Delta t$, 股票价格为 $j\Delta S$, 同时用 $f_{i.j}$ 代表 (i,j) 点的期权价格.

9.3.1　隐式有限差分法

对于网格内部的点 (i,j), $\partial f/\partial S$ 可近似为

$$\frac{\partial f}{\partial S}=\frac{f_{i,j+1}-f_{i,j}}{\Delta S}, \tag{9.3.2}$$

或者

$$\frac{\partial f}{\partial S}=\frac{f_{i,j}-f_{i,j-1}}{\Delta S}, \tag{9.3.3}$$

式 (9.3.2) 叫作向前差分近似, 式 (9.3.3) 叫作向后差分近似. 将以上两种差分加以平均, 可得到一个对称的差分方程

$$\frac{\partial f}{\partial S}=\frac{f_{i,j+1}-f_{i,j-1}}{2\Delta S}. \tag{9.3.4}$$

对于 $\partial f/\partial t$, 采用向前差分近似, 从而 $i\Delta t$ 时刻的值与 $(i+1)\Delta t$ 的值有关

$$\frac{\partial f}{\partial t}=\frac{f_{i+1,j}-f_{i,j}}{\Delta t}, \tag{9.3.5}$$

在 (i,j) 点 $\partial^2 f/\partial S^2$ 的有限差分近似为

$$\frac{\partial^2 f}{\partial S^2}=\frac{1}{\Delta S}\left(\frac{f_{i,j+1}-f_{i,j}}{\Delta S}-\frac{f_{i,j}-f_{i,j-1}}{\Delta S}\right),$$

或者

$$\frac{\partial^2 f}{\partial S^2}=\frac{f_{i,j+1}+f_{i+1,j-1}-2f_{i,j}}{(\Delta S)^2}. \tag{9.3.6}$$

将式 (9.3.4)~(9.3.6) 代入偏微分方程 (9.3.1), 且注意到 $S=j\Delta S$, 得到

$$\frac{f_{i+1,j}-f_{i,j}}{\Delta t}+rj\Delta S\frac{f_{i,j+1}-f_{i,j-1}}{2\Delta S}+\frac{1}{2}\sigma^2j^2(\Delta S)^2\frac{f_{i,j+1}+f_{i+1,j-1}-2f_{i,j}}{(\Delta S)^2}=rf_{i,j}, \tag{9.3.7}$$

其中, $j=1,2,\cdots,M-1,i=0,1,\cdots,N-1$. 将方程进行整理, 我们得出

$$a_jf_{i,j-1}+b_jf_{i,j}+c_jf_{i,j+1}=f_{i+1,j}, \tag{9.3.8}$$

其中,

$$a_j=\frac{1}{2}rj\Delta t-\frac{1}{2}\sigma^2j^2\Delta t,$$

$$b_j=1+\sigma^2j^2\Delta t+r\Delta t,$$

$$c_j=-\frac{1}{2}rj\Delta t-\frac{1}{2}\sigma^2j^2\Delta t.$$

在美式股票看跌期权定价情形下, 看跌期权在时间 T 的值为 $\max(K-S_T,0)$, 其中 S_T 为股票在 T 时刻的价格, 因此

$$f_{N,j}=\max(K-j\Delta S,0),\quad j=0,1,\cdots,M. \tag{9.3.9}$$

当股票价格为 0 时, 看跌期权价格为 K, 因此

$$f_{i,0}=K,\quad i=0,1,\cdots,N; \tag{9.3.10}$$

当假定 $S=S_{\max}$ 时, 期权价格为 0, 因此

$$f_{i,M}=0,\quad i=0,1,\cdots,N. \tag{9.3.11}$$

接下来利用 (9.3.8) 计算 f 在其他节点的值, 当 $i=N-1$ 时, 式 (9.3.8) 可写成

$$a_jf_{N-1,j-1}+b_jf_{N-1,j}+c_jf_{N-1,j+1}=f_{N,j}, \tag{9.3.12}$$

其中, $j=1,2,\cdots,M-1$. 此式给出了关于 $M-1$ 个未知量的 $M-1$ 个方程, 这些未知量为 $f_{N-1,1},f_{N-1,2},\cdots,f_{N-1,M-1}$. 一旦以上未知量确定以后, 我们将 $f_{N-1,j}$ 与 $K-j\Delta S$ 进行比较. 如果 $f_{N-1,j}<K-j\Delta S$, 那么在时间 $T-\Delta t$ 行使期权是

最优的, 这时将 $f_{N-1,j}$ 设定为 $K-j\Delta S$. 在时间 $T-2\Delta t$ 的节点可用相同方式处理. 最终可以得出 $f_{0,1}, f_{0,2}, \cdots, f_{0,M-1}$, 其中的一个价格即为寻求的期权价格.

隐式差分方法的优点在于其稳定性: 当 ΔS 和 Δt 趋于 0 时, 由隐式差分方法得出的数据解总是收敛于微分方程的解. 但缺点是由 $f_{i+1,j}$ 计算 $f_{i,j}$ 时, 必须同时对 $M-1$ 个方程求解, 比较烦琐, 用以下介绍的显式有限差分法可以改善.

9.3.2 显式有限差分法

$\partial f/\partial S$ 和 $\partial^2 f/\partial S^2$ 的值在点 (i,j) 上与点 $(i+1,j)$ 上相等时, 可以将有限差分法简化. 这时 (9.3.4) 和 (9.3.6) 变为

$$\frac{\partial f}{\partial S}=\frac{f_{i+1,j+1}-f_{i+1,j-1}}{2\Delta S}, \tag{9.3.13}$$

$$\frac{\partial^2 f}{\partial S^2}=\frac{f_{i+1,j+1}+f_{i+1,j-1}-2f_{i+1,j}}{(\Delta S)^2}. \tag{9.3.14}$$

差分方程变为

$$\begin{aligned}&\frac{f_{i+1,j}-f_{i,j}}{\Delta t}+rj\Delta S\frac{f_{i+1,j+1}-f_{i+1,j-1}}{2\Delta S}\\&+\frac{1}{2}\sigma^2 j^2(\Delta S)^2\frac{f_{i+1,j+1}+f_{i+1,j-1}-2f_{i+1,j}}{(\Delta S)^2}=rf_{i,j}.\end{aligned} \tag{9.3.15}$$

将方程进行整理, 得出

$$a_j^* f_{i+1,j-1}+b_j^* f_{i+1,j}+c_j^* f_{i+1,j+1}=f_{i,j}, \tag{9.3.16}$$

其中,

$$\begin{aligned}a_j^*&=\frac{1}{1+r\Delta t}\left(-\frac{1}{2}rj\Delta t+\frac{1}{2}\sigma^2 j^2\Delta t\right),\\ b_j^*&=\frac{1}{1+r\Delta t}(1-\sigma^2 j^2\Delta t),\\ c_j^*&=\frac{1}{1+r\Delta t}\left(\frac{1}{2}rj\Delta t+\frac{1}{2}\sigma^2 j^2\Delta t\right).\end{aligned}$$

1. 式 (9.3.16) 中参数 a_j^*, b_j^* 和 c_j^* 的解释

(1) $-\frac{1}{2}rj\Delta t+\frac{1}{2}\sigma^2 j^2\Delta t$: 在 Δt 时间内, 股票价格由 $j\Delta S$ 跌至 $(j-1)\Delta S$ 的概率.

(2) $1-\sigma^2 j^2\Delta t$: 在 Δt 时间内, 股票价格 $j\Delta S$ 保持不变的概率.

(3) $\frac{1}{2}rj\Delta t+\frac{1}{2}\sigma^2j^2\Delta t$: 在 Δt 时间内, 股票价格由 $j\Delta S$ 升至 $(j+1)\Delta S$ 的概率.

这些保证在 Δt 时间后股票价格增长的期望为 $rS\Delta t$, 这恰恰是股票价格在风险中性世界的增长值期望.

2. 扩展

如果利用几何布朗运动描述标的资产价格, 在运用有限差分法时以 $\ln S$ 作为标的变量比以 S 作为标的变量会更有效. 定义 $Z=\ln S$, 之前式 (9.3.1) 微分方程变为

$$\frac{\partial f}{\partial t}+\left(r-\frac{\sigma^2}{2}\right)\frac{\partial f}{\partial Z}+\frac{1}{2}\sigma^2\frac{\partial^2 f}{\partial Z^2}=rf.$$

此时, 为了给衍生品定价, 在隐式法中, 微分方程变为

$$\frac{f_{i+1,j}-f_{i,j}}{\Delta t}+\left(r-\frac{\sigma^2}{2}\right)\frac{f_{i,j+1}-f_{i,j-1}}{2\Delta Z}+\frac{1}{2}\sigma^2\frac{f_{i,j+1}+f_{i,j-1}-2f_{i,j}}{(\Delta Z)^2}=rf_{i,j}, \tag{9.3.17}$$

其中, $j=1,2,\cdots,M-1,i=0,1,\cdots,N-1$. 将方程进行整理, 得出

$$\alpha_jf_{i,j-1}+\beta_jf_{i,j}+\gamma_jf_{i,j+1}=f_{i+1,j}, \tag{9.3.18}$$

其中,

$$\alpha_j=\frac{\Delta t}{2\Delta Z}\left(r-\frac{\sigma^2}{2}\right)-\frac{\Delta t}{2\Delta Z}\sigma^2,$$

$$\beta_j=1+\frac{\Delta t}{(\Delta Z)^2}\sigma^2+r\Delta t,$$

$$\gamma_j=-\frac{\Delta t}{2\Delta Z}\left(r-\frac{\sigma^2}{2}\right)-\frac{\Delta t}{2\Delta Z}\sigma^2.$$

在显式法中, 差分方程变为

$$\frac{f_{i+1,j}-f_{i,j}}{\Delta t}+\left(r-\frac{\sigma^2}{2}\right)\frac{f_{i+1,j+1}-f_{i+1,j-1}}{2\Delta Z}+\frac{1}{2}\sigma^2\frac{f_{i+1,j+1}+f_{i+1,j-1}-2f_{i+1,j}}{(\Delta Z)^2}=rf_{i,j}, \tag{9.3.19}$$

即

$$\alpha_j^*f_{i+1,j-1}+\beta_j^*f_{i+1,j}+\gamma_j^*f_{i+1,j+1}=f_{i,j}, \tag{9.3.20}$$

其中

$$\alpha_j^* = \frac{1}{1+r\Delta t}\left(-\frac{\Delta t}{2\Delta Z}\left(r-\frac{\sigma^2}{2}\right)+\frac{\Delta t}{2(\Delta Z)^2}\sigma^2\right),$$

$$\beta_j^* = \frac{1}{1+r\Delta t}\left(1-\frac{\Delta t}{(\Delta Z)^2}\sigma^2\right),$$

$$\gamma_j^* = \frac{1}{1+r\Delta t}\left(\frac{\Delta t}{2\Delta Z}\left(r-\frac{\sigma^2}{2}\right)+\frac{\Delta t}{2(\Delta Z)^2}\sigma^2\right).$$

经过变量替换后, 参数 α_j,β_j 和 γ_j 以及 α_j^*, β_j^* 和 γ_j^* 都有独立于 j 的特征.

有限差分法可以运用于任何适合树形方法的衍生品类型, 它们既可以用来处理欧式期权, 也可以用来处理美式期权. 当衍生品收益依赖标的变量历史时, 使用有限差分法就会很困难. 有限差分法可用于多标的变量的情形, 但计算时间会大大增加.

9.4 Python 实验

例 9.1 本例将用 Python 编程演绎蒙特卡罗方法求解例 6.7 中的问题, 给出期权价格的模拟平均值.

```
import numpy as np
import scipy.stats as stats
def MCCRRcall(S0,n,Dt,u,d,K,r,N):
    p=(np.exp(r*Dt)-d)/(u-d)
    print('%.4f' % p)
    ST=np.ones(N)
    X=np.ones(n+1)
    X[0]=S0
    for j in range(N):
        for i in range(n):
            if stats.uniform.rvs()<p:
                X[i+1]=X[i]*u
            else:
                X[i+1]=X[i]*d
        ST[j]=X[ -1]
    return np.exp(-n*Dt*r)*np.mean(((ST-K)>0)*(ST-K))
print('%.4f' % MCCRRcall(100,12,1/12,1.05,0.96,100,0.01,10000))
```

输出的结果表明平均期权价格为 6.7220, 风险中性概率为 0.4537.

例 9.2 本例将用 Python 编程演绎蒙特卡罗方法求解例 7.8 中的问题, 给出期权价格的模拟值.

```
import numpy as np
def option_price(S,K,T,r,sigma,N,option):
```

```
    z=np.random.standard_normal(N)
    ST=S*np.exp((r-0.5*sigma**2)*T+sigma*np.sqrt(T)*z)
    if option=='call':
        payoff=np.maximum(ST-K,0)
    elif option=='put':
        payoff=np.maximum(K-ST,0)
    else:
        print(option='call' or 'put')
    f=np.exp(-r*T)*np.sum(payoff)/N
    return f

print('%4.f' %option_price(100,100,1,0.05,0.03,100000,'call'))
```

输出的结果表明平均期权价格为 5.

9.5 补充阅读

对于不存在显式解的衍生品, 本节列举了计算它们价格的三种数值方法, 包括二叉树法、蒙特卡罗模拟法和有限差分法.

在二叉树法中, 假设在每个很短时间区间 Δt 内, 股票价格或按比例 u 上升, 或按比率 d 下降. 在选择 u 和 d 以及它们所对应的概率时, 我们保证在风险中性世界里股票价格的变化具有正确的期望值和标准差. 衍生品的价格可以从二叉树的末端开始倒退计算得出. 对于美式期权, 在每个节点上的价格等于以下数值中的最大值: ① 期权立即行使后的价格; ② 下一个节点股票价格风险中性期望的贴现值.

蒙特卡罗模拟法是利用随机数对衍生品标的变量在风险中性世界里的不同路径进行模拟的一种方法. 对于每一条路径, 我们均可以得出衍生品收益的贴现值.

有限差分法是将衍生品价格所满足的偏微分方程转换为差分方程后再求解, 与二叉树法类似, 计算衍生品的价格是从期限的最后时刻开始, 再倒推到期限的初始时刻.

在实际中, 选择哪种方法取决于被估价的衍生品的特性, 以及用户对所得数值解的精确度要求. 蒙特卡罗模拟法从衍生品的期限开始运作到期限的结束. 蒙特卡罗模拟法可用于对欧式期权定价, 但也能用来处理复杂的收益形式. 当标的资产数量增加时, 这一方法的相对效率较高; 二叉树法和有限差分法的计算从期限的末端开始, 倒推到期限的开始, 而且这两种方法均既可用于欧式期权, 也可用于美式期权. 但对于最终收益既依赖标的变量历史值, 又依赖当前值的情形, 应用二叉树法和有限差分法会很困难. 此外, 当衍生品包括三个或更多的标的变量时, 二叉树法和有限差分法的计算量会很大.

习　题

1. 某股票的当前价格为 60 元, 波动率为 45%, 无风险利率为 3%, 计算执行价格为 60 元、期限为 3 个月的欧式看跌期权的价格 (用步长为 1 个月的三步二叉树为这一期权定价).

2. 某股票 3 个月期的美式看涨期权的执行价格为 20 元, 股票的现价为 20 元, 无风险利率为 3%, 波动率为 25%, 在半个月时, 股票将支付 2 元股息, 用三步二叉树对这一期权定价.

3. 某股票 1 年期美式看跌期权的执行价格为 18 元, 股票的现价为 20 元, 无风险利率为 5%, 波动率为 40%, 用四步二叉树对这一期权定价.

4. 股票的价格服从漂移率为 4%, 波动率为 20%, 假设初始价格 $S_0 = 30$ 元, 试采用蒙特卡罗方法模拟股票价格的路径, 计算 1 年后股票价格的平均值.

5. 用蒙特卡罗方法求解例 7.8 的问题.

6. 解释显式和隐式有限差分法.

7. 考虑某 4 个月期限的无股息股票美式看跌期权, 期权的执行价格为 21 元, 股票的现价为 20 元, 无风险利率为 10%, 波动率为 30%, 采用显式有限差分法对期权定价 (计算中采用 4 元的价格间隔和 1 个月的时间间隔).

参考文献

[1] Barone-Adesi G, Whaley R E. Efficient analytic approximation of American option values[J]. The Journal of Finance, 1987, 42(2): 301-320.

[2] Bachelier L. Théorie de la spéculation[J]. Annales Scientifiques De L'École Normale Supérieure, 1900, 3(17): 21-86.

[3] 克里 • 贝克. 衍生证券教程: 理论和计算 [M]. 沈根祥, 译. 上海: 格致出版社, 2009.

[4] Black F, Scholes M. The pricing of options and corporate liabilities[J]. Journal of Political Economy, 1973, 81(3): 637-654.

[5] Carmona R. Indifference Pricing: Theory and Applications[M]. Princeton: Princeton University Press, 2009.

[6] Cox J C, Ross S A, Rubinstein M. Option pricing: A simplified approach[J]. Journal of Financial Economics, 1979, 7(3): 229-263.

[7] Henderson V. Valuation of claims on nontraded assets using utility maximization[J]. Mathematical Finance, 2002, 12(4): 351-373.

[8] Heston S L. A closed-form solution for options with stochastic volatility with applications to bond and currency options[J]. The Review of Financial Studies, 1993, 6(2): 327-343.

[9] Kou S G. A jump-diffusion model for option pricing[J]. Management Science, 2002, 48(8): 1086-1101.

[10] Lamberton D, Lapeyre B. Introduction to Stochastic Calculus Applied to Finance[M]. 2nd ed. Hoboken: CRC Press, 2011.

[11] Merton R C. Theory of rational option pricing[J]. The Bell Journal of Economics and Management Science, 1973, 4(1): 141-183.

[12] Mi H, Xu L X. Optimal investment with derivatives and pricing in an incomplete market[J]. Journal of Computational and Applied Mathematics, 2020, 368: 112522.

[13] Musiela M, Zariphopoulou T. An example of indifference prices under exponential preferences[J]. Finance and Stochastics, 2004, 8(2): 229-239.

[14] Pardoux E, Peng S G. Adapted solution of a backward stochastic differential equation[J]. Systems and Control Letters, 1990, 14(1): 55-61.

[15] Sprenkle C M. Warrant prices as indicators of expectations and preferences[J]. Yale Economic Essays, 1961, 1(2): 178-231.

[16] 约翰 • 赫尔. 期权、期货及其他衍生产品 (原书第 10 版)[M]. 王勇, 索吾林, 译. 北京: 机械工业出版社, 2019.

[17] 史蒂文 • E. 施里夫. 金融随机分析 [M]. 陈启宏, 陈迪华, 译. 上海: 上海财经大学出版社, 2008.

[18] 姜礼尚. 期权定价的数学模型和方法 [M]. 2 版. 北京: 高等教育出版社, 2008.
[19] 彭实戈. 倒向随机微分方程及其应用 [J]. 数学进展, 1997, 26(2): 97-112.
[20] 彭实戈. 1997 年度诺贝尔经济学奖评介布莱克-斯科尔斯公式 [J]. 科学, 1998, 50(2): 57-60.
[21] 彭实戈, 史树中. 倒向随机微分方程和金融数学 [J]. 科学, 1997, 49(5): 30-33.
[22] 姜礼尚, 徐承龙, 任学敏, 等. 金融衍生产品定价的数学模型与案例分析 [M]. 北京: 高等教育出版社, 2008.
[23] 斯文. 基于 Python 的金融分析与风险管理 [M]. 北京: 人民邮电出版社, 2019.
[24] 孙健. 金融衍生品定价模型: 数理金融引论 [M]. 北京: 中国经济出版社, 2007.
[25] 王晋忠. 衍生金融工具 [M]. 2 版. 北京: 中国人民大学出版社, 2019.
[26] 吴岚, 黄海, 何洋波. 金融数学引论 [M]. 2 版. 北京: 北京大学出版社, 2013.
[27] 严加安. 金融数学引论 [M]. 北京: 科学出版社, 2012.
[28] 张曙光, 韦勇凤. Python 金融数据分析: 数据驱动金融 [M]. 北京: 科学出版社, 2022.

附录　Python 基础知识介绍

Python 是一种具备动态语义、面向对象的解释型高级编程语言, 它的生态系统非常完善, 拥有大量的第三方库和模块, 其在数据分析、算法设计和模型构建方面具有优势, 再加上 Python 的易用性和灵活性, 使得它在金融大数据处理、量化交易、风险管理、衍生品定价等领域得到了广泛的应用. 目前, 市面上有很多 Python 及其应用的教程, 可参见文献 [23],[28]. 本节主要介绍 Python 的入门知识, 方便读者理解和使用本书的 Python 案例.

A. Anaconda

用户可以直接登录 Python 官网的下载专区下载需要的 Python 安装包, 然后进行安装, 不过要注意选择与计算机操作系统和处理器匹配的版本以及安装需要的第三方模块, 这种方式比较费时费力; 建议选择 "集成安装" 的方式, 即下载并安装集成 Python 以及常用第三方模块的软件, 最流行的就是 Anaconda.

Anaconda 是一个免费开源的包和环境管理器, 它可以实现在同一台计算机上安装不同版本的 Python 和包, 并可以根据需要创建不同的虚拟环境, 实现在不同环境和版本间的切换. Anaconda 包括 Conda、Python 以及一系列安装好的工具包, 比如: Numpy、Pandas 等.

A.1　安装 Anaconda

Anaconda 支持多种系统 (Windows、Mac OS 以及 Linux), 用户可以根据个人计算机系统从 Anaconda 官网下载适合的安装程序, 本书使用的是 Python 版本的 Python 3. 若计算机操作系统是 64 位的, 建议选择 64 位的 Anaconda 安装程序, 在 Windows 系统中, 只需要双击扩展名为 .exe 的文件 (如 Anaconda3-2023.03-1-Windows-x86_64.exe), 并根据操作提示就可以完成安装.

如果在安装过程中将安装路径自动添加了系统环境变量, 则可以直接在 cmd 中编译 Python 代码; 或未添加环境变量, 则需要打开 Anaconda Prompt, 然后在其中使用 conda 等命令. 双击 Anaconda Prompt, 会弹出图 A.1 所示的提示界面.

此时进入 Python 编译的 base 环境, 在符号 ">" 后输入以下命令 conda list, 界面会显示 Anaconda 中自带的 Python 和所有包的版本号. 安装文件中初始自带的包并不都是最新版本, 可以在符号 “>” 后使用 conda upgrade −−all 语句进行更新, 后续需要输入 “y”, 然后按 Enter 键, 完成对 Python 和包的更新.

图 A.1　Anaconda 提示界面

以上的操作都是在 base 环境下进行的, 但在处理一个新项目时, 可能存在不同版本的 Python 和包不兼容的情况, 这时, 就可以通过 Anaconda 创建一个新的环境, 并在新环境中安装特定版本的 Python 和包.

A.2　Anaconda 中环境的管理

Anaconda 中不同的环境互不影响, 在不同环境中下载的包也分别存储在对应环境下的 site-packages 文件夹中. 刚打开 Anaconda Prompt 时, 可以看到最左侧括号中标有 base, 表示当前所在环境为 Anaconda 自带的 base 环境.

使用命令 conda create -n env_name package_names 创建环境. 例如, 创建一个叫作 Finance_Stat 的环境, 安装 Python 3, 同时安装 Pandas、NumPy 和 Matplotlib 包, 命令如下:

```
conda create -n Finance_Stat python=3 pandas numpy matplotlib
```

Finance_Stat 为新环境的名字. python = 3 表示安装 Python 3.

使用 conda env list 即可列出已创建的所有环境. 在 Windows 系统中, 使用命令 conda activate env_name 进入环境, 用命令 conda deactivate 退出环境.

例如, 使用命令 conda activate Finance_Stat, 如图 A.2 所示, 此时光标所在行的最左边括号为 Finance_Stat, 说明现在处在环境 Finance_Stat 中.

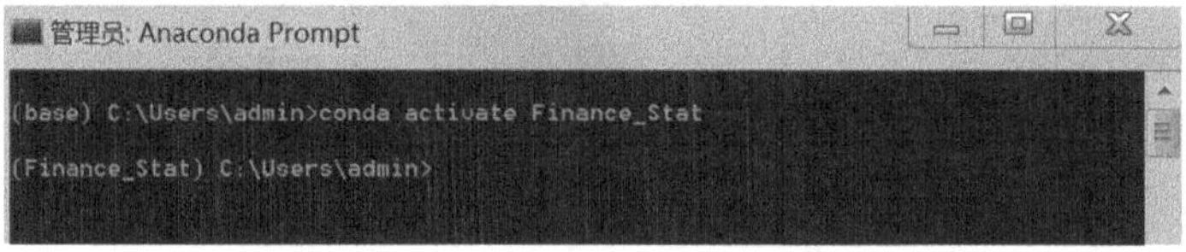

图 A.2　进入、退出环境

在 Finance_Stat 环境下可以激活其他已经创建的环境, 也可以使用命令 conda deactivate 退出当前环境, 再次进入 base 环境. 在环境中安装 Python 包, 仅需进入需要安装包的环境, 然后输入 conda install numpy 或者 pip install numpy 即可完成安装. 如需删除环境, 使用命令 conda env remove -n env_name 即可. 例如, 输入 conda env remove -n Finance_Stat 即可删除创建的环境 Finance_Stat.

A.3 Anaconda 中包的管理

在介绍包的管理之前, 需要先了解模块、包和库的概念.

模块就是 .py 文件, 其中定义了一些函数和变量, 需要使用相关函数时就可以导入这些模块. 而包是在模块之上的概念, 为了方便管理而将文件进行打包.

包目录下包含 init.py 文件, 以及一些相关的模块文件和子目录, 假如子目录中也有 init.py 文件, 那么它就是这个包的子包.

库是具有相关功能模块的集合, 它是 Python 的一大特色, 即具有强大的标准库、第三方库以及自定义模块.

▲ 标准库: 下载安装的 Python 里那些自带的模块.

▲ 第三方库: 由其他的第三方机构发布的具有特定且相关功能的模块.

▲ 自定义模块: 用户可以自行编写模块并使用.

在编写 Python 代码时, 需要用到相应的包, 因此要在相应的环境中下载包, 这可以在 Anaconda 中轻松实现.

激活相应的环境, 在环境中包的管理主要包括以下方面:

▲ 安装一个包: 使用命令 conda install package_name 或者 pip install package_name.

▲ 一次安装多个包: 使用命令 conda install package_name1 package_name2 或者 pip install package_name1 package_name2.

▲ 安装指定版本的包: 使用命令 conda install pandas= 版本号或者 pip install pandas== 版本号.

▲ 删除包: 使用命令 conda remove package_name 或者 pip remove package_name.

▲ 更新包: 使用命令 conda update package_name 或者 pip update package_name.

▲ 查看当前环境中所有的包: 使用命令 conda list.

B. Python IDE

成功安装 Python 后, 需要编写代码进行编译, 可以在终端直接编写代码运行, 例如, 进入相应的环境, 在光标处输入 python, 然后按 Enter 键, 就可以在 “>>>” 后编写代码, 如图 B.1 所示, 但由于代码不易保存, 需要选择更合适的集成开发环境 (IDE).

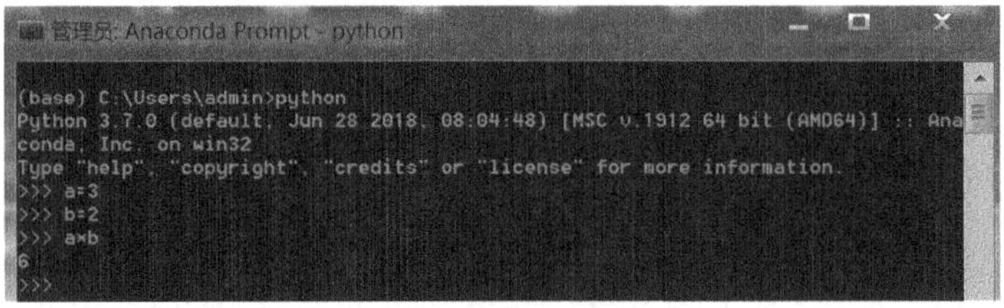

图 B.1　终端编写代码

IDE 是提供给程序员、开发者以及初学者来编写和测试代码的一种基本应用. 一般而言, IDE 由一个编辑器、一个编译器和一个调试器组成, 通常能够通过图形界面来操作. 最常用的 Python IDE 是 PyCharm 和 Jupyter Notebook, 在学习时建议使用 Jupyter Notebook, 它具有交互性、可视性强的优点, 而在实际做项目时建议使用 Pycharm, 它更便于代码调试和项目管理.

本书主要使用 Jupyter Notebook 来编写代码进行实验. Jupyter Notebook 是一个 Web 应用程序, 它可以用来编辑运行代码并查看结果, 以及可视化数据, 编辑说明文字和公式等.

B.1　安装 Jupyter Notebook

Jupyter Notebook 可以用 Anaconda 中的 conda 命令直接安装, 具体操作如下:

(1) 单击打开 Anaconda Prompt.

(2) 用 conda activate env_name 命令进入一个已经创建并需要安装 Jupyter Notebook 的环境.

(3) 使用命令 conda install jupyter notebook, 即可在所处的环境中安装 Jupyter Notebook.

B.2　使用 Jupyter Notebook

安装成功后, 在对应的环境中使用命令 jupyter notebook, 按 Enter 键即可打开 Jupyter Notebook.

浏览器将打开网页, 打开之后界面的默认路径为用户下的目录. 一般需要修改目录, 然后可以将需要运行的文件放置在对应目录下, 具体操作如下:

(1) 单击打开 Anaconda Prompt.

(2) 用 conda activate env_name 命令进入已创建的环境.

(3) 用命令 jupyter notebook −−generate−config, “回车”, 会显示配置文档所在位置.

(4) 按照提示目录找到文件, 以记事本方式打开, 在记事本中通过 Ctrl+F 查找 NotebookApp.notebook_dir 所在位置.

(5) 修改 " 中的内容为用户需要的目录, 再删除前面的 #, 然后重新打开 Jupyter Notebook 即可.

此时是在 Finance_Stat 环境中使用 Jupyter Notebook, 而不同环境中的包互不影响, 因此若要在相应环境下使用 Jupyter Notebook, 则每个环境都应分别安装 Jupyter Notebook 包.

修改过目录后, 在环境中重新使用命令 jupyter notebook, 可以在目录下创建文件夹, 便于后续将 .ipynb 文件保存在文件夹下.

Jupyter Notebook 在浏览器中打开网页后, 如果想创建一个 .ipynb 文件, 单击右上角的 new, 然后选择 Python 3 即可, 如图 B.2、图 B.3 所示.

图 B.2 Jupyter Notebook 在浏览器中打开的网页

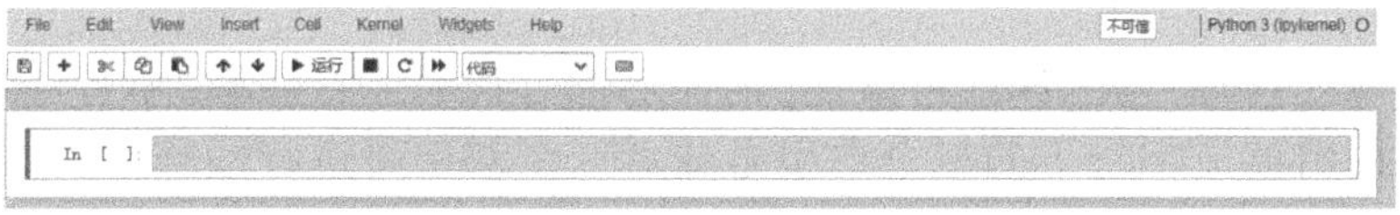

图 B.3 新建 Jupyter Notebook 文档

创建成功后, 在 File 菜单下, 单击 Rename, 重命名 Jupyter Notebook 文档, 如图 B.4 所示.

图 B.4 重命名 Jupyter Notebook 文档

当完成 Jupyter Notebook 文件的编辑后, 单击 File 菜单下的 Save as 保存文档. 完成编辑可以直接运行代码, 也可以直接关闭网页.

B.3 代码与标记编辑

代码框 (code cell) 是在 Jupyter Notebook 上编写代码的地方. 如图 B.5, 在代码框中, 可以编写任何 Python 代码, 包括赋值、函数、画图、类等操作, 为 a, b 赋值, 并将 a 与 b 的和赋值给变量 c, 最后用函数 print() 输出结果. 按 Shift+Enter 组合键或者按 Ctrl+Enter 组合键, 运行代码框中的代码或者编译标记框中的文字等. 按 Shift+Enter 组合键运行代码或者编译标记框, 然后自动进入下面一个代码框或者标记框. 而按 Ctrl+Enter 组合键只运行代码或者编译标记框.

图 B.5　Jupyter Notebook 的代码框编辑模式

C. Python 基础入门

下面简要介绍 Python 的功能, 包括注释、变量及类型、运算符、数据结构、控制结构、函数, 同时以 Numpy 库为例, 介绍 Python 常用工具库的使用.

C.1　Python 的注释

在编写代码时, 为了保证可读性, 需要对部分代码进行注释, 单行注释采用 #, 多行注释采用英文字符下的三个单引号或者三个双引号进行注释, 必须互相匹配, 如图 C.1 所示.

图 C.1　Python 代码注释

C.2　Python 变量

程序是用来处理数据的, 而变量就是用来存储数据的. 而为了更充分地利用内存空间且有效率地管理内存, 变量有不同的类型. Python 常见的数据类型有整型 (int)、浮点型 (float) 、复数 (complex)、字符串 (string) 和布尔型 (bool). 可以通过函数 type() 查看数据类型, Python 中也可以实现数据类型的转化.

```
# 查看数据类型
type(6)            # 返回'int'
type(6.0)          # 返回'float'
type('six')        # 返回'string'
```

```
type(True)              # 返回'bool'
type(1+2j)              # 返回'complex'
# 数据类型转化
float(6)
int(6.8)
str(66)
```

了解变量的数据类型后, 对变量进行运算. 常用的 Python 运算符包括算术运算符、赋值运算符、比较运算符、逻辑运算符和成员运算符.

▲ 常见的算术运算符包括加 (+)、减 (−)、乘 (*)、除 (/)、求余 (%)、乘方 (**) 和取整除 (//).

▲ 常见的赋值运算符包括赋值 (=)、加法赋值 (+=)、减法赋值 (−=)、乘法赋值 (*=)、除法赋值 (/=)、取模赋值 (%=) 等.

▲ 常见的比较运算符包括等于 (==)、不等于 (!=)、不等于 (<>)、大于 (>)、小于 (<)、大于等于 (>=)、小于等于 (<=) 等, 返回的值为 True 和 False.

▲ 常见的逻辑运算符包括布尔 "与" (and)、布尔 "或" (or) 和布尔 "非" (not).

▲ 常见的成员运算符包括 in (如果在指定的序列中找到值返回 True, 否则返回 False)、not in (如果在指定的序列中没有找到值返回 True, 否则返回 False).

除了上述简单的运算符操作, 在打开 Python 时, Python 只会载入少量部分模块, 为了使用 Python 更多的功能, 需要导入其他需要的模块或者包. Python 可以随时安装和加载所需要的模块或者包, 使得 Python 的功能能够完备.

前面部分已经对模块、包和库进行了区分, 模块是以 .py 结尾的一个 Python 文件, 包是包含多个模块的文件夹, 包中的模块是一个整体. 在 Python 中加载和导入模块或者包有如下方式.

▲ import ⋯ 语句, 在编辑器中导入一个模块或包, 导入之后可以使用该模块下的函数, 使用方式为模块名. 函数名.

▲ from ⋯ import ⋯ 语句, 从包导入模块或从模块导入某个对象, 若从模块中导入对象则可以直接使用对象, 无需模块名.

▲ import ⋯ as ⋯ 语句, 将导入的模块赋值给一个变量, 从而简化书写.

```
import math                # 加载 math 模块, 直接导入模块, 可用模块中的所有函数
math.sqrt(64)              # 使用方式是模块名.函数名
from math import sqrt        # 从 math 模块中直接导入函数 sqrt
sqrt(64)                     # 此时不需要写模块名
from math import sin, cos     # 从模块中导入多个函数
sin(6)
cos(6)
from math import *             # 从 math 模块中导入所有的函数
import numpy as np             # 加载 numpy 包, 并命名为 np, 简化书写
np.sqrt(64)
```

C.3　Python 数据结构

Python 包括六个标准数据结构: 数字 (number)、字符串 (string)、元组 (tuple)、列表 (list)、字典 (dictionary)、集合 (set). 其中前三种为不可变数据, 后三种为可变数据.

(1) 数字.

Python 3 支持 int、float、bool、complex 四种数据类型, 在 Python 3 里, 只有一种整数类型 int, 表示为长整型, 没有 Python 2 中的 long. 数值类型的赋值和计算都是很直观的, 内置的 type() 函数可以用来查询变量所指的对象类型, 参见前文.

(2) 字符串.

Python 中的字符串用单引号 ' 或双引号 " 括起来, 同时使用反斜杠 (\) 转义特殊字符. 字符串的截取的语法格式如下: 变量 [头下标: 尾下标].

(3) 元组.

Python 中的元组 (tuple) 中的元素不能修改, 元组使用小括号创建, 仅需在小括号中添加元素, 并将元素使用逗号隔开即可, 括号也可省略. 例如:

```
tup1 = ('Finance','Statistic',1999,2000)
      # 元组中的数据可以是不同的类型
tup2 = (1, 0, 0, 6)
tup3 = 'a', 'b', 'c'                    # 省略括号
```

元组可以使用索引的方式访问元素, 其索引从 0 开始, 依次递增 1, 且使用分片操作访问一定范围内的元素, 它访问的是, 从 “开始索引” 到 “结束索引” −1 的元素, 每间隔 “步长” 个元素访问 1 次, 默认步长为 1.

```
tup1[2]             # 返回 1999, 返回一个数
tup2[0:2]           # 返回 (1,0), 仍返回元组
```

并且元组中的元素不可修改, 因此无法对其进行赋值操作.

(4) 列表.

列表是 Python 中最常见的数据结构, 列表中存储的类型可以是任何不同的数据类型, 如浮点型、字符串、布尔型等. 当创建一个列表时, 使用方括号创建, 不同元素间用逗号隔开. 例如:

```
num = [1999, 2000, 10, 6]
string = ['Finance', 'Statistic']
n_s = ['Finance',1999, 'Statistic', 2000]
```

列表是有序的, 使用索引的方式访问元素, 访问形式与元组相同, n_s 中各个元素的索引如表 C.1 所示.

表 C.1 列表中元素的索引

列表元素	"Finance"	1999	'Statistic'	2000
索引	0	1	2	3
索引	−4	−3	−2	−1

列表索引可以访问列表元素, 例如:

```
n_s[0]      # 返回索引为 0 的元素'Finance'
n_s[0:2]    # 返回索引为 0 与 1 的元素, 不包括索引为 2 的元素
n_s[-1]     # 返回列表最后一个元素
n_s[-2:]    # 返回列表最后两个元素
```

在列表操作中, 包括 3 个常见的编辑列表元素的函数: 函数 append()、函数 extend()、函数 pop().

▲ append() 函数可以在列表后面增加一个元素.

▲ extend() 函数可以合并两个列表.

▲ pop() 函数可以移除列表最后一个元素.

```
num.append(1024)
num
num.append(string)     # 把列表 string 当成一个元素添加到列表 num 中
num
num.extend(string)     # 合并列表 num 和列表 string
num
num.pop()              # 从列表中移除最后一个元素
num
```

函数 len() 可以返回列表的元素个数. 列表是可以修改的数据类型, 但在列表中, 赋值只是给列表起了一个新名称.

```
len(num)                  # len() 返回 num 的元素个数
string2 = string
# 相当于给列表 string 起了一个新名称
string2[1]= "string"
# 更改 string2 的元素也会更改 string 的元素
string
    ['Finance', 'string']
    string3 = string[:]
    # 复制列表 string, 并把复制的列表赋值给 string3, 赋值与复制不同
    string3[1] = "string3"
    # 复制后, 更改 string3 的元素不会更改 string 的元素
    string
    ['Finance', 'string']
```

(5) 字典.

字典是另一种可变容器模型, 且可存储任意类型对象, 它的元素由成对的键 (key) 和值 (value) 组成. 字典的每个键值对用冒号: 分割, 每个对之间用逗号, 分割, 整个字典包括在花括号 {} 中, 格式如下所示:

```
dict = {key1 : value1, key2 : value2, key3 : value3 }
```

键必须是唯一的, 但值则不必. 值可以取任何数据类型, 但键必须是不可变的, 如字符串、数字. 字典是无序的数据结构, 因此不能通过索引访问字典元素, 要通过键访问值.

字典中常见的内置函数方法示例如下.

```
dict = {'stock':1, 'option':2, 'debt':3}     # 创建一个字典对象
dict['stock']                                # 返回 1
len(dict)                                    # 返回长度 3
dict.keys()
# 返回 ['stock', 'option', 'debt']
dict.values()
# 返回 [1, 2, 3]
dict.items()
# 返回 [('stock', 1), ('option', 2), ('debt', 3)]
len(dict)                        # 计算字典元素个数, 即键的总数
str(dict)                        # 输出字典
type(dict)                       # 返回输入的变量类型
dict.clear()                     # 删除字典内所有元素
dict.popitem()                   # 随机返回并删除字典中的最后一对键和值
```

(6) 集合.

Python 中的集合与数学中集合的概念类似, 是指由不同元素组成的合集, 并且是无序的不重复元素序列. 可以使用大括号 {} 或者 set() 函数创建集合, 但创建一个空集合必须用 set() 而不是 {}, 因为 {} 是用来创建一个空字典. 创建格式: parame = {value01, value02, ⋯} 或者 set(value).

```
s = {1, 2, 3, 4, 5, 6}          # 通过{}来创建集合
s
list = [1, 2, 3, 4, 5, 6, 7]    # 创建一个列表并从列表中创建一个集合
s = set(list)
s
```

集合中常见的内置函数方法示例如下.

```
s.add(8)       # 为集合添加新的元素
s.pop()        # 随机移除元素
s.remove(3)    # 移除指定元素
s.clear()      # 移除集合中的所有元素
```

C.4 Python 控制结构和函数

(1) Python 函数.

函数可以提高代码的重复利用率, 可以自行定义函数. 函数定义的规则如下:

```
def 函数名(参数) : 输入函数代码
```

函数代码块以关键词 def 开头, 后面接函数名和圆括号 (), 传入函数的参数放在圆括号内, 函数内容以冒号起始, 并且通过缩进来控制函数的结构.

函数代码中, 若有返回值, 使用 return 返回结果, 结束函数.

例如: 定义一个两数相加的函数, 操作如下:

```
def add(arg1,arg2):  # 定义求和函数 add(arg1,arg2), 返回两个数的和
   return arg1+arg2
add(1, 2)
```

有时需要定义参数个数可变的函数, 可以通过给参数指定默认值和参数关键字两种方法来实现.

(i) 给参数指定默认值.

例如, 定义参数 fun(a, b=1, c='happy'), 那么在调用时, 后面两个参数可以定义也可以不定义, 若不定义, 则默认 b=1, c='happy', 由此可通过如下方式调用.

```
fun('Finance')      # 仅为参数 a 赋值
fun('Finance',2)    # 为参数 a, b 赋值
fun('Finance', 2, 'Statistic')    # 为参数 a, b 赋值
```

(ii) 参数关键字.

上面的方法固定了参数的位置, 第一个值就是第一个参数的赋值. 而“参数关键字”方法是固定了参数关键字, 在调用时用关键词来固定: fun(b=2, a=11).

参数位置可以动, 仅需指出参数关键字即可.

(2) Python 控制结构.

Python 的控制结构可以控制代码的运行顺序, 它通过缩进来表示哪一段属于条件与循环, 标记代码的结构. 缩进可以通过 4 个空格或者 1 个制表符 (Tab) 实现.

if 语句的结构如下, 关键在于缩进以及条件后面有冒号.

```
if 条件1:
  执行语句1
elif 条件2:
  执行语句2
else:
  执行语句3
```

if···elif···else 三个是并列的, 不能有缩进, 如果条件 1 的结果为 True, 则执行语句 1; 如果条件 1 的结果为 False, 则运行条件 2. 如果条件 2 的结果为 True, 则执行语句 2; 如果条件 2 的结果为 False, 则执行语句 3. 在 Python 中, elif 表示 else if. 例如:

```
t=3
if t<3:
  print("t<3")
elif t==3:
  print("t=3")
else:
  print("t>3")
```

while true/break 语句的结构如下:

```
while 判断语句:
  执行语句
if 中断语句条件: break
```

在 while 循环中, 若判断语句为 True, 则执行冒号后面的执行语句; 如果结果为 False, 则结束循环. 属于 while 循环的代码需要 4 个空格的缩进, 例如:

```
a=6
while a<10:
  a=a+1
  print(a)
    if a==8: break

7
8
```

for 循环的结构如下:

```
  for each_item in list:
    执行语句
```

for 语句可以遍历一个序列或者字典等, for 循环语句最后一定有一个冒号 :; 冒号后面属于 for 循环的行都要有 4 个空格的缩进. 在 for 循环中, each_item 首先等于 list 的第一个元素, 执行冒号后面的代码; 然后 each_item 等于 list 的第二个元素, 执行冒号后面的代码; 依次循环, 直到 each_item 等于 list 的最后一个元素.

```
for each_item in list:
执行语句
```

以下代码对列表中的所有元素循环输出.

```
a=[1, 2, 3, 4, 5]
for i in a:
    print (i)


1
2
3
4
5
```

列表推导式: 轻量级循环 列表推导式是指利用其他列表来创建一个新列表的方法, 工作方式类似于 for 循环, 格式为: [输出值 for 条件].

当满足条件时, 输出一个值, 最终形成一个列表, 例如:

```
[x*x for x in range(10)]
[x*x for x in range(10) if x%3==0]
```

以上是利用序列 [0, 1, 2, 3, 4, 5, 6, 7, 8, 9] 生成一个新的序列.

以上为 Python 的基础知识和操作, 为了更进一步利用 Python 的功能, 下面介绍 Python 的常用工具库.

D. Python 常用工具库

Python 有大量的外部扩展, 在使用中, 通过导入不同模块, 可以提升 Python 的易用性. 比较流行的几个工具库有: NumPy、Pandas、Scipy 和 Matplotlib 等, 本节主要介绍 NumPy 库, 其他库的使用可查阅相关教程.

NumPy 是 Python 语言的一个扩充程序库, 主要用于高级数组和矩阵的运算. NumPy 可以创建 N 维数组对象, 可以利用这种数组对整块数据执行一些数学运算, 不需要使用循环语句进行计算, 大大地提高了运行效率. 前面已经介绍了 NumPy 库的安装, 在使用 NumPy 库前, 需要通过语句 import numpy as np 在 python 中导入 NumPy 库并取别名 np.

NumPy 库中包含两种基本数据类型——数组 (array) 和矩阵 (matrix). 其中, 数组与列表之间主要的区别有三点.

▲ 创建方式不同: list 是 Python 中基础的数据类型, 不用引入任何库包, 直接使用 [ ] 创建即可 (例如: a=['Finance', '123']); ndarray 是 NumPy 函数库中的函数, 在使用 array 时需要引入 NumPy 数据库 (例如: j=np.array([1,2,3,4])).

▲ 存储对象不同: 列表可以存储任何的对象, 包括数字、字符串、数组、字典等等; 而数组只能存储单一的数据类型.

▲ 运算方式不同: 数组可以进行四则运算, 它会对数组中的每一个元素对应进行运算; 而列表只能使用加号进行拼接, 拼接之后会形成一个新的列表.

(1) NumPy 数组对象.

NumPy 中的基本对象是同类型的多维数组, 这和 C++ 中的数组相同, 例如字符型和数值型不能共存于同一个数组中. NumPy 库可以产生经常用到的特殊数组. 例如: np.arange() 可以产生在某个区间内步长相等的数组, 函数 np.zeros() 可以产生元素全是 0 的数组, 函数 np.ones() 可以产生元素全是 1 的数组, 函数 np.eye() 可以产生对角线元素是 1 而其他元素都是 0 的二维数组.

```
np.arange(6)          # 返回元素是 0, 1, 2, 3, 4, 5
np.arange(4, 8)       # 返回元素是 4, 5, 6, 7
np.zeros(3)           # 返回元素是 0, 0, 0 的数组
np.zeros((2,3))       # 返回一个维度是 (2, 3), 2 行 3 列元素都是 0 的数组
np.ones(2)            # 返回元素是 1, 1
np.ones((2,3))        # 返回一个维度是 (2,3), 2 行 3 列元素都是 1 的数组
np.eye(3)             # 返回一个对角线元素是 1, 其他元素都是 0 且维度为 (3,3) 的数组
```

Python 中的计数是从 0 开始的, 而 R 的使用者需要注意, R 的计数是从 1 开始的. 可以通过 type 函数查看 a 的类型, 这里显示 a 是一个数组 (array).

通过 reshape 函数, 可以重新构造数组. 例如, 可以构造一个 4×5 的二维数组, 其中 reshape 的参数表示各维度的大小, 且按各维度顺序排列, 二维时按照行排列.

```
a= np.arange(20)
type(a)             # 返回 numpy.ndarray

a=a.reshape(4,5)
print(a)

    [[ 0,  1,  2,  3,  4],
    [ 5,  6,  7,  8,  9],
    [10, 11, 12, 13, 14],
    [15, 16, 17, 18, 19]]
# 也可以构造更高维的数组
a = a.reshape(2,2,5)
print(a)

    [[[ 0,  1,  2,  3,  4],
     [ 5,  6,  7,  8,  9]],
     [[10, 11, 12, 13, 14],
     [15, 16, 17, 18, 19]]]
```

a 是数组, 还可以调用数组的函数进一步查看 a 的相关属性: “dim” 查看数组的维度; “shape” 查看各维度的大小; “size” 是元素个数, 等于各维度大小的乘积;

“dtype” 查看元素类型.

```
a.ndim        # 返回 3
a.shape       # 返回 (2,2,5)
a.size        # 返回 20
a.dtype       # 返回 dtype('int32')
```

(2) 创建数组.

更一般地, 使用函数 np.array() 创建数组, 可以通过转换列表实现, 高维数组可通过转换嵌套列表实现.

```
raw = [0, 1, 2, 3, 4]
a = np.array(raw)
a              # 返回 array([0, 1, 2, 3, 4])

raw=[[0, 1, 2, 3, 4],[5, 6, 7, 8, 9]]
b = np.array(raw)
b

array([[0, 1, 2, 3, 4],
      [5, 6, 7, 8, 9]])
```

一些特殊的数组可由特定命令生成, 如 4×5 的全零矩阵, 默认生成的类型是浮点型, 可以通过指定类型改为整数型.

```
d = (4,5)
np.zeros(d)
array([[0., 0., 0., 0., 0.],
[0., 0., 0., 0., 0.],
[0., 0., 0., 0., 0.],
[0., 0., 0., 0., 0.]])

np.zeros(d,dtype=int)
array([[0, 0, 0, 0, 0],
[0, 0, 0, 0, 0],
[0, 0, 0, 0, 0],
[0, 0, 0, 0, 0]])
```

同样可以创建 [0,1) 区间上的随机数数组.

```
np.random.rand(5)
array([0.26233487, 0.12935969, 0.10491171, 0.41700112, 0.65319353])
```

(3) 数组操作.

+, −, *, /运算都是基于全部数组元素的, 两个维度相同的 NumPy 库数组的 +, −, *, /表示两个数组中相同位置元素的加、减、乘、除.

```
a=np.array([[1, 2, 3], [4, 5, 6]])
b=np.array([[4, 5, 6],[1, 2, 3]])
a+b

array([[5, 7, 9],
      [5, 7, 9]])
```

当数组维度不同时，也可以进行数组的运算. 例如: a+2.5 表示 a 的所有元素加 2.5, a+np.array([[3, 2, 1]]) 表示 a 的每一行加上维度为 (1, 3) 的数组 np.array([[3, 2, 1]]), a+np.array([[3],[2]]) 表示 a 的每一列加上维度为 (2, 1) 的数组 np.array([[3],[2]]).

```
a+2.5
array([[3.5, 4.5, 5.5],
[6.5, 7.5, 8.5]])

a+np.array([[3, 2, 1]])
array([[4, 4, 4],
[7, 7, 7]])

a+np.array([[3],[2]])
array([[4, 5, 6],
[6, 7, 8]])

3*a
array([[ 3,  6,  9],
[12, 15, 18]])
```

NumPy 同样支持 +=, −=, *=, /= 的操作符;

```
a/=2                       # a=a/2
array([[0.5, 1. , 1.5],
[2. , 2.5, 3. ]])
```

有的运算针对数组的每个元素分别进行. 例如, 函数 np.sqrt(), np.exp(), np.square(), np.power(a,3) 分别表示对数组的每个元素求平方根、求指数、求平方、求幂.

```
np.exp(a)
np.sqrt(a)
np.square(a)
np.power(a,3)
```

NumPy 也给出了相应的函数, 可以求二维数组的最大值和最小值、全部元素的和以及按行求和、按列求和.

```
a=np.arange(20).reshape(4,5)
print(a)
```

```
a.sum()             # 每个元素求和
a.max()             # 每个元素求最大值
a.min()              # 每个元素求最小值
a.max(axis=1)  # 每行中最大的元素
a.min(axis=0)  # 每列中最小的元素
```

在 Numpy 库中, 矩阵相乘有三种实现方法, 三种方法可以得到同样的结果:

▲ 使用函数 np.dot(),

▲ 函数 np.matmul(),

▲ 二元运算符 “@”.

```
a=np.arange(1,7).reshape(2,3)
b=np.arange(7,13).reshape(3,2)
a@b
np.dot(a,b)
np.matmul(a,b)

array([[ 58,  64],
[139, 154]])
```

NumPy 同时提供矩阵对象 (Matrix), 矩阵对象和数组主要有两点差别: 一是矩阵是二维的, 而数组可以是任意正整数维; 二是矩阵的 $*$ 操作符进行的是矩阵乘法, 乘号左侧的矩阵列和乘号右侧的矩阵行要相等, 而在数组中 $*$ 操作符进行的是每一个元素的对应相乘, 乘号两侧数组的每一维的大小必须一致. 数组可以通过 asmatrix 或者 mat 转换为矩阵, 直接生成也可以.

```
a=np.arange(20).reshape(4,5)
a=np.asmatrix(a)
b=np.matrix('1.0 2.0;3.0 4.0')
print(type(a))
<class 'numpy.matrix'>
print(type(b))
<class 'numpy.matrix'>
```

使用 arange 函数生成另一个矩阵 b, arange 函数还可以生成等差数列, 但含头不含尾.

```
b=np.arange(2, 45, 3).reshape(5, 3)
b = np.mat(b)
print(b)

[[ 2  5  8]
[11 14 17]
[20 23 26]
[29 32 35]
[38 41 44]]
```

arange 函数指定的是步长, 如果想指定生成的一维数组的长度可以使用 linspace 函数就可以做到.

```
a=np.linspace(0,2,9)
a
array([0.  , 0.25, 0.5 , 0.75, 1.  , 1.25, 1.5 , 1.75, 2.  ])
```

对于矩阵的操作, 可以进行转置操作, 并求矩阵的乘法.

```
a=np.random.rand(2,4)
b=np.random.rand(2,4)
a1=np.asmatrix(a)          # 数组转换为矩阵
b1=np.asmatrix(b)          # 数组转换为矩阵
a2=np.mat(a)               # 通过 np.mat 函数将数组转化为矩阵
b2=np.mat(b)               # 通过 np.mat 函数将数组转化为矩阵
a=np.transpose(a)          # 对数组进行转置
    a1=a1.T                    # 对矩阵进行转置
    a2=np.transpose(a2)        # 对矩阵进行转置
    a1*b1                      # 可进行矩阵乘法
    matrix([[0.73813939, 0.76739827, 0.54750388, 0.71446121],
    [0.03747143, 0.03958246, 0.03361398, 0.04502345],
    [0.46616143, 0.50808938, 0.56389169, 0.77928781],
    [0.29228757, 0.29257285, 0.11168528, 0.12480827]])

    a2*b2                      # 可进行矩阵乘法
    matrix([[0.73813939, 0.76739827, 0.54750388, 0.71446121],
    [0.03747143, 0.03958246, 0.03361398, 0.04502345],
    [0.46616143, 0.50808938, 0.56389169, 0.77928781],
    [0.29228757, 0.29257285, 0.11168528, 0.12480827]])

    # 但 a,b 为数组, 无法进行矩阵的乘法, 只能进行对应点相乘
    # 对 a 进行转置后, a 和 b 为不同维度的数组, 无法进行数组逐点相乘
```

如需进行矩阵求逆、求特征值和特征函数, 需要导入新的模块:

```
import numpy.linalg as nlg
a = np.random.rand(2,2)
a= np.mat(a)             # 数组转化为矩阵
ia = nlg.inv(a)          # 矩阵求逆
a*ia                     # 证明 ia 为 a 的逆
输出结果:
matrix([[1.00000000e+00, 0.00000000e+00],
[1.11022302e-16, 1.00000000e+00]])
```

求特征值和特征向量示例如下:

```
import numpy.linalg as nlg
a = np.random.rand(2,2)            # 产生随机数数组
a
```

```
matrix([[0.34269995, 0.37892411],
[0.22798172, 0.78087269]])

eig_value,eig_vector = nlg.eig(a)  # 计算特征值和特征向量

print(eig_value)
[0.19519853 0.92837411]

print(eig_vector)
[[-0.93188662 -0.54320932]
[ 0.36274969 -0.83959731]]
```

在循环处理某些数据获得结果后, 需要进一步将结果拼接为矩阵, 可以通过 vstack 和 hstack 函数完成.

```
a = np.array((1,2,3))              # 创建数组
b = np.array((2,3,4))
print(np.column_stack((a,b)))  # 按列拼接两个向量为一个矩阵
[[1 2]
[2 3]
[3 4]]

c=np.vstack([a,b])                 # 垂直视角拼接 a 和 b 为数组
d=np.hstack([a,b])                 # 水平视角拼接 a 和 b 为数组
c
array([[1, 2, 3],
[2, 3, 4]])
b
array([1, 2, 3, 2, 3, 4])
```

(4) 数组元素访问.

数组元素的访问可以通过下标进行, 下面以二维数组 (矩阵) 为例.

```
a= np.array([[3, 4 ],[5, 6]])
print(a[0][1])
print(a[1][0])

4
5
```

可以通过下标访问来修改数组元素的值.

```
b=a
a[0][1]=2.0
print(a)
print(b)
```

```
[[3 2]
[5 6]]

[[3 2]
[5 6]]
```

此时, 将 a 赋值给 b 后, 修改 a[0][1] 的值, b[0][1] 也会发生改变, 原因在于 Python 并非真正将 a 复制一份给 b, 而是将 b 指向了 a 对应数据的存储内存地址, 为了真正将 a 复制一份给 b, 需要使用 copy 函数.

```
a= np.array([[3, 4 ],[5, 6]])
b=a.copy()
a[0][1]=2
print(a)
print(b)

[[3 2]
[5 6]]

[[3 4]
[5 6]]
```

此时对 a 重新赋值, 即将 a 指到其他地址上, 而 b 指向的地址不会随之改变, 仍在原来的地址上, b 的值不改变.

同时, 可以利用 “:” 访问某一维的全部数据, 例如提取矩阵中的指定列.

```
a = np.arange(20).reshape(4,5)
print(a)
print(a[:,[1,3]])

[[ 0  1  2  3  4]
[ 5  6  7  8  9]
[10 11 12 13 14]
[15 16 17 18 19]]

[[ 1  3]
[ 6  8]
[11 13]
[16 18]]
```

如果需要取出满足某些条件的元素, 这在数据的处理中很常见, 通常用在单行单列上, 例如选取第一列大于 6 的元素对应的第三列元素.

```
a[a[:,0]>6]
输出结果:
array([[10, 11, 12, 13, 14],
```

```
[15, 16, 17, 18, 19]])
a[:,2][a[:,0]>6]
# 选取第 1 列中大于 5 的所有行，再进一步选取第 3 列的数据
输出结果:
array([12, 17])
```

更进一步, 可以使用 where 函数查找特定值在数组中的位置.

```
loc = np.where(a==11)
print(loc)
(array([2], dtype=int64), array([1], dtype=int64))
# 返回一个下标对,相当于一个列向量, 可以使用下标的方式调用坐标对
print(a[loc[0][0],loc[1][0]])
11
```